# 学前儿童社会教育
# 特色活动设计与指导

茹荣芳 刘淑颖 张百加 张会会 编著

清華大學出版社
北京

## 内 容 简 介

本书基于儿童的社会发展与社会教育的需要，对学前儿童社会教育特色活动设计问题进行了系统阐述，以儿童发展为目标，以特色活动为抓手，以幼儿园社会教育为纲领，结合幼儿教育理论和幼儿园教育教学经验，对幼儿园开展社会教育特色活动进行了较为全面、系统的论述。

本书分为理论篇和实践篇，其中理论篇着重论述学前儿童社会教育的基础理论和知识，主要围绕学前儿童社会教育特色活动的设计与实施、学前儿童公民—道德教育活动、学前儿童自我发展教育活动、学前儿童人际交往教育活动、学前儿童情绪情感教育活动、学前儿童社会教育特色思政课程的构建展开论述；实践篇以社会主义核心价值观特色课程为例，重点阐述学前儿童社会教育特色课程案例设计，其中包括四个特色社会教育主题“爱”“美”“敬”“礼”的教育活动设计及特色区域活动的设计实施等。

本书既可供高等院校学前教育专业教学使用，也可作为幼儿园教师的备课参考书，亦可作为幼儿园教育教学教师培训用书。本书配套课例素材资源、教学课件，扫描前言二维码即可参考使用。



**图书在版编目（CIP）数据**

学前儿童社会教育特色活动设计与指导/茹荣芳等编著. —北京：清华大学出版社，2023.4(2026.1重印)
ISBN 978-7-302-63268-9

Ⅰ.①学… Ⅱ.①茹… Ⅲ.①学前儿童—社会教育—研究 Ⅳ.①G611

中国国家版本馆CIP数据核字(2023)第057577号

**责任编辑：**张　弛
**封面设计：**刘　键
**责任校对：**刘　静
**责任印制：**刘海龙

**出版发行：**清华大学出版社
**网　　址：**https://www.tup.com.cn, https://www.wqxuetang.com
**地　　址：**北京清华大学学研大厦A座　　**邮　　编：**100084
**社 总 机：**010-83470000　　**邮　　购：**010-62786544
**投稿与读者服务：**010-62776969，c-service@tup.tsinghua.edu.cn
**质量反馈：**010-62772015，zhiliang@tup.tsinghua.edu.cn
**课件下载：**https://www.tup.com.cn，010-83470410
**印 装 者：**三河市君旺印务有限公司
**经　　销：**全国新华书店
**开　　本：**185mm×260mm　　**印　　张：**14.5　　**字　　数：**227千字
**版　　次：**2023年5月第1版　　**印　　次：**2026年1月第3次印刷
**定　　价：**49.00元

产品编号：091177-01

# 前　言

本书全面贯彻习近平新时代中国特色社会主义思想，坚守“为党育人、为国育才”的初心使命，全面贯彻党的教育方针，全面落实立德树人的根本任务，把党的二十大精神融入学前教育工作中，落实到推进幼教事业高质量发展上来。学前教育是人生最基础的教育，也是国民教育体系的重要组成部分。而高质量的学前教育是人生的起点教育、根基教育，对促进儿童健康幸福成长，提升全民族素质具有重要意义。幼儿园教育是以学龄前儿童为教育对象的，有着不同于其他教育阶段的价值定位、形式制度、实施机构和实践体系。本书全面贯彻党的二十大精神，“广泛践行社会主义核心价值观。弘扬以伟大建党精神为源头的中国共产党人精神谱系，用好红色资源，深入开展社会主义核心价值观宣传教育，深化爱国主义、集体主义、社会主义教育，着力培养担当民族复兴大任的时代新人”。学前儿童社会教育的目标主要是培养幼儿活泼开朗的性格、与人交往的技能、适应社会的能力，这是幼儿园社会教育所应达到的效果。学前儿童社会教育研究的是教师应当如何有目的、有计划地对幼儿施加有效的教育影响，引导幼儿积极主动地参与各类社会教育活动，以促进幼儿在自我意识、社会认知、社会情感以及社会技能等多方面的健康发展。

本书基于儿童的社会性发展与社会教育的需要，以应用为导向，对学前儿童社会教育特色活动设计问题进行系统阐述。本书以儿童发展为目标，以特色活动为抓手，以幼儿园社会教育为纲领，结合幼儿教育理论和幼儿园教育教学经验，对幼儿园开展社会教育特色活动进行较为全面、系统的论述。本书强调在教育理论指导下的实践应用，全书分为理论篇和实践篇，其中理论篇着重论述学前儿童社会教育的基础理论和知识，主要围绕学前儿童社会教育特色活动的设计与实施、学前儿童公民—道德教育活动、学前儿童自我发展教育活动、学前儿童人际交往教育活动、学前儿童情绪情感教育活动、学前儿童社会教育特色思政课程的构建展开论述；实践篇以社会主义核心价值观特色课程为例，重点阐述学前儿童社会教育特色课程案例设计，其中包括四个特色社会教育主题“爱”“美”“敬”“礼”的教育活动设计及特色活动的区域活动的设计实施等。

本书选编了大量案例，涵盖广泛，操作性强，兼具实用性与操作性，内容贴近幼儿园教育实践。在每章前有内容导读使读者快速领会章节概要；每章后有问题与实践，供读者巩固、反思和练习，每章配有中华美德传统小故事，可以让读者在轻松的故事氛围中感受我国传统文化的精髓和学前儿童社会教育的魅力。此外，本书在编写过程中注重选材得当，将补充性知识呈现在相关的拓展阅读中，帮助读者开阔视野，引发读者深入学习与思考。

本书以能力提升为本位，力求做到理论与实践并举、学用结合，力图适应高等师范院校本、专科层次学前教育人才培养和学科要求，适合作为学前教师教育教材，也适合幼儿园教师培训及日常教研使用。本书由茹荣芳、刘淑颖、张百加、张会会编著，具体编写分工为，第一章茹荣芳、李佳静，第二章许玥，第三章谷伟、任如意，第四章、第五章刘淑颖，第六章茹荣芳、徐丽，第七章李佳静、茹荣芳，第八章李萌、张百加，第九章张百加、秦潇晓，第十章张会会、张百加、史悦蕾，第十一章张百加、王欣妮，第十二章孙晶晶、李萌。本书由茹荣芳规划统筹、审核及定稿。刘淑颖、张百加和张会会完成本书审核及活动案例审定工作，谷伟完成本书中华传统故事的编写工作。本书为河北省教育科学“十四五”规划课题“课程思政视域下高师学前教育专业社会主义核心价值观教育的实践研究”（课题编号：2105004）的阶段成果、2020—2021年度河北省高等教育教学改革研究与实践项目（课题编号：2020GJJG400）的阶段成果、石家庄学院学前教育课程思政教学研究示范中心研究成果。

本书在编写过程中参考、借鉴、吸收了大量国内外文献和网络资料，我们尽可能写明各种引用资料的出处，但仍恐有所疏漏。在此一并对有关人士和单位表示衷心的感谢！鉴于编者水平和认识所限，本书在整体设计、内容筛选以及文字处理等方面的纰漏和欠妥之处仍难避免，忧望各位同仁、专家和广大读者不吝指正，予以批评，不胜感激！

茹荣芳

**2023年1月**

课例素材资源

教学课件

# 目　录

## 理　论　篇

# 实　践　篇

# 理论篇

# 第一章　学前儿童社会教育特色活动概述

## 内容导读

如今，学前教育改革再度掀起一股热潮，学前儿童社会教育是21世纪我国幼儿教育的一项重要目标。在整个学前教育体系中，社会教育同健康教育、语言教育、科学教育、艺术教育一样重要，都是其重要的组成部分。学前儿童正处于启蒙启智教育的重要成长时期，加强社会教育课程的实践性有助于推动幼儿的健康成长和全面发展。

## 第一节　学前儿童社会教育特色活动的含义

社会教育作为学前儿童教育的重要组成部分，是以增进幼儿的社会认知、激发幼儿的社会情感、培养幼儿的社会行为为主要内容的教育，是促进幼儿个性、社会性发展的重要手段。我国教育的目的是培养德智体美劳全面发展的社会主义事业建设者和接班人，体现在促进儿童发展和为社会进步服务这两个方面。

### 一、学前儿童的社会教育与儿童的全面发展

学前儿童社会教育是幼儿园教育的重要组成部分，《幼儿园教育指导纲要（试行）》（以下简称《纲要》）将社会教育作为五大领域活动之一，足见社会性发展在学前儿童一生的成长中有着举足轻重的作用。学前儿童的社会性教育以发展幼儿的社会性为教育目标，以增进儿童的社会认知、激发儿童的社会情感、培养儿童的社会行为为主要教育内容，通过幼儿园的一日活动以及家庭和社会的协调配合逐渐实现个体社会化。

#### （一）社会性影响儿童的社会认知、社会情感和社会行为

在学前儿童的社会性发展中，社会认知是其首要方面。社会认知指个体在与他人交往的过程中，观察、了解他人并形成判断的一种心理活动。根据皮亚杰的认知发展阶段理论，

幼儿的认知水平按照一定的顺序阶段从低到高发展。在建构主义中,幼儿的认知发展是幼儿主体与外部世界不断相互作用的认知建构过程。幼儿从出生起就在社会活动中进行社会学习,而这种学习通常都基于幼儿的体验和感受。由于幼儿认知发展水平较低,主客体还没有实现完全分化,所以幼儿更多的是通过体验的方式去把握世界,探索各种新奇的事物。

对于学前阶段的儿童来说,社会情感既是其社会性发展的动力因素,又是幼儿社会性发展的关键环节。在这一阶段,幼儿在谋求生理、认知满足的基础上更多地产生了情感上的需求,在幼儿与同伴、教师的交往以及生活中,涉及的情感领域呈现出日益扩大的趋势。幼儿常见的社会情感类型包括积极愉快的情绪、情绪表达与控制、依恋感、自尊感、羞愧感、爱憎感、同情心、责任感等。积极而丰富的社会情感能够帮助幼儿在未来的发展道路上合理控制自身情绪,不断激励自我,有利于个体健全人格的形成。

学前期是人生发展的关键时期,同时也是多种能力培养的关键期,社会行为的培养与锻炼是幼儿社会性发展的一个关键环节。社会行为是指幼儿在与人交往,参与社会活动时表现的行为技能,包括交往的技能、倾听的技能、非语言交往技能、辨别的技能、表达自己感情的技能以及合作、轮流、遵守规则、解决冲突等技能[①]。处于学前阶段的儿童心智发展尚未成熟,可塑性较强,因此可以通过有效的社会教育手段促进幼儿社会行为的发展与进步。对于幼儿的社会性发展来说,仅有认知、情感的内化是远远不够的,需要将其所体会到的社会认知、情感落实到社会生活实践中去,真正达到外化于行的教育效果。

(二)社会性影响儿童身体、心智的发展

良好的社会性有利于儿童健康身体、愉快情绪、健全心智的发展。有研究发现,社会性发展好的孩子,对环境的适应能力和自我控制力比较强,而良好的自制力、适应能力、毅力等品质对每个人未来的学习、工作以及生活都是有利的。当今社会的竞争不断增强,我国要想长久屹立于世界民族之林,培养全面发展的高素质人才是关键,而培养人才的关键在于促进儿童社会性的发展,提高人的素质。良好的社会性影响学前儿童身体健康,儿童通过与社会环境的交互作用获得经验,在获取经验的过程中会对其自身的情绪、情感产生影响,比如儿童在与同伴友好交往时,他自己是感到开心、快乐的,这种积极的情感体验有利于儿童有机体的平衡。研究表明,经常保持积极愉快情绪的孩子比经常生气、烦躁的孩子免疫力强。幼儿长期消极情绪可导致腹泻、呕吐、发烧等疾病产生;长期精神紧张会导致幼儿发育迟缓。社会性影响儿童心智的发展,社会性发展好的孩子,适应新事物的能力比较

---

① 杨丽珠,吴文菊. 幼儿社会性发展与教育[M]. 大连:辽宁师范大学出版社,2000:13.

强且有较强的自控力，比如在进入一个新环境后，社会性强的儿童更容易与身边同伴相处融洽；在活动中表现出更多的主动性、积极性，更能较长时间保持专注进行一项工作，社会性差的儿童则不然。

因此，对于幼儿个人全面和长远的发展而言，社会性的发展、良好行为习惯的养成和人格品质的塑造远比知识的学习、技能的训练更有意义。

## 二、学前儿童社会教育特色活动的含义

### （一）学前儿童社会教育

3～6 岁是个体社会意识形成、道德判断和行为习惯养成的重要阶段，劳伦斯·科尔伯格认为，道德教育是通过对个体施加一定的教育影响，促进个体道德认知的发展，并非简单地记背道德条文或者严格的纪律压制。因此，要善于利用关键期对个体进行社会教育，帮助个体萌发正确的人生观和价值观，为其终身发展奠定良好的思想基础。

学前儿童社会教育是指以发展幼儿的社会性为目标，以增进幼儿的社会认知、激发幼儿的社会情感、引导幼儿的社会行为为主要内容的教育[①]。儿童的社会性的发展需要正确的引导，幼儿在参加各种形式社会教育活动的过程中，接受正确社会教育的引导，形成社会发展所需要的价值理念。通过社会教育，增强自身道德意识，逐渐养成自觉遵守社会主义核心价值观的意识，把握正确的道德方向，遇事能做出正确的价值选择，成为社会主义事业合格的建设者和接班人。

### （二）学前儿童社会教育特色活动

学前教育阶段作为学校教育的第一阶段，是基础教育的重要一环，对幼儿发展有重要的启蒙作用。学前教育阶段价值观的形成对个体成长的影响不可忽视，因此，在幼儿园开展社会教育特色活动有利于促进幼儿的身心发展。学前儿童社会教育特色活动主要是依据《3～6 岁儿童学习与发展指南》（以下简称《指南》）精神，试图从儿童生活的视角，建构社会教育特色课程体系。在幼儿园多种形式的教育活动中，根据幼儿发展的规律与特点，将社会意识、社会观念、社会技能等融入幼儿园特色教育活动中，以培养幼儿“热爱祖国、勤于钻研、诚实守信、友好仁善”的个人优良品格，“权利自主、人人平等、公平正义、遵纪守法”的社会进步意识，“家富民幸、民主领导、文明进步、和谐发展”的国家发展情怀，做到从小处、细处、实处下功夫，循序渐进，达到潜移默化、润物无声的教育效果。

---

① 教育部基础教育司．幼儿园教育指导纲要（试行）解读[M]．南京：江苏教育出版社，2010：120.

# 第二节 学前儿童社会教育特色活动的理论基础

## 一、马克思主义关于人的全面发展理论

人的全面发展理论是马克思主义的重要内容。学术界对人的全面发展理论内涵的论述多围绕四部分的内容——人的能力、社会关系、需要、个性的全面发展。人的能力的全面发展包括劳动能力以及人的社会关系的发展；社会关系具有普遍性和全面性，社会关系影响个人的发展程度；人的需要包括物质需要和精神需要；人的个性的全面发展是关于"人的主体性"和"现实的人"的发展，马克思在《共产党宣言》中强调"每个人的自由发展"，并认为这是"一切人的自由发展的条件"①。"人以一种全面的方式，也就是说，作为一个完整的人，占有自己全面的本质"，要实现这一价值目的根本即实现人的自由而全面的发展，此为马克思人的全面发展理论的核心观点。

马克思主义关于人的全面发展理论指导着我国的教育目的，我国的教育方针是"教育必须为社会主义现代化建设服务，为人民服务，必须与生产劳动和社会实践相结合，培养德智体美劳方面全面发展的社会主义建设者和接班人"，教育目的是"培养德智体美劳全面发展的社会主义建设者和接班人"。

《幼儿园工作规程》指出我国幼儿园的任务是，贯彻国家教育方针，实行保育和教育相结合的原则，遵循幼儿身心发展特点和规律，对幼儿实施体、智、德、美诸方面全面发展的教育，促进其身心和谐发展②。我国幼儿园教育的目标是培养全面发展的幼儿，它体现了我国教育目的的基本精神，并兼顾幼儿教育的性质和特点。《纲要》和《指南》分别从健康、语言、社会、科学、艺术五个领域概括并详细论述了幼儿学习与发展的目标，指出儿童的发展是一个整体，要注重领域之间、目标之间的相互渗透整合，要尊重幼儿发展的个体差异性，同时重视幼儿学习品质的培养，促进幼儿身心全面协调发展③。

社会主义核心价值观与马克思主义思想一脉相承，实现人的全面发展是社会主义核心价值观的终极目的，两者是相互促进和共同发展的辩证统一关系。只有践行社会主义核心

---

① 马克思恩格斯选集：第1卷[M]．北京：人民出版社，1995：294.

② 教育部基础教育司．幼儿园工作规程[M]．北京：首都师范大学出版社，2016.

③ 教育部基础教育司．3～6岁儿童学习与发展指南[M]．北京：首都师范大学出版社，2016.

价值观，才能牢固树立、培育、遵循正确的历史观、文化观、民族观、国家观，引导人们向往和追求讲道德、守道德的生活，这样才能塑造全面发展的人。

## 二、活教育理论

陈鹤琴先生是我国现代著名教育家、儿童心理学家和儿童教育专家，他于1923年创办了我国最早的幼儿教育实验中心——南京鼓楼幼稚园，并对幼稚园的课程、设备等方面进行了实验研究。他创立了“活教育”理论，一生致力于探索中国化、平民化、科学化的幼儿教育道路。陈鹤琴被誉为“中国的福禄贝尔”和“中国幼教之父”，是我国现代幼儿教育的奠基人。其“活教育”教育理论对我国学前儿童教育有一定的启示。

陈鹤琴先生指出，要遵照活教育的精神办幼儿园，必须“以自动代替被动”，必须是幼儿“自动的学习、自发的学习”，自己去动手用脑获得知识，教师必须尊重幼儿的自主性，不能搞传统的注入式教学，采用消极的手段管束幼儿。这样的要求体现了一种全新的教育观，对旧教育的冲击十分巨大。陈鹤琴活教育理论的教育观与当前社会“以儿童为本”、尊重个体发展的实践性儿童观相一致。这启示我们在学前儿童社会教育中，也要引导幼儿通过亲身体验获取经验，规范幼儿的社会认知。

陈鹤琴先生的“做人、做中国人、做现代中国人”的教育目标与我国当前“立德树人”的人才培养目标不谋而合。《纲要》中幼儿园社会领域目标为，主动地参与各项活动，有自信心；乐意与人交往，学习互助、合作和分享，有同情心；理解并遵守日常生活中基本的社会行为规则；能努力做好力所能及的事，不怕困难，有初步的责任感；爱父母长辈、老师和同伴，爱集体、爱家乡、爱祖国。教育的目标除了让幼儿掌握科学的文化知识和技能外，幼儿的社会教育也不容忽视。幼儿社会教育的目标之一就是培养幼儿的爱国主义精神；让幼儿形成良好的生活习惯，懂得勤俭节约，讲文明礼貌，关心同学，乐于助人，培养他们的独立能力与责任意识；教育幼儿说文明语，做文明人。2014年2月，中共中央办公厅印发的《关于培育和践行社会主义核心价值观的意见》要求，“坚持育人为本、德育为先，围绕立德树人的根本任务，把社会主义核心价值观纳入国民教育总体规划。”新时代儿童社会教育必须符合社会发展的需求，积极适应教育改革发展的新形势，符合新时期的社会发展对个体培养目标的要求。

应将高尚的文化素养、健康的审美情趣、乐观的生活态度、爱国主义、民族情怀融入学前儿童社会教育中，帮助学前儿童树立起文化自觉和文化自信。把理想信念教育和社会主义核心价值观教育融入教育教学全过程，助力学前儿童全面发展。

# 第三节　学前儿童社会教育特色活动的教育指向

**思考与讨论**

四岁的彭妮蹲在餐桌旁，看着妈妈把买回来的东西一一放好。妈妈把蛋托从冰箱里拿出来放在桌上，又把一盒鸡蛋从购物袋里拿出来。彭妮伸手拿蛋托，想帮忙把鸡蛋放进去。“彭妮，别动！”妈妈喊，“你会把鸡蛋打烂的，还是让我放吧。宝贝，等你长大点再做。”

请思考妈妈的做法忽视了彭妮哪些方面的发展？

## 一、教育活动的儿童性：儿童为本

在20世纪后期至今的学前教育改革中，我国学前社会教育活动深受“以儿童为本”理念的影响，一直在努力尝试为幼儿提供更优质的世界观、人生观、价值观教育。这一理念也在很多理论层面上得以彰显。然而，一旦需要落实到具体的实施时，这种努力更多地表现在教育者为儿童发掘并提供更加丰富的物质准备、引进不同的教育方式等主观因素上，却忽视了“以儿童为本”的本质在于儿童。我们一直在提倡“为了儿童”，但在行动上却投入了太多自以为是的付出、奉献和负责的教育精神。我们打着“一切为了孩子”的旗号，却忽略了儿童的情感需求，没有倾听儿童的内在心声，更没有深入了解儿童的身心发展情况。

### （一）儿童是独立的个体

儿童是独立的生命实体，有独立的身体和心理结构以及发展的内部动力，有自己的需要和兴趣，接受自己需要的东西，拒绝不需要的东西，是主动的学习者。在儿童社会性发展过程中，儿童只有亲自参与活动，在活动中积累经验，才能不断建构自己的社会经验。所以教师在对学前儿童进行社会教育时，不能将儿童看作是被动地接受集体生活规范的个体，要注重发挥儿童的主体性，让儿童以主动的、创造性的方式参与社会生活，经过自己的思考、实践和体验将社会规则、技能内化于心，进而外化于行。

### （二）尊重儿童发展的主动性

成人要尊重儿童的生命。这点提示教育者社会教育的过程是一个“由内而外”的过程。儿童良好的行为习惯、道德品质不是靠外部的简单说教、道理灌输培养的，纪律和秩序也不是靠外部强制性的压制约束所形成的。教育者要相信并尊重儿童的自然发展，给儿童提供自由活动、社会交往和实践练习的机会，以一个引导者的身份为儿童创设适宜的活动空间，提供恰当的活动材料，培养儿童自己解决问题的能力，增强儿童自我控制、自我调节、自我管理的能力，潜移默化地促进儿童社会性的发展。真正赋予儿童自由选择、自主决定和行动的权利，帮助儿童成为自己的主人。

（三）基于儿童视角

基于儿童视角，要倾听儿童的心声和看法，关注儿童的心理感受和内在体验，即把教育实践的起点定位于儿童的认知经验，而不是成人本位和知识本位。首先，儿童是实实在在存在的个体，他们有自己独立的思维方式、情感体验方式和表达方式。由于生活背景不同、兴趣爱好不同、个性特点不同，他们对所接触到的社会情感体验也是各不相同的，教师不能以自己对社会经验的理解或依附于现有的理论知识对品德教育进行成人化和空洞说教。其次，儿童有自己观察、认识、体验、感受、理解周围生活世界的角度和方式。这是完全不同于成人视角的独立的认知方式。教师必须承认儿童的这种认知方式，并且能够欣然接受。《指南》中提出："幼儿表达意见时，成人可蹲下来，眼睛平视幼儿，耐心听他把话说完。"但这句话的前提是，心中首先要有幼儿，认识到儿童的独立视角。

## 二、教育活动的生活性：回归生活

基于回归生活的学前儿童社会教育理念，将生活体验融入学前儿童的社会教育中，恰好可以契合儿童的学习特点。无论是在专门的儿童社会教育活动中，还是在随机的儿童社会教育活动中，基于生活体验的儿童社会教育都强调要调动多种感官帮助儿童探索内心的情感世界。让儿童在生活体验的过程中获得直接经验、感知觉等，同时让幼儿在生活体验的过程中获得感悟，促进身心发展，从而使幼儿生成一种更丰富、更深刻的社会情感。与传统的社会教育方式相比，回归生活的学前儿童社会教育在培养儿童的社会情感方面，能够使幼儿通过亲身参与、主动体验获得更加丰富的社会情感，进而为社会行为的养成打下良好的情感基础。

（一）充实学前社会教学活动内容，帮助儿童观察生活

教学活动要关注每一个儿童的成长，发展儿童丰富的内心世界和主体人格，体现以儿童为本的现代教育价值取向，培养他们对生活的积极态度和参与社会活动的能力，成为有爱心、有责任心、有良好的行为习惯和个性品质的人。在学前教学活动中，教师要充分利用幼儿园外的社会资源，尽量充实活动内容，让儿童真正走进社会，在实际生活中开阔眼界，增长知识，提升社会实践能力。组织大班社会领域教学活动《交通规则我知道》时，教师在保证安全的前提下，可带领儿童到交通繁忙的十字路口，从各个角度去观察车辆，了解人行道、车行道的划分，观察行人是怎样通过街道的、车辆是如何有秩序地经过十字路口的。通

过实际观察让儿童明白：为了保障交通安全，每个公民都应当自觉遵守交通法规，服从信号灯的安排，遵守交通警察的指挥。只有这样，才能避免交通事故的发生，让我们的生活更加有序。

（二）丰富学前社会教学活动形势，吸引儿童参与社会生活

在组织活动时，要根据教学内容确定活动形式。学前教师要结合本地区、本幼儿园、本班的条件，同时结合本班儿童实际情况设计活动过程，使教育活动与幼儿实际生活相联系，让儿童更加主动地参与生活，更加直观地感受生活。如组织中班社会领域教学活动《劳动最光荣》时，教师可带领幼儿一起在幼儿园种植区、养殖区跟随相关工作人员进行力所能及的劳动，通过亲身体验了解农民的职业和环境，懂得爱惜粮食，尊重农民，激发幼儿爱劳动的愿望。

（三）综合多方力量，发展儿童的亲社会行为

学前儿童社会行为技能的发展主要表现为儿童的亲社会行为。亲社会行为就是儿童在社会生活实践活动中在与他人进行社会交往时做出的有益于社会的行为，如合作、分享、谦让、帮助。回归生活的学前儿童社会教育，可以让儿童在生活体验的过程中建立起与同伴或者他人的亲密关系，在与同伴或者他人的交往过程中养成良好的行为习惯，最重要的是促进亲社会行为的养成，最终促进幼儿的社会性发展。社会行为技能的养成，并不是一朝一夕的事情，这就需要我们将回归生活的理念融入幼儿园社会教育活动的整个过程中。只有这样，幼儿园社会教育才能够取得良好的教育效果。

## 三、教育活动的时代性：顺应时代

在倡导“立德树人”教育理念的时代背景下，学前教育逐渐开始关注儿童社会的发展与价值观的养成。未来社会的发展更应看重的是个体是否具备良好的性格，是否具有良好的社会交往能力，是否具有良好的道德行为规范，是否具有独立创新的意识等，而不再是看重学习了多少知识，掌握了多少技能。

目前全球教育改革非常重视儿童社会性的发展。短板定理告诉我们：一只桶的装水量，取决于最短的桶板。同理，人的能力大小，往往取决于素质是否全面。一个人的能力素质板块比较整齐，其素质综合指数就会比较高，如果素质板块参差不齐，素质能量发挥就会因为有短缺而大为降低。决定一个人能力大小的，并不在于拥有哪一项特长，而在于某一方面能力的欠缺。社会性这块能力之板直接影响着儿童的全面发展，影响着儿童身心健康的和谐发展。对于个人全面和长远的发展而言，幼儿社会性的发展、良好行为习惯的养成和人格品质的塑造，远比知识的学习、技能的训练更有意义。

## 四、教育活动的主动性:主动学习

为儿童创设一个充满儿童哲学的环境。儿童哲学倡导探究式教学,这种探究以对话为核心。这种学习通过创设问题情境,教师与儿童之间相互沟通,在游戏活动中让儿童发现问题,培育儿童成为出色的问题解决者。这就要求教育要从知识传递的教学,转型为儿童主动学习。它超越了倾听这一单向知识传递的被动学习。主动学习意味着教学范式从"教"转向"学"。它有别于以往教师的单向讲授,包括了让儿童能动地参与学习的所有教学方式,如发现学习、问题解决学习、体验学习、调查学习等,是儿童主体的深度学习。在儿童的主动学习中,"思考力、判断力、表达力"与"主体学习的态度"均被当作一种综合学力,成了培育的目标。儿童通过能动学习,可以培育认知、伦理、社会的能力以及一种涵盖了教养、知识、经验在内的通用能力。其特征是不仅要求个人主体学习,而且要求小组的协调学习、共同探究以及体验。这种教学不仅培育知识,而且培育沟通能力、综合学力,更有助于儿童形成终身学习的意识。换言之,"主动学习"有助于儿童把平日获得的知识经验同社会问题的解决连接起来,成为发现自己兴趣与爱好、思考未来自己生存方式与工作的一种契机。

### 趣味阅读:中华传统美德小故事

**程门立雪**

杨时(1053—1135年)是北宋著名才子,南剑州将乐人(今属福建)。中了进士后,他放弃做官,继续求学。程颢(1032—1085年)、程颐(1033—1107年)兄弟俩是当时很有名望的大学问家、哲学家、教育家,洛阳人,同是北宋理学的奠基人。他们的学说为后来南宋的朱熹所继承,世称程朱学派。

杨时仰慕"二程"的学识,投奔洛阳程颢门下拜师求学。四年后程颢去世,又继续拜程颐为师。这时他年已四十,仍尊师如故,刻苦学习。一天,大雪纷飞,天寒地冻,杨时碰到疑难问题,便冒着凛冽的寒风约同学游酢(1053—1123年)一同前往老师家求教。当他来到老师家,见老师正坐在椅子上睡觉,他不忍打搅,怕影响老师休息,就静静地侍立门外等候。当老师一觉醒来时他们的脚下已积雪一尺深,身上也飘满了雪。老师忙把杨时和游酢请进屋,为他们讲学。

后来,"程门立雪"成为广为流传的尊师典范。

**启示与点评:**

尊师是礼是我们中华民族流传几千年的优秀传统文化。我们应该敬重传授我们知识的人,这是"礼"的一种体现。尊师敬长不仅有利于我们个人学业的精进,也有利于在全社会营造尊师敬长的良好风气。

（资料来源：https://wenku.baidu.com/view/cb6aa3966adc5022aaea998fcc22bcd126ff42e7.html? _wkts_=1678069598529&bdQuery）

## 问题与实践

1. 为何要对3～6岁幼儿进行社会特色活动教育？幼儿园中如何进行社会特色教育？

2. 选择一种儿童社会教育的理论基础，谈谈你的理解。

3. 简述学前儿童社会教育特色活动的教育指向。

# 第二章　学前儿童社会教育特色活动的设计与实施

**内容导读**

> 教育不是脱离实际的，也不是空谈的，任何教育都无法脱离人的天性、发展的规律和环境的要求，这是一切教育开展的前提和必要条件。在学前儿童发展的关键时期，作为教师，我们要明确自己的职责，具有组织与实施教学活动的能力，而社会教育作为学前教育体系中重要的组成部分，对教师设计、组织、开展教学活动的能力要求自然也很高。本章将围绕学前儿童社会教育特色活动的组织原则、基本环节和方法途径展开阐述。

## 第一节　学前儿童社会教育特色活动的设计

幼儿园社会领域活动是幼儿社会学习的一条重要路径，对于幼儿社会性发展起着重要的促进作用。但受学前儿童社会领域教育边界相对模糊、社会领域教材良莠不齐、幼儿园教育教学条件较差等多种因素的综合影响，社会领域特色活动在幼儿园的组织和实施一直是不少幼儿园教育教学中的薄弱环节。因此，掌握社会领域特色教育活动的基本环节，也是教师科学高效地设计、组织、开展一项学前儿童社会教育特色活动所必需的能力。

### 一、学前儿童社会教育特色活动的内容

幼儿园社会领域教育既要促进幼儿身心健康的良好发展，丰富学习内容，了解社会文化，使其更好地融入社会，同时，又要符合当前时代国家与社会对幼儿的要求，遵循国家的教育方针与政策。教师必须关注到习近平总书记所提出的“立德树人”的各项要求，将其落实到社会教育特色活动的各个环节中来。根据《纲要》中社会领域的总目标，结合《指南》中对幼儿在社会领域发展程度的要求，我们将社会教育领域的活动内容进行分类，包括公民—道德教育、自我发展教育、人际交往教育、情绪情感教育等。

### （一）公民—道德教育

公民—道德教育又可以理解为社会行为规范教育，强调在社会主义核心价值观的引领下，幼儿能够对社会公民的性别角色、行为方式和社会规范等有一定的认知，如对文明礼貌、生活习惯、公共规则、集体规则、交往规则的认知等；能够适应社会发展要求、适应社会规范，对社会环境和现象有一定的认知能力，如对家庭、幼儿园、社区机构、国家及民族、重大社会事件的认知等；能够形成良好的道德品质，包括关心他人、合群、合作、谦让、分享、诚实、助人、有奉献精神、勇敢、讲礼貌、守纪律、爱护环境等品德和良好的道德行为习惯以及爱亲人、爱集体、爱家乡、爱祖国等道德情感。

### （二）自我发展教育

自我发展教育又可以理解为幼儿自我意识发展教育，主要关注幼儿对自我及自我与客观世界关系的一种意识，它包括自我认识，如自我概念、自我形象、自我评价等；自我体验，如自尊心、自信心、进取心、成就感等；自我控制，如自制力、坚持性、自觉性、延迟满足等。

### （三）人际交往教育

人际交往教育包括幼儿对于社会人际关系的认知，即幼儿对于社会中的人、社会环境、社会规范等方面的认知。它既包括幼儿对他人的认知、对同伴意见的理解和采纳、对成人要求的理解和采纳等内容，又包括具体的幼儿社会行为技能。社会行为技能指幼儿在与人交往、参加社会活动时表现出来的行为技能。除此之外，人际交往教育内容还包括交往的技能、倾听的技能、非言语交往的技能、辨别和表达自己情感的技能、合作、交流、轮流、遵守规则、解决冲突等技能。

### （四）情绪情感教育

情绪情感教育，从字面上看包括两部分：一部分是情绪，另一部分是情感。情绪主要指幼儿能够逐渐学会接受新环境、适应新环境，在陌生的环境中保持情绪的稳定，适应矛盾冲突情境的能力。除此之外，情绪还包括初步学会在适应新环境、接受陌生人、处理同伴交往关系、独立克服困难、解决实际生活中的简单问题时控制情绪，从而学会做事、学会生活、学会与人共同相处等内容；在社会领域，情感指幼儿在社会生活、社会交往中获得的情感体验，包括积极情绪、情绪的表达与控制、依恋感、愉快感、羞愧感、同情心、责任感等。

## 二、学前儿童社会教育特色活动方案的设计

幼儿园社会教育活动设计的一般步骤分为确定教育目标、选择活动内容、拟定活动目标及策划活动过程等几个部分。设计则是将以上思考的过程文字化，即写成活动方案。一

份完整的社会教育活动教案一般包括活动名称、活动目标、活动准备、活动过程和活动延伸五个部分。

（一）活动名称

活动名称是指教育活动的名字，一般是对活动目标、活动内容的反映。此外，在活动名称的前面或后面要附上班次，明确此活动针对的是哪个年龄段的幼儿。对活动名称的选择最好简洁明了，直接切入主题，并且富有趣味性和生活性。幼儿能够理解的活动名称才能吸引他们的注意力。

（二）活动目标的设计与拟定

制定具体的社会性教育活动目标最直接的依据是单元目标。单元目标一般是根据总目标、分类目标和阶段目标，由本园同年龄班教师一起讨论制定的。通过哪些课题的活动来实施这一目标也是各班基本统一的。而具体到每个教育活动目标，则需要每位带班教师发挥自己的才能，根据本班幼儿的社会性发展状况，包括近来幼儿在社会教育活动中的具体情况来拟定。在确定教育目标时，要注意以下几点。

（1）社会教育特色活动的目标应关注到幼儿社会行为规范、人际交往、自我发展、情绪情感等方面，同时根据具体活动，选择一个或两个侧重点，其他方面可以隐含在其中。

（2）目标表述时应做到简洁明了，可操作性强，明确活动目标与年龄目标之间的关系，目标设计符合幼儿年龄要求。

（3）幼儿的发展是整体的，因此在设计目标时，要关注各领域间的关联性，不能分割开。在目标的表述上，要根据幼儿的发展现状和需要，适当体现各领域的教育目标。

（三）活动准备

活动准备主要分为物质方面的准备和经验、知识方面的准备。物质方面的准备包括教室或活动室、活动场地的环境准备以及活动中可能用到的材料教具的准备等。在具体教案书写时，一般从以下两个方面入手。

（1）物质方面的准备：许多活动需要物质方面的准备，如有的活动需要录音机、磁带，有的活动需要幻灯机、幻灯片、计算机，有的活动需要图片、卡片，还有的活动需要一定的场地、实物等。

（2）知识方面的准备：部分活动需要幼儿具备一定的经验、知识基础，因此在教案的撰写中也要有所体现。

（四）活动过程

在活动目标确定后，就要思考通过哪些具体的活动内容和活动形式来实施目标。活动过程的设计则是将这种思考书面化和具体化，一般包括开始部分、基本部分和结束部分。

1. 活动的开始部分

这是引导幼儿活动的第一个步骤，能起到初步引导幼儿参与活动的兴趣及调动幼儿学习主动性的作用。教师组织活动的方式一般有讲故事、引导幼儿看图片、欣赏录像资料、情境表演等。如果是外出参观活动，则要在开始部分告诉幼儿参观何处，并提出参观要求。课堂教育活动的开始部分时间不能过长，否则就会影响基本部分的教学效果，例如，在大班活动“我长大了”的开始部分是这样设计的：请幼儿走上前，展示自己带来的照片，并结合照片说说自己的成长过程，通过提问，启发幼儿思考自己取得了哪些进步。

2. 活动的基本部分

这是教育活动的主要部分，是活动的重点和难点所在，主要是教师引导幼儿进行感知学习和练习，活动的大部分时间应放在这一部分。

在进行这一部分活动设计时，要注意思考以下几点。

(1) 这个活动大体分哪几个步骤？

(2) 每个步骤必须完成哪些内容？采用什么方式方法？

(3) 哪一个步骤是重点？哪一个步骤是难点？应如何突破？

(4) 每个步骤的时间大体应怎样分配？

(5) 每个步骤如何进行？

在具体表述时，注意对教师的陈述语、提问句、操作过程进行说明，关注教师的情绪、语气、表情以及动作，对幼儿的要求、小结语、简明的转换语等都应清晰地写明，以便起到更清晰的指导作用。

3. 活动的结束部分

教师可以改变原来的活动方式，引导幼儿自然地过渡到下一个活动方式，如其他领域的活动(语言、艺术或科学等)，让幼儿在轻松愉快的情绪中自然而然地结束活动。如果要在结束部分对活动进行小结评价，应做到简洁、精炼，对幼儿在活动中的表现以宽容积极的态度进行评价，对问题本身应留有一些思考的余地，使活动能够有效延伸，使幼儿保留对活动的兴趣，体验到活动带来的快乐，以期盼的心情和态度等待下次活动的到来。

(五) 活动延伸

符合一定社会行为规范的社会行为技能的产生，是幼儿社会性发展的关键。幼儿园社会教育活动如果只停留在增进幼儿社会认知、激发幼儿情感上是不够的。良好社会行为技能的产生不是一朝一夕就能实现的，也不是通过某一个活动就能形成的。也就是说，虽然一个教育活动结束了，但是，对幼儿的教育还在继续。为此，活动延伸的设计也是不可缺少的一环，通过活动的延伸，(教师)强化幼儿的理解，丰富幼儿的经验，让幼儿继续学习巩固活动中所了解的知识，进一步锻炼技能。

## 三、反思、总结评价

叶澜曾说过:“一个教师写了一辈子教案不一定成为名师,但一个教师写了三年教学反思却可能成为名师。”这句话意味深长,反思的重要性不仅仅在于提升我们个人的教学能力、提高教学质量和效率,更是为了从活动中总结经验、批判问题,从而在今后的活动中更好地运用经验规避问题,为幼儿提供更为科学高效的成长环境。因此,在社会教育特色活动进行过程中,幼儿教师应当敏锐地抓住活动中体现出来的问题,并在活动结束后第一时间进行总结与反思,反思应关注到以下几个方面。

首先,社会教育特色活动的内容是否能够被幼儿所接受。在设计特色教学活动时,教师首先应明确活动是为谁而设计,一定要了解幼儿生理及心理特点,清楚幼儿对活动内容的学习能力。社会教育较之五大领域中其他领域来说,其内容往往会比较复杂,涉及的范围也比较广泛,我们不能简单地将社会学习视为帮助幼儿获得社会常识的过程,而是将其真正看作培养幼儿社会性和个性品质的过程,因此我们要把握幼儿身心发展特点,有选择性地将社会生活中基本的做人道理教给幼儿。例如,在进行“我的生活”这一活动时,教师可以在内容中穿插展示幼儿园周边及幼儿家庭周边的设施、环境的图片、有名的小吃美食等,注重活动的直观感受与个人经历相统一,将活动内容更加直观形象地呈现给幼儿,便于幼儿更好地接受和理解。

其次,社会教育活动内容是否与时俱进。社会是在时刻发生变化的,幼儿生活在这样的社会中,必须要能够接受新的事物、新的信息。然而,在特定的社会背景下,我们为幼儿设计的社会教育内容与活动往往具有一定的稳定性,一方面,这有助于幼儿适应幼儿园生活,逐步形成约定俗成的、稳定的社会行为和社会情感;但是,另一方面,随着社会经济的发展和进步,社会对人们的观念及行为要求发生了一定的改变,一成不变的教育活动与内容带来的终将是落后。因此,无论是活动形式、活动内容还是教育方法,都需要我们根据社会发展形势做出及时的、适当的调整和改变。

除此之外,教师必须重点关注活动是否生动有趣。从幼儿社会教育的独特性来看,教师需要格外注重幼儿在活动中的体验,打破旧有的死板无趣的设计模式,构建灵活、随机的幼儿社会教育,避免简单说教。在幼儿的成长过程中,模仿、感受、体验都是非常重要的学习方式,特别是情感态度类教育,绝非单纯靠讲道理就能起到作用的。

因此,对于学前儿童社会教育的活动设计,要求教师除了拥有系统科学的设计教育活动的能力外,也要能够抓住生活中一切教育契机,对幼儿进行社会良好行为的渗透。我们要善于通过真实的生活实例来引导幼儿切身体验,培养他们的社会技能,增强幼儿的社会认知,激发幼儿的社会情感。要充分利用生活中的有利契机,让幼儿参与、实践、感受和体会,从而取得良好的教育成果。

目前,幼儿赖以成长的社会环境正在不断变化发展着,因此,学前儿童社会教育必须从目标设定、活动开展过程与内容选择上做出相应的调整,加强与各领域学科的相互渗透与融合。幼儿社会领域活动教育的研究任重而道远,但只要教师在幼儿社会领域活动教育中善于思考、总结和探索,就一定能够找寻到一条更加适合幼儿发展、更加有效的幼儿园社会领域活动实施的道路。

## 第二节 学前儿童社会教育特色活动的教育原则

学前教育的特殊性是由很多因素形成的,无论是幼儿的年龄特点还是国家、社会对于学龄前幼儿的各方面期待,都决定了学前教育的实施者——学前教师,必须谨慎选择活动主题、设计内容、组织开展活动。因此学前教师有其必须遵守的原则,包括遵循幼儿发展的原则、遵循国家与社会发展要求的原则、遵循目标原则以及遵循实践性原则,只有这样,才能帮助幼儿更好地在与他人共同生活和探索世界的同时,逐渐积累知识与技能,改善态度与价值观,形成良好的社会行为习惯。

### 一、从幼儿出发:遵循幼儿发展特点

学前教育存在着其本身所固有的独特规律①,所以教育者在组织、设计并开展学前儿童社会教育特色活动时应当从幼儿本身发展特点出发,遵循以下原则。

#### (一)遵循幼儿社会性发展的特点

《纲要》中明确指出,要促进每个幼儿在不同水平上的发展。我们需要关注幼儿的独特性、重视他们发展的独特要求。在社会领域,增进幼儿对于社会文化与行为规范的了解和掌握,培养幼儿健康的自我意识和良好的社会态度及行为习惯,促进幼儿个性健康发展,是幼儿社会教育的基本目标。作为人生发展的起始,幼儿阶段以其对幼儿个性、社会性发展的重要意义与独特价值,在人生中占据了重要地位,此阶段幼儿各方面能力能否得到良好的发展,对人一生的发展都具有重要的影响。在此阶段,对幼儿的教育主要体现在活动方面,而幼儿教育阶段的活动设计应当注重让幼儿得到更加丰富而全面的发展,例如幼儿认知、能力、情绪、心理健康等方面的发展。幼儿教育的重点就是使幼儿得以全面发展,结合

---

① 丁海东.论学前教育的规律[J].学前教育研究,2009(7):29-31.

幼儿在不同年龄阶段所展现出来的特征，展开丰富多彩的特色活动[①]。因此，幼儿教师应当关注幼儿发展需求，设计、组织、开展符合幼儿社会性发展特点的活动。

### （二）遵循幼儿已有的经验

幼儿各方面能力的发展，既离不开先天遗传素质的作用，也依赖于后天不断的、积极主动的经验积累。脱离幼儿生活的知识和经验很难真正激发他们的学习热情。社会教育是与现实生活紧密关联的教育，通过真实的生活事件和生活情境，去逐步培养幼儿的基本社会生活能力和技能、丰富幼儿的相关知识经验、激发幼儿的社会情感，并能够在情景中反映现实生活，在生活事件、生活活动中利用一切可以利用的机会，给幼儿时间、空间去练习、实践。只有这种结合现实生活、结合个人经验的社会教育才能真正取得成效[②]。我们在教育的过程中，不能忽视经验的作用，对于幼儿社会领域来说，经验可以使幼儿掌握基本的生活技能，影响今后与人交往的技能水平，帮助幼儿逐步理解并内化社会规范，形成自我意识等[③]，因此，社会领域特色活动的组织与实施，必须要遵循幼儿已有经验，以此作为支撑，在活动中帮助幼儿积累更多经验。

## 二、为社会育人：遵循国家与社会发展要求

### （一）国家的教育方针与政策

2016 年颁布的《幼儿园工作规程》（以下简称《规程》）和 2001 年的《纲要》是遵循我国宪法和教育法的基本精神、根据党的教育方针制定的，对全国幼儿园教育进行宏观管理和指导的法规文件，是幼儿园教育工作的统领性文件，也是我国幼教新世纪发展的指导性文件。《纲要》中明确规定了社会领域作为学前教育五大领域之一，其目的在于“为幼儿一生发展打基础”。

应试教育最为人所诟病的就是以成绩作为衡量人才的唯一标准，以进入重点大学、找到好工作作为评价成功的唯一标准，在这样的价值导向下，教育培养出的孩子只知道学习，相比而言，他们的社会性发展水平表现出明显的弱势，如处理人际冲突的能力弱，缺乏个性、创造力等。这样的孩子将来是无法适应日新月异的社会的。未来社会的发展更应看重的是个体是否具备良好的性格，是否具有良好的社会交往能力，是否具有良好的道德行为规范，是否具有独立创新的意识等，而不再是看重学习了多少知识，掌握了多少技能。因此，面对各国综合国力竞争的现实，面对国家发展对于人才的要求，我们就必须要关注幼儿

---

① 陈玉梅．幼儿教育活动设计原则[J]．学周刊，2016(36)：105-106.

② 虞永平．社会领域与课程渗透[J]．幼儿教育，2005(11).

③ 陈纳．幼儿应该主要学习什么——经验获得与幼儿发展关系的思考[D]．武汉：华中师范大学，2014.

社会性的发展[①]。

（二）社会的要求

教育是社会未来的事业，幼儿是未来的希望，教育应该为幼儿的发展做准备，要为社会培养人才，因此，幼儿社会教育必须遵循社会发展的要求。

一方面，幼儿社会性的发展离不开一定的社会生活现实。社会现实包括家庭生活，家庭是幼儿人生的第一环境，父母是孩子的第一任教师。他们对孩子的各方面发展，尤其是品德、个性方面的发展，具有不可替代的作用。随着家长素质的提高，家长的教育理念、教育方法甚至超前于教师，因此，教师要树立新观念，建立新型的家园关系，要考虑家长的参与意识和教育资源，以做到家园协同培养幼儿。社会现实还包括幼儿园一日生活，幼儿入园以后，大部分时间是在幼儿园里度过的，在教师的指导下，幼儿开始学习自己动手吃饭、穿衣、学习、游戏，逐步学会适应集体生活，并学会调节自己的生活规律，养成良好生活习惯。社区资源也是社会现实的重要组成部分，幼儿园所处的社区环境和幼儿家庭所处的社区环境是社会大环境中的一部分，幼儿园教育要走出幼儿园狭小的空间，实现幼儿教育的社会化。

另一方面，幼儿社会性的发展要求他们要能够适应社会的变化。我们生活在一个日新月异的社会中，多元文化时刻冲击着我们的大脑，无论是价值观念、社会理想还是社交关系，方方面面都有着或多或少的变化。总体看来，社会的发展变化可以分为几大类。

首先是经济发展带来的生活水平上的变化。近些年来，随着科技水平的进步以及我国人均生产总值的提高，人们的衣食住行等条件都有了很大程度的改善，生活水平有了显著提升。同时，生活水平的日益提高会潜移默化地影响到人们的生活观和价值观，脱离贫困步入了小康社会之后，人们会更加注重精神文化生活的富足。但经济发展、科技进步带给人们富裕生活的同时，也给社会注入了一些不良风气。帮助幼儿取其精华去其糟粕，学会规避不良风气的影响，也是社会教育存在的价值之一。

除了生活的变化之外，社会大环境也在时刻发生着改变。近些年来，随着各国间政治、经济以及教科文组织等多方面的合作增加，由现代科学技术支持的世界文明正在向新的更光明的方向前进；变化的另一极是各国贫富差距悬殊，发展不均衡，科技的发展带来了负面效应，人类的生存环境受到了前所未有的破坏。我国的幼儿作为未来社会主义事业的建设者与接班人，更是生活在“地球村”的一名成员，将来也需要肩负起建设、发展地球村的责任。因此，作为幼儿的教育者，我们需要为世界、为国家、为我们的社会培养能够应对国家的发展进步，顺应时代的变迁，更好融入世界、融入国家、融入社会的新一代。

---

① 嵇珺．我国幼儿园社会领域教育研究[D]．南京：南京师范大学，2012.

综上所述，社会教育的组织与实施必须遵循国家与社会发展要求原则，引导幼儿主动适应变化中的社会。因此，社会、国家、世界的变化应该作为选择教育目标、教育内容的重要依据①。

## 三、明确活动目标：遵循目标原则

教育目的是社会对教育所培养的人才的总要求，它规定了人的质量规格和基本素质，是教育实践活动的出发点。教育目标是教育内容的方向，是一切课程活动的指针，是一切教育活动的灵魂，所以有必要对教育目标进行适当的划分。

遵循学前儿童社会教育目标原则，既是一切学前儿童社会教育特色活动的起点与归宿，也是整个社会教育特色活动组织与实施的首要环节。只有在最开始的阶段，遵循目标原则，明确了目标，才能选择恰当的内容与方法去实现这一目标。只有提高我们作为幼儿教师的目标意识、不断地加强制定目标的能力，才能真正提高社会教育的意义，这就是遵循目标原则的重要性。

首先，幼儿社会性教育的总目标是对幼儿社会性教育目标最概括性的阐述。它是对《规程》和《纲要》中有关幼儿社会性教育目标的高度总结，保证了幼儿社会教育的正确方向。《纲要》中有关幼儿社会性教育的目标如下②。

（1）能主动地参与各项活动，有自信心。

（2）乐意与人交往，学习互助、合作和分享，有同情心。

（3）理解并遵守日常生活中基本的社会行为规则。

（4）能努力做好力所能及的事，不怕困难，有初步的责任感。

（5）爱父母长辈、老师和同伴，爱集体、爱家乡、爱祖国。

通过分析《纲要》总目标，不难发现社会领域的目标是从两个大角度提出的：一是从幼儿社会关系的角度出发。一方面，它包括幼儿与自身、他人的关系，例如自信、主动、坚持、独立性、互助、合作、分享、同情等；另一方面，它还包括幼儿与集体、社会的关系，包括遵守规则、爱护环境和公物、认识社会职业、家乡、祖国和世界文化等。社会领域目标的另一个角度是从幼儿心理结构的维度出发的，包括学前儿童社会教育常见的六大方面：自我意识、社会认知、社会情感、社会行为技能、社会适应以及道德品质。

综上所述，学前教育教师应有明确的目标意识，遵循目标原则。目标是灯塔，能够指明前进道路的方向，一切特色教育活动都应当是有目的、有计划地组织实施的。因此，教师应当明确教育最终想要实现的目标就是为幼儿的一生发展打下良好的基础。同时，（教师）能

---

① 但菲．幼儿社会性发展与教育活动设计[M]．北京：高等教育出版社，2008.

② 张明红．学前儿童社会教育与活动指导[M]．3版．上海：华东师范大学出版社，2021.

够合理地分解目标，确保能够将《纲要》中的总目标逐渐具体化，在这个过程中注意目标的连贯性与一致性以及目标与其他领域发展目标之间的联系。

## 四、将活动落到实处：遵循实践性原则

实践性原则是指在对幼儿进行社会化教育的过程中，教师既要关注到幼儿社会认知的提升，又要指导幼儿的实践，在实践中把提高幼儿的社会认识和培养幼儿的良好社会行为结合起来，使幼儿的社会性得到全面的发展。教师应高度重视实践在幼儿社会性培养的作用。贯彻实践性原则应注意以下四点。

### （一）为幼儿创造实践活动的机会

幼儿对社会知识经验和规则的学习是在实际的生活、活动过程中进行的，教师要有目的、有计划地为幼儿提供实践锻炼的机会。幼儿的实践主要分为生活实践与游戏活动两种形式。真实生活中的实践机会多种多样、丰富多彩，包括与他人沟通交流、参与集体活动、购物等形式。凡是幼儿能参与的，教师都应当尽可能创造机会让他们参与。《指南》指出，“幼儿的学习是以直接经验为基础，在游戏和日常生活中进行的。要重视游戏和生活的独特价值。”在幼儿园，游戏既是幼儿的主要任务，也是学习活动的主要形式。“拔苗助长式”的超前教育或强化训练之所以有害，是因为它剥夺了幼儿游戏的权利，因而也剥夺了幼儿真正意义上学习的权利。对幼儿来说，游戏就是学习，游戏才是学习。在幼儿阶段，学习和玩是分不开的，没有玩，就没有真正意义上的幼儿阶段的主动学习①。所以，教师要确保组织实施的社会教育特色活动充分融入各类游戏活动，让幼儿在幼儿园中有充足的进行游戏活动的时间和机会，能够在实践中获得快乐、感受成长。

### （二）教会幼儿具体的行为方式

教师在组织实施特色活动的同时，也要注重行为方式的教授。教授过程要符合幼儿年龄特点，选择他们能够理解、接受的形式，向幼儿讲清道理，帮助他们明确社会规则与要求。同时，教师要让幼儿明白规则是对每一个儿童的要求，它不仅约束其他幼儿的行为，也同样约束自己的行为，并且帮助幼儿把社会行为规则与自己的行为建立起联系。只有这样，幼儿才逐渐知道什么是好的和坏的、什么是必需的、什么是允许的、什么是被禁止的。由于幼儿年龄小、社会行为经验缺乏，对于正确的行为方式还无法灵活地掌握，因此教师应教给幼儿具体的行为方式，即教会他们“如何做”，只有这样才能为其今后步入社会、进行社会交往打下良好的基础。

---

① 张其龙．幼儿教育的四条基本原则——学习《3～6岁儿童学习与发展指南》的一点体会[J]．早期教育(教师版)，2016：4-5.

(三)教育幼儿自己的问题自己解决

儿童在行为实践过程中,会遇到各种各样的问题,教师切忌包办处理,而应有意识地把这些问题留给幼儿自己,让他们在碰撞、冲突、协商、交换、合作等实践活动中自主解决问题。《纲要》指出:教师要“在共同的生活和活动中,以多种方式引导幼儿认识、体验并理解基本的社会行为规则,学习自律和尊重他人”。幼儿由于社会能力有限、社会认识不够,在解决问题的过程中可能会出现各种错误,教师应正视幼儿在实践过程中出现的错误,允许他们试错,帮助他们认识到错误进而学习如何正确地改正错误,这才是实践的真谛。

(四)帮助幼儿寻找榜样,以身作则

幼儿学习行为中非常重要的一个部分就是观察与模仿,他们会观察成年人的行为、观察同伴的行为。因此,教师组织实施活动时,要在班内树立榜样,帮助幼儿发现活动中同伴所表现出的优点与长处,使幼儿能够发现同伴的优点,进而学习这些优点。这对他们的人际交往能力提升有着不可或缺的影响。另外,教师也要时刻谨记,德高为师、身正为范,我们的一言一行都受到了幼儿的关注,他们也会不自觉地模仿教师的行为。因此,要求幼儿做到的事情,教师要首先做到。教师以身作则,能够使幼儿更为具体形象地感知到教师所传授的社会规则是可信的、有益的,从而能够更好地付诸行动。

我们的教育究竟是要把幼儿培养成什么样的人?幼儿园教育究竟应当给予幼儿怎样的经验,赋予幼儿怎样的能力?如何才能确保我们所提供给幼儿的教育是可以令其一生发展最受益的?这应该是每一个学前教育者都需要认真思考的核心问题。我们的教育目标不仅要把幼儿培养成“知识人”,更应该把幼儿培养成品行端正、具有良好社会性的“社会人”。从终身发展的角度来看,社会教育对于人一生的发展意义重大。幼儿要成为一个完整的、全面发展的人,需要适宜的社会教育;国家的发达、民族的振兴和整个国民素质的提高,更加需要适宜的社会教育。

## 第三节　学前儿童社会教育特色活动的途径与方法

叶圣陶先生曾说过:“培育能力的事必须继续不断地去做,又必须随时改善学习方法,提高学习效率,才会成功。”社会学习是一个漫长的积累过程,需要幼儿园、家庭、社会的通力合作。教师应谨慎地选择适合的教学方法,通过恰当的教学途径,帮助幼儿获得成长。教学方法与途径是多种多样的,只有依据幼儿年龄特点、活动类型需求等多方面因素进行综合考量,选择适宜的教学方法和途径,才能提高学前儿童社会教育的质量、效果和效率。

## 一、学前儿童社会教育特色活动的途径

### (一)集体教学活动中的社会教育特色活动

《纲要》中指出:幼儿园教育活动,是教师以多种形式有目的、有计划地引导幼儿生动、活泼、主动活动的教育过程。集体教学活动是幼儿园教育教学活动中区别于小组活动和个别活动的一种重要形式,是教师有目的、有计划专门设计和组织的面向全体幼儿的教育活动。这种活动是由全班或部分幼儿共同参与进行的,学习目标的预设性、学习内容的统一性、学习过程的教师主导性、学习时间与空间的统一性都体现在这一活动过程中。在学前教育五大领域的教育活动中,集体教学是占据主导地位的一种教学途径。采用集体教学形式的社会领域教育活动,其社会教育目标明确、计划周全,社会领域内容集中且系统,能够在合适的教学方法的辅助之下,有计划、步骤明确地增进幼儿社会认知,激发幼儿社会情感,强化幼儿社会技能。因此,我们需要思考如何有效地组织实施社会领域的集体教学,才能更好地发挥其优势。采用集体教学形式进行社会领域教育活动需要考虑以下几个问题。

1. 集体活动中注重教师自身的榜样示范与幼儿良好习惯的培养

在集体活动中,儿童不仅通过教师所教授的内容而学习,还通过教师如何与他们进行互动而学习。爱模仿是幼儿的一大特点,教师自身对待幼儿的态度、说话的方式以及教师自身对所教内容的态度与感受,都会成为幼儿的模仿对象,对他们有着深刻的影响。因此,在活动中,教师要注意自身的榜样作用,如用温和、清晰的语言进行教学,注意倾听幼儿的发言等。除了教师应当注意自身的榜样作用之外,集体活动作为幼儿园活动中的一大重要组织形式,也肩负着培养幼儿各方面习惯的职责。教师要关注幼儿在活动中良好学习习惯的培养,如倾听的习惯、礼貌表达的习惯等,对出现的不当行为要提出正面的行为指导要求。

2. 关注幼儿的自主性,促进幼儿主体性的发展

教师要善于为幼儿的学习提供充分的材料与经验支持,让他们尝试自己去发现价值和真理,学习自主思考、判断。部分教师在组织开展幼儿集体活动的过程中,往往会忽视幼儿的自我发展需求,导致幼儿的自主性被束缚,这对于幼儿主体性的发展是不利的。因此,幼儿教师应该积极转变传统教学观念,满足幼儿的主体性发展需求,凸显幼儿的主体性意识。在带领幼儿参加集体活动时,教师要给予幼儿自我表达的空间和自由交流的机会,让幼儿的个性得到彰显,从而促进幼儿自主性的不断发展①。

### (二)区域活动中的社会教育特色活动

区域活动是指教师以幼儿感兴趣的活动材料和活动类型为依据,将活动空间划分为不

---

① 夏婷婷.集体教育活动中幼儿主体性的发展[J].幸福家庭,2020(16):59.

同的区域，并根据一定的教育目标，在这些区域里投放丰富多彩的活动材料，让幼儿根据自己的兴趣和发展水平自主选择活动区域和活动内容，通过操作材料、与环境和同伴充分互动而获得个性化的学习与发展。区域的范围是广义的，除了室内空间，也包括室外空间甚至社区环境。以幼儿园为例，幼儿园的区域包括游戏区、阅读区、美术区、音乐区、手工区、表演区、烹饪区、建筑区等，室外也可有沙土区、嬉水区、种植区、饲养区等，(教师)会结合幼儿园实际情况与幼儿需求进行设置①。

区域活动相较于集体教学活动更具有自主性，但与此同时，幼儿参与区域活动也会产生诸多矛盾、冲突，这就需要幼儿彼此协商解决问题。因此，在区域活动中教师应当合理把控参与的程度，既要确保区域活动的正常进行，又要给予幼儿空间，让他们发挥自主性与独立性，学习交流、协商、沟通以及解决问题的能力。教师应构建一个合理的规则框架，在此框架内给予幼儿自主发挥的空间，这样规则也会更容易为幼儿所理解和接受。

区域活动突出幼儿的自主性，还体现在材料的投放、区域的设置及教师的指导方面。但自主并不意味着没有活动规则和要求，所以幼儿首先还是需要了解并内化自主区域活动的基本规则和要求。比如，玩具及材料的使用规则：轻拿轻放、用完及时归位。在整个一日生活中，自主区域活动是儿童发生冲突最为集中的环节，因此教师要帮助幼儿学习轮流、等待、分享、合作、协商等社会交往的技巧，促进幼儿同伴关系的健康发展。

### （三）日常生活中的社会教育特色活动

社会领域的教育机会无处不在。晨间接待的问好行为是礼貌习惯的培养，游戏活动中隐藏着规则意识的养成，课堂教学里有自信心的培养，区角游戏活动中可以教育幼儿学会分享、合作和等待，进餐和午睡活动让幼儿理解并遵守日常生活中基本的社会行为规则，盥洗行为中锻炼了幼儿的自理能力。面对如此之多的教育契机，教师应当以环境为载体，把握住日常生活的各个环节，为幼儿提供发展社会性的时间与空间。各类幼儿园性质特点均有不同，但幼儿园的一日生活环节却是有其相同之处的。如果按照先后顺序，大致包括晨间入园、早锻炼、教学活动、吃点心、游戏活动（餐前活动）、午餐、散步（或其他睡前活动）、午睡、起床整理、吃点心、游戏活动或区域活动、离园等。这些环节中都不同程度地蕴含着社会教育的因素，教师应该具备一定的教育敏感性，善于结合不同环节的特点随机地渗透社会教育。

一日生活各环节蕴含着丰富的社会教育因素，教师要善于分析、把握，建立社会教育的敏感意识，灵活地引导幼儿进行社会学习。

---

① 田景正．幼儿园区域活动中教师指导行为的研究[D]．桂林：广西师范大学，2003.

1. 端正教育观，注重引导幼儿建立规则与秩序感

作为新时代的教师，我们要时刻牢记，教育是不断更新的，社会对教师的要求也在不断更新。教师应不断学习新的幼儿教育的理念，学习与思考《指南》和《纲要》中对于幼儿成长与发展的要求。幼儿园的日常生活有其固定性，这种固定性会让教师不自觉地产生倦怠感，可另一方面来说，这些固定的环节对于幼儿逐步建立规则与秩序感是非常重要的，因此，教师应当利用好这些固定的环节，赋予其更多教育意义和实践意义，而不是日复一日地重复着相同的工作，浪费了宝贵的教育机会。

2. 关注幼儿良好行为习惯的养成

良好行为习惯的养成是社会教育的重要目标之一，而幼儿的社会性发展过程本身具有长期性和反复性，尤其是行为习惯的养成更是如此。美国心理学家埃里克森认为，社会性的发展是一个长期的、反复的，不断将外部规范内化的过程。这种长期性和反复性就要求教师持之以恒地对幼儿提出适宜要求并且提供相应的练习机会，一日生活各环节的稳定性与重复性，为培养幼儿良好的行为习惯提供了条件①。

3. 时刻把握教育契机

幼儿日常生活活动是丰富且琐碎的，教育的契机就蕴藏在这些小事中，而教育对象——学龄前幼儿，他们的社会学习更是具有无意性和随机性的特点。这就要求教师要有高度的教育敏感性，能够第一时间抓住日常生活各个环节为社会教育提供的契机，时刻关注幼儿，关注幼儿的成长情况，结合幼儿园日常活动，给每个固定的日常活动环节渗透进恰当的社会教育内容，并选用适宜的教育方法进行教育②。

日常生活活动在幼儿园一日生活中占有很大的比重，其中蕴含着诸多的教育契机，教师要在反思中沉淀，更要在实践中积累。“生活即教育”，教师要重视幼儿的日常生活活动并加以有效利用，从而培养幼儿良好的心理素质、生活卫生习惯和社会适应能力，使他们在快乐的童年生活中获得有益于身心发展并且能够受益终生的经验③。

综上所述，教师要改变自己的教育观念，明白最好的教育方法不是灌输，也不是事无巨细、无微不至，而是让幼儿在动手操作和亲身感知中获得经验。要在集体教育活动、区域活动、日常生活活动中通过选择正确、科学的教学方法与手段去调动幼儿的积极性，促进其积极主动发展，教师必须以幼儿为主体，多方面地了解幼儿的兴趣和需要，做幼儿的培养者、倾听者、合作者，创设自由宽松的成长环境，保持幼儿的好奇心和探索欲，提高幼儿自主学

① 甘剑梅．学前儿童社会教育[M]．北京：高等教育出版社，2021．

② 杨婕．幼儿园一日生活活动中随机性社会教育研究——以邵阳市 A 园为例[D]．长沙：湖南师范大学，2017．

③ 荆丹．幼儿园生活活动的教育价值[J]．教育家，2018(39)：37．

习的积极性和创造性①。

## 二、学前儿童社会教育特色活动的方法

学前儿童社会教育的方法是指教师和儿童在社会互动中为完成教育目标所采用的具体方式和手段。想要确保教育任务、教育目标顺利达成，就必须选用正确、恰当的教育方法。我们把学前儿童社会教育方法分为以下三类，在具体选择与使用时，应结合幼儿需要、活动特点、教育目标分方向等多方面进行选择。

### （一）以实践体验为主的方法

这类方法主要通过幼儿切实的参与、真实的体验、实践来进行教学设计，在完成技能与情感类教育中常用此类方法。它主要包括实践法、行为练习法、移情训练法、角色扮演法。

#### 1. 实践法

实践法是指教师创设出一定的环境，组织幼儿亲自到活动中来，由实践进而感知、体验或学习某种社会实践技能的方法。实践法有助于幼儿学习社会实践技能，更好地适应社会，能满足幼儿参与成人活动的愿望，形成其对劳动的正确认识。社会领域教育强调反复的实践和训练，这是因为社会教育既来源于生活，最终也将还原于生活，它需要在日常生活中让幼儿体验、练习、巩固和深化，以求帮助幼儿更好地适应生活。比如，让幼儿在日常生活中体验与他人分享的过程，较之听到或谈论分享行为更能使他们熟练地运用分享的技能，例如用餐时如何分饼干，游戏时两个人怎样一起玩玩具、如何让另外一个幼儿加入游戏，这些都是要靠他们自己的实践体验来解决，或通过教师的帮助来解决的实际问题。实践法的运用需要注意以下问题。

（1）实践内容和要求要适合幼儿的发展水平和接受能力。难度过高的内容既会让幼儿产生挫败感，也容易产生诸多纪律问题；难度过低的内容也无法使幼儿保持兴趣与注意力。

（2）实践法重在让幼儿参与活动，活动的过程比结果更为重要。

（3）实践过程中教师要教给幼儿做事的方法，同时也要注重培养他们的创造性，避免只会简单模仿。

（4）教师要鼓励幼儿勇于克服困难，以培养幼儿的坚持力与意志力。

#### 2. 行为练习法

行为练习法是指教师通过真实的生活事件和生活情境，培养幼儿的基本社会生活能力和技能，并增进幼儿的相关知识，激发幼儿的社会情感的方法。幼儿期是儿童行为习惯形成的关键期，此时期所形成的行为习惯将持续人的一生。这种方法的特点是充分利用现实

① 李钊．基于学习主动性的幼儿园集体教育活动策略研究[J].教育界，2020(25)：78-79.

生活，在生活事件、生活活动中，充分利用一切可以利用的机会，让幼儿练习、实践，从而形成、巩固或者改变幼儿的社会行为习惯。行为习惯的培养不是一蹴而就的，它需要经过反复的练习才能成为幼儿的一种自觉行动[①]。行为练习法的运用需要注意以下问题。

(1) 行为练习要在教师有目的、有计划地指导下进行，即教师首先要示范正确的行为，以供幼儿学习与模仿。

(2) 行为练习的方式要多样化，以引起幼儿练习的兴趣和愿望，避免简单、枯燥。行为练习法有以下三种方式：一是在实践活动中练习，如在角色游戏中练习礼貌用语，在擦桌子的过程中练习擦桌子的技能；二是在自然的交往环境中练习，如在和同伴交往的过程中练习分享、请求、协商等交往技能；三是在特意创设的情境中练习。

(3) 由于幼儿的社会学习具有反复性的特点，行为练习要反复进行，持之以恒，以使幼儿的行为得以巩固。持之以恒的要点就是要尽量形成规律的活动节奏与规范的活动形式。

3. 移情训练法

移情训练法是指通过一些形式、活动让幼儿更加直观地理解他人、体会他人的情绪体验，以使幼儿在以后的生活中对他人能够更好地共情。移情训练的方式是多样的，讲故事、续编故事、情境演示、生活情境体验、主题游戏等都可以用来进行移情训练。移情训练法的运用需要注意以下问题。

(1) 提供的情境必须是幼儿熟悉的社会生活或是儿童能理解的，不能脱离了他们的生活与经验范围，这样他们才可能产生移情。教师应重视幼儿情感体验的特点，充分利用他们已有的体验，以唤起幼儿对情境的理解与情感共鸣。

(2) 移情训练本身不是教育的目的，目的是幼儿以后在社会生活中对他人具有自然而然的理解与共鸣，因此，在使用移情法的同时，教师还应结合其他教学方法如行为训练法等，帮助幼儿在共情的同时还能有良好的行为习惯。例如，有同伴生病时，幼儿不仅应当理解生病同伴的痛苦感受，更要能恰当、自然地给予力所能及的关心、帮助。

4. 角色扮演法

角色扮演法是指通过创设现实社会中的某些情境，让幼儿扮演一定的社会角色，使幼儿表现与这一角色相一致的且符合这一角色规范的社会行为，并在此过程中感受角色间的关系，感知和理解他人的感受、行为经验，从而掌握自己承担的角色所应遵循的社会行为规范和道德要求。角色扮演培养了幼儿对社会角色的认识，提高了幼儿的亲社会行为水平，有利于利他行为的产生，使幼儿在轻松愉快之中掌握良好的社会行为习惯。因此，角色扮演实际上就是幼儿的一种学习过程。角色扮演法的运用需要注意以下问题。

---

① 韩云龙．幼儿社会教育实践性问题研究——论幼儿社会教育的基本原则、途径与方法[D]．济南：山东师范大学，2008.

（1）讨论的重心应该放在情感（角色的内心活动）、角色的特点及角色应该出现的行为等方面，避免教师把自己的想法强加在幼儿身上。

（2）情境内容要与幼儿的日常生活相结合，不要脱离幼儿实际生活。

（3）角色扮演要循序渐进，可以先由教师或事先准备的幼儿示范扮演，在扮演之前，教师一定要让幼儿对角色很熟悉，并讨论出角色可行的各种行为方式。

（二）以观察模仿为主的方法

这一类方法主要通过让幼儿实际参与活动来影响他们的社会行为，一般来说社会环境、社会规则、人际交往等方面内容的教育多采用这类方法。

1. 参观法

参观法是指教师组织幼儿开展参观、欣赏、讨论等活动，借助幼儿多种感观和已有表象，通过直观形象的感知使幼儿获得新的生动的表象，比较全面地理解、掌握知识经验和行为方式，形成一定的情感态度。参观不同于游览，游览以休闲为目的，多为无意注意，而参观则是有目的、有计划的。参观可以丰富幼儿的感性经验，帮助幼儿理解事物之间的联系，学习社会规则、良好的社会行为。参观法的运用需要注意以下问题。

（1）参观场所要安全、卫生，无危险因素，以保证幼儿的健康和安全。一般来说参观地不宜离幼儿园过远。

（2）参观前教师要制订详细而周密的计划，包括联系参观单位，取得他们的支持与合作，精心设计参观路线及提问等。

（3）参观单位的介绍要简练易懂，适合幼儿的理解水平。

（4）参观过程要注意安全，教师通过提问有步骤地引导幼儿进行观察。

（5）参观结束回到幼儿园后，教师要对参观进行总结，以提升幼儿的经验。同时教师可以引导他们将活动延伸到区域游戏中。

2. 环境陶冶法

环境陶冶法是指利用幼儿园环境条件、班级生活气氛以及教师自身的言行举止等，潜移默化地影响幼儿的社会态度和社会行为的方法。幼儿学习的一大特点是随机性和无意性，因此，通过环境陶冶和熏染的效果比言语的传递要好得多。环境陶冶法在帮助幼儿形成良好的社会情感和态度、巩固正确的社会行为方面具有重要的作用。环境陶冶法的运用需要注意以下问题。

（1）环境陶冶法利用的是整个幼儿园环境条件、班级生活气氛以及教师自身的言行举止等多方面，因此幼儿园应协同每个成员，步调一致地为幼儿创设良好的环境，营造温馨和谐、互相关爱、积极向上的生活氛围，形成良好的幼儿园文化。

（2）教师在创设良好环境时应当有明确的目的，制订计划，使整个幼儿园环境氛围具有整体性。

(3) 陶冶法的最大特点是潜移默化，因此，教师要尽可能让环境说话，让行动说话，避免过多的言语说教，让教育能够无声无息地发生、实现。

### (三) 以言语互动为主的方法

这类方法主要通过与幼儿进行言语互动来影响幼儿的社会认知，一般来说社会环境、社会文化内容的教育采用此类方法较多。这类方法需要充分结合前两类方法才能给幼儿的社会学习带来深刻影响。

#### 1. 谈话法

谈话法就是教师与幼儿相互提问、对答的教育方法。谈话法需要教师引导幼儿运用已有的知识经验，对一些不了解、认识模糊的问题发表见解。借助于恰当的问题，教师可以帮助他们分析、提炼原有的社会知识经验，使之系统化、明确化，从而让幼儿获得正确的社会认知、积极的社会情感及良好的行为方式。谈话法也可使幼儿获得社会性规范性语言，发展语言交往能力。谈话法的运用需要注意以下问题。

(1) 教师在与幼儿谈话中所设计的问题应该符合谈话主题。

(2) 问题应是清楚明了、易懂易答的。

(3) 问题的排序应是由浅入深的，尽可能地设计开放性问题，让更多的幼儿发表不同的见解，多问怎么样、为什么等，少问是不是、对不对等。

(4) 谈话的方式要多样。

#### 2. 讲述法

讲述法指的是由教师向幼儿说明一些简单的道理、规则以及意义，使幼儿明辨是非，懂得应该怎样做和为什么要这样做。讲述法是在社会教育活动中运用得非常普遍的方法，无论是幼儿对人际关系的了解，对社会环境的认知，还是对社会行为规范的学习和社会文化的吸取，都需要教师用生动浅显、富有感染力的语言进行讲解、启发和引导。讲述法的运用需要注意以下问题。

(1) 为了使讲述达到更好的效果，教师在讲述时语言要生动、形象，讲述过程中尽可能地辅以形象化手段(如实物、图片、幻灯、录像等)，以帮助儿童理解所学内容。

(2) 为调动幼儿学习的兴趣，教师可以让不同的讲述者来进行讲述。可以请幼儿来讲，可以请家长来讲，也可以请某一领域的专家来讲。需要注意的是，如果请专家来讲，教师要事先和专家一起备课，使讲述内容适合幼儿的理解水平，符合教育目的。

#### 3. 行为评价法

行为评价法是指对幼儿的言行、表现给予褒贬判断，从而使幼儿受到教育的方法。行为评价法可分为积极行为评价和消极行为评价。积极行为评价可以采取表扬、微笑、点头、竖起大拇指、轻轻拍肩、奖励(小红花、五角星等)等方法进行,这对幼儿社会性言行有着强化作用,能提高幼儿的积极性,激发幼儿亲社会行为;消极行为评价则可以采取批评、皱眉、摇头、凝视眼睛等方法进行,这对幼儿社会性言行有负强化作用,能纠正和制止幼儿不良的社会行为和后果。无论采用哪种评价方式,都应尊重幼儿、信任幼儿、理解幼儿,注意用发展的眼光进行评价。行为评价法的运用需要注意以下问题。

(1)根据正向引导原则,行为评价法应以表扬为主,对幼儿的社会行为进行正向引导。教师使用批评时要以尊重和肯定为前提,避免挫伤幼儿的自尊心和自信心。

(2)行为评价要及时、一致。一方面,行为反馈要及时,如果时间过长,评价所起的作用就会减少或消失;另一方面,行为的评价与反馈要一致,不能此时一种态度,彼时又另一种态度,这不利于幼儿行为习惯的养成。

(3)评价要具体,避免空泛,以帮助幼儿学会自我评价和自我赏识。如说“今天你帮助老师收拾玩具了,老师真为你高兴!”要比“你真棒!”有效得多。前一种表述教师告诉了幼儿我们想要倡导的行为是什么,为幼儿今后的成长提供了方向上的指导。

(4)评价方式要多样化,要根据不同的场合、不同个性的幼儿选用不同的评价方法。

(5)引导幼儿进行自我评价和相互评价。教师要鼓励幼儿积极参与自评和互评,并注意根据他们的年龄特点采取操作简单、形式有趣的评价方式,激发他们参与评价的兴趣。

学前儿童社会教育的方法是多种多样的,除了我们所介绍的这些方法外,还会有其他类型的教学方法,因此,在具体的教育过程中教师需要根据特定的教育对象、教育目标与内容来选择恰当的方法。

## 趣味阅读:中华传统美德小故事

### 七岁之师

孔子周游列国,四处讲学,宣扬儒家思想。一天,他正在坐车赶路,发现有三个小孩正在玩,其中一个小孩用沙土堆成了一座城,这个小孩就是项橐。车被沙土城挡住走不了,可是这个小孩仍然兴致勃勃地玩,就像没有看见一样。孔子下车,微笑着说:“你怎么不知道车来了要让路呢?”项橐这才抬起头来用大人的口气说:“从古至今,只听说车要绕城而过,哪有城要避开车的道理?”孔子听了非常诧异,小孩如此能言善辩,而且像成年人一样镇定自若。

孔子对这个孩子产生了兴趣,决定要考考他,就问道:“你知道什么山上没有石头?什么水中没有鱼?什么门关不上?什么牛没法生牛犊?什么马不能生马驹?什么刀上没有环?什么火没有烟?什么样的男人没有妻子?什么样的女人没有丈夫?什么时候白天短?什么时候白天长?什么树不长树杈?什么样的城没有使者?什么人没有孩子?”孔子一口气提了40多个问题。项橐认真听完,不慌不忙地回答:“土山,井水,空门,泥牛,木马,砍刀,仙人，仙女，冬天，夏天，枯树，空城，小孩……”

这些问题涉及天文地理、自然现象、家庭伦理等方面，内容广泛，项橐都能对答如流滴水不漏。孔子佩服，连说六个“善哉”。项橐并不知道自己面对的是人们所尊敬的孔子，就反问了几个问题，结果孔子一个也答不上来，连叹道：“后生可畏也。”

孔子又说：“我车中有棋，咱们赌一盘吧。”谁知项橐一本正经地拒绝，振振有词地说：“我不赌博。天子好赌，天下就不能太平，天公也不作美，诸侯好赌，就无心思治理国家；官吏好赌，就会耽误处理文案；农民好赌，就会错过耕种庄稼的好时机，做学问的好赌，就会忘了诗书礼仪，小孩子好赌博，该挨揍。赌博原来是无聊、无用的事，学它做什么？”孔子听了这些话，由赞赏变成了敬佩，他拜项橐为师，七岁的孩子从此名声远扬。

**启示与点评：**

孔子以圣人之身，不耻以孩童为师，其举动为天下人称赞。他这种学无常师的精神值得我们学习。学无常师，代表的不仅是向不同的老师学习的行为，更是一种对知识永无止境的追求精神。

（资料来源：https://wen.51tietu.net/wenku/398050.html）

## 铁杵磨针

唐代大诗人李白，在古代的诗歌史上占据着举足轻重的位置，被后人称为“诗仙”。但是，李白小的时候也很调皮，不喜欢读书。他的父亲把他送到私塾之后，李白觉得那些四书五经真是无聊透了，便偷偷地跑了出来，自己去玩耍。不知不觉走到了一条小溪旁。忽然，他看见一位非常慈祥的老奶奶蹲在溪边，在一块石头上磨着一根铁杵。李白非常好奇，便问道：“老婆婆，您在干什么？”老奶奶头也不抬，一边磨一边回答：“我在磨针。”李白听好哈哈大笑，“磨针，这要磨到猴年马月啊！”老奶奶听罢，停下了手头的动作，对李白说：“小孩子，铁棒虽粗，但是只要功夫深，滴水都能把石头打穿，难道铁棒就不能磨成绣花针吗？”

李白听了老奶奶的话，深受启发。心想：“是呀，世界上最难的事情就是坚持，只要有恒心，有毅力，水滴石头，铁杵成针。读书也是一样，只要能每天坚持，不怕困难，一定能够学好！”李白转身跑回学堂。从此以后，他坚持每天刻苦读书，终于成为一大文豪。

**启示与点评：**

“书山有路勤为径，学海无涯苦作舟”。中华民族自强不息的精神，在勤奋读书方面表现得格外突出。不论是善于治国的政治家，还是胸怀韬略的军事家；不论是思维敏捷的思想家，还是智慧超群的科学家，他们之所以在事业上不同凡响，都与他们从小的远大抱负分不开。立志，贵在少年。

（资料来源：https://wen.51tietu.net/wenku/398050.html）

## 问题与实践

1. 学前儿童社会教育特色活动的教育原则有哪些？请结合实际说明遵循国家与社会发展要求原则的重要意义。

2. 在社会领域，常用的教学方法有哪些？请根据其内在逻辑关系进行分类。

3. 结合所学知识，浅谈儿童社会教育总目标与各年龄阶段目标。

# 第三章　学前儿童公民—道德教育活动

## 内容导读

公民—道德教育是社会教育领域的重要组成部分之一。从幼儿园、小学、中学、大学到成人、研究生教育，公民—道德教育覆盖人的各个年龄阶段，伴随合格公民成长的始终，其重要性不言而喻。幼儿期是儿童道德判断与行为习惯养成的关键时期，在这一阶段对儿童进行公民—道德教育，既能帮助他们养成良好的道德品质，为未来成为一名合格的社会公民奠定基础，也能在某种程度上推动我国幼儿教育进入新的发展阶段。

## 第一节　学前儿童公民—道德教育活动概述

随着公民—道德教育越来越受到各国重视，作为儿童终身学习与发展的奠基阶段，学前儿童公民—道德教育也逐渐引起各国学者的关注。越来越多的研究开始肯定儿童的公民身份，公民—道德教育也逐渐成为学前教育课程中的重要组成部分。本节介绍学前儿童公民—道德教育的相关内涵、历史发展及其价值，以便教育者能够更加科学系统地了解学前儿童公民—道德教育，从而为学前社会教育与当代儿童观的变革带来更多全新的可能。

### 一、学前儿童公民—道德教育的内涵

#### （一）公民—道德教育

现代社会中，每个人都无时无刻地扮演着多重角色，而“公民”这一角色就是人们在社会生活中所具有的最基本、最重要的公共身份。在现代公民所必须具备的各种素养中，公民道德素养无疑是其核心成分之一，它是决定公民行为的最根本因素。我们可以将公民道德理解为社会对公民提出的道德规范要求以及公民作为社会成员所应具备的道德品质。

有研究者认为，公民教育的主题应包括公民知识、公民技能、公民品性这三个方面，其

中，公民品性是公民教育的核心内容。而在公民品性中，公民道德，特别是公民的道德责任又是其核心成分[①]。公民道德多指一国公民所必须遵守的道德准则，兼具政治属性和伦理属性。从政治属性上来看，它是一国公民应当遵守的最基本的道德规范和要求；而从伦理属性上来看，每个人在道德伦理上都有着或多或少的精神需求。人类精神的自律程度，决定着理性是否能够战胜感性，人类精神的自律过程其实就是“道德”在人的精神世界里运动和作用的过程[②]。因此，我们一般认为公民道德不是个体的私人道德，而是一种社会性道德，是公民在国家和社会公共生活中的行为规范。公民道德是与公民社会同步成长起来的，两者具有双向互动的关系[③]。

随着个人社会化的程度不断提高，公民身份在日常生活中越来越重要，人与人之间的沟通交往也越来越离不开公民道德，加强公民—道德教育、强化公民教育意识就成了一项必须完成的任务。公民—道德教育是指按照一定的社会道德规范和道德要求，有目的、有计划、系统地对社会成员进行道德观念的培养和道德行为的训练的活动，其目的在于使个体的道德观念内化为行为习惯并符合社会道德的要求，达到个体道德与社会道德的统一[④]。它强调培养公民的法律意识、社会责任感和国家认同感，体现在公民参与公共事务、社会生活中对个人与他人、个人与社会、个人与国家之间利益关系的协调上[⑤]。

与传统道德教育不同，公民道德不是私人道德，公民—道德教育也不同于传统意义上的德育，它的根本目的是培养社会所需要的、能够遵守社会道德规范的公民，其核心理念体现在社会主义核心价值观对公民素质的定位中：对社会有正确价值取向，对国家有责任感，对他人富有爱心，善于处理人际关系，遵守社会公共准则等[⑥]。而传统道德教育则是传承与发展中华优秀传统文化的重要途径，包括传统美德教育、民族精神教育、优秀传统文化教育等内容。因此，我们可以认为公民—道德教育主要培养的是人们自觉遵守社会公德和行为规范的习惯，传统道德教育则主要培养人们良好的道德品质。但是，这两个概念之间并不是相互独立的，而是相互包含、互为依存的。不管是公民—道德教育还是传统道德教育，两者都非常强调要培养热爱祖国、关爱他人的道德情感，学校实际开展的公民—道德教育活动中往往也会包含传统道德教育的内容。

### （二）学前儿童公民—道德教育

从幼儿全面发展的角度来看，我们可以构建一个梯形层次结构，这一结构自下而上分

---

① 赵庆杰，刘曙辉．公民的理念与公民教育的主题[J]．新视野，2009(3)：89-90.
② 周莎．蔡元培公民道德教育思想及其当代启示[D]．长沙：湖南师范大学，2016.
③ 曹辉．新中国60年公民道德教育的研究与反思[J]．伦理学研究，2009(5)：1-5，34.
④ 郑雅萍．对全球化视野下公民道德教育的思考[J]．河南社会科学，2005，13(4)：120-122.
⑤ 吴越．初中生公民道德教育问题与对策研究[D]．杭州：杭州师范大学，2019.
⑥ 朱孔军，龚庆．以社会主义核心价值体系引领大学公民道德教育[J]．学校党建与思想教育，2012(4)：65-66.

为发展的自然生物基础性、个体社会需求性和民族国家价值性三个层次。其中，幼儿发展的民族国家价值性指向公民性与道德发展，回答了教育要“培养什么样的人”这一根本问题。幼儿公民性发展是幼儿发展的价值基础，包括公民身份、公民意识、公民美德的养成。幼儿道德发展则关注幼儿道德规范和美德的发展，前者强调道德的准则、规范，如在公共场合不喧哗、不打闹；后者则强调美好的品德，例如，尊重、礼貌、诚实、感恩、乐于助人等[①]。我们可以将学前儿童公民道德理解为幼儿参与社会生活所应具备的道德品质与必须遵守的道德准则，它既是幼儿与同伴、老师在园和谐相处的基础，也是幼儿进入学校乃至社会后与他人进行良好合作的基石，其质量高低直接影响着幼儿未来的发展，也影响着国家未来的人才素养。

学前儿童公民—道德教育主要指教育者按照一定的社会道德规范和道德要求，有目的、有计划地对幼儿进行的道德观念的培养与道德行为的训练。它要求幼儿在生活中能够遵循基本的社会行为规范，为未来成为合格的社会公民奠定基础。幼儿期既是个体学习与发展的起始阶段，也是儿童社会意识、道德判断与行为习惯养成的重要时期，儿童成年后的道德认知水平在很大程度上会受早期道德发展水平的影响。因此，在学前阶段培养幼儿良好的道德素养就显得尤为重要。抓住这一关键时期开展公民—道德教育，既能让幼儿养成良好行为规范与道德品质，又能帮助幼儿树立正确的价值观和人生观，为终身发展奠定基础。

## 二、学前儿童公民—道德教育的价值

### （一）为国家和社会培养合格公民

从社会需要来看，各国各地区在道德目标和内容的制定上大都围绕以下几方面展开：道德规范的养成、社会规范的传递、维护国家利益和实现政治目标等[②]。这些培养目标都离不开公民—道德教育。在社会发展日新月异、国际化竞争日趋激烈的今天，各个国家正在不断对本国公民的公民道德素养提出更高的要求，且普遍强调要对各年龄段的儿童进行公民—道德教育，幼儿园阶段也不例外。以美国为例，一方面，公民教育是美国各级学校教育，包括学前教育阶段的基本任务之一。美国公民教育课程标准对早期儿童公民教育的知识、价值观与品德、社会技能等方面的培养目标都给予了详细阐述[③]。另一方面，受杜威教育思想的影响，美国学校虽然很少开展专门的德育课程，但都主张道德教育与其他学科相

① 朱旭东，李秀云．幼儿五大领域发展与幼儿全面发展之辩——兼论幼儿全面发展本体论意义上的概念建构[J]．教育发展研究，2021(15)：1-8.

② 苏振芳．21世纪全球学校道德教育的走向与跨世纪中国学校道德教育的思考[J]．福建师范大学学报(哲学社会科学版)，1999(1)：47-53.

③ 蔡迎旗，唐克军，赵志敏．美国儿童早期公民教育课程标准探析[J]．学前教育研究，2008(12)：49-51.

融合，并在中小学开设了“公民教育课”，提出要培养必要的道德品性。英国则于1998年出台了《科瑞克报告》，并于2002年起在中学正式开设公民课，使英国政府成为公民—道德教育管理的主体[①]。法国历经多年发展，也在各年龄段教育中逐步设置了公民教育课，包括小学各年级的道德·公民课与初中各年级的公民课等，不管如何制定或修改教学大纲，法国始终保证公民教育在课程中一直处于优先考虑的地位[②]。日本的道德教育课程中往往也包含着培养儿童行为规范、道德准则与公德品质相关的内容[③]。可见，学前儿童公民道德教育的目标与内容体现着时代发展对幼儿的要求和期望。对学前儿童进行公民—道德教育，既能使幼儿初步建立与国家、社会相一致的人生观、价值观与世界观，又能够满足时代发展对新一代未来公民的期望，为国家和社会培养合格公民。

### （二）为个体成长与发展奠定坚实基础

学前教育作为人生教育的开端，其根本任务是将幼儿从一个生物意义上的个体培养成一个具有良好道德品质和行为习惯的社会人，个体也只有在充分发展德行的基础上才能使自身发展成为更为完备的人[④]。幼儿期是个体道德意识、道德品质形成的关键时期，在这一时期对幼儿进行公民—道德教育，不仅会直接影响幼儿今后的认知方式与行为习惯，而且会影响其未来的人生发展方向。通过学前儿童公民—道德教育，既能培养幼儿对集体、对家乡、对祖国的热爱，又能帮助幼儿辨别善恶美丑、是非对错，培养道德判断能力，塑造正确的道德价值观，养成良好的社会行为规范，让幼儿能够在未来成为一名合格的社会公民。

## 第二节　学前儿童公民—道德教育活动的目标及内容

要想顺利开展学前儿童公民—道德教育活动，教师必须依据国家、社会对人才的要求与幼儿身心发展水平确立合理的活动目标，选择恰当的教育内容。本节主要对学前儿童公民—道德教育活动的目标及内容进行介绍，但由于不同年龄阶段幼儿的教育要求与所能达到的发展水平不同，教师在制定活动目标与内容时应注意体现其年龄特征，在明确整体目标的前提下为小、中、大班不同年龄段的幼儿预设不同的目标，选择不同难度的内容。

---

① 刘丙元．英国青少年公民道德教育的发展趋势及其启示[J]．当代教育科学，2020(3)：65-65，66-71．

② 张素蓉．西方公民教育的发展探析[J]．教育评论，2009(6)：158-161．

③ 陆伟华，张社强．美日韩三国学校道德教育的比较研究及启示[J]．教育探索，2008(8)：129-130．

④ 彭凤．“立德树人”教育思想指导下的幼儿园德育[J]．学前教育研究，2020(7)：89-92．

## 一、学前儿童公民—道德教育活动目标

### （一）目标确立的依据

学前儿童公民—道德教育活动目标的制定，需要建立在一定的科学依据之上。在国家政策层面，《幼儿园教育指导纲要（试行）》作为我国学前教育领域的纲领性文件，将学前儿童社会领域目标分为了五点，其中“理解并遵守日常生活中基本的社会行为规则”“能努力做好力所能及的事，不怕困难，有初步的责任感”“爱父母长辈、老师和同伴，爱集体、爱家乡、爱祖国”等目标中包含着遵守社会行为规则、有责任感、关爱他人、爱集体爱祖国等内容，旨在培养幼儿的公民道德素养。而在《3～6岁儿童学习与发展指南》中，社会领域目标则分为人际交往和社会适应两个部分，其中，社会适应部分又分为喜欢并适应群体生活、遵守基本的行为规范和具有初步的归属感这三个维度，包括让幼儿喜欢参加群体活动、遵守规则、诚实守信、有责任心、爱护环境等内容。这些目标都与学前儿童的公民—道德教育直接相关。

与我国相关政策文件不同，作为英国学前教育领域的权威文件，《早期基础阶段法定框架》(EYFS)将教育评价内容分为了七大领域。其中，与我国社会领域相对应的是“个人、社会和情感发展”领域，包括自信、自我意识、管理情绪和行为以及建立关系三个子领域[①]。其中，幼儿情绪和行为的管理除了顾及他人感受根据情境调整言行、管理情绪外，还包括理解并遵守规则、根据不同的情况调整自己的行为等内容，这与我们公民—道德教育活动的目标是相一致的。可见，不管是我国的《指南》《纲要》还是英国的EYFS早期教育评价体系，都非常重视幼儿的行为规范培养且要求幼儿遵循基本的行为规范。

除此之外，近年来，学前教育领域重点关注的“关键经验”也给我们带来一定的启示。“关键经验”最初来自于美国著名的认知发展课程——HIGH/SCOPE课程（又称高宽课程或高瞻课程），后更名为“关键发展性指标”，主要指对学前儿童一系列社会、认知和身体发展情况的描述[②]。在社会教育领域，这些关键经验中包含着诸多与公民—道德教育直接相关的内容。例如，在社会性和情感发展领域，HIGH/SCOPE课程强调要发展儿童的同理心与规则意识，使儿童形成内在的是非观，并能够参与到班级的共同体中；在社会学习领域，它又强调要让儿童认识社区角色和人的多样性，能够参与制定班级决策，懂得爱护环境的重要性，等等。可见，HIGH/SCOPE课程同样重视儿童的社会性与道德发展，强调培养儿童关爱他人、参与集体活动的意识与能力。当然，关键经验不能等同于教育目标。它不是

---

① 陈颖娇，刘晶波．中英早期儿童社会性学习与发展标准的比较——基于中国的《指南》和英国的《法定框架》文本相关内容分析[J]．陕西学前师范学院学报，2020，36(5)：109-115.

② 时萍．HIGH/SCOPE的关键经验对学前教育的启示[J]．早期教育：教育教学，2005(5)：13-15.

教育目标本身，而是引导教师设计目标、组织内容的依据[①]。发展学前儿童关键经验的最终目的是培养幼儿的核心素养。在《中国学生发展核心素养》中，核心素养被分为三大领域六项指标，其中，责任担当与实践创新这两项指标归属于社会参与领域，包括社会责任、国家认同、国际理解、劳动意识、问题解决、技术应用六个基本要点[②]。具体到公民—道德教育，这一社会参与领域重在让学生遵守道德准则和行为规范，增强社会责任感，在实现个人价值的同时推动社会进步。对于学前教育领域，公民—道德教育也可以落实为培养幼儿遵守社会行为规范、增强社会责任感等内容。

综上所述，幼儿园公民-道德教育活动的目标应当是培养能够遵守社会行为规则、有责任感和归属感、关爱自己和他人、爱护大自然和生存环境、爱集体、爱家乡、爱祖国的学前儿童。具体来讲，可以将目标分为以下几个方面。

（1）知道自己的家乡、民族和国家，爱集体、爱家乡、爱祖国。

（2）愿意并主动参加集体活动，对集体有归属感，能够适应集体生活并在其中愉快生活、健康成长。

（3）理解并遵守集体规则，遵守社会行为规范和社会公德。

（4）能够认责负责地完成自己的任务，努力做好力所能及的事，有初步的责任感。

（5）讲文明、懂礼貌，诚实守信，不说谎。

（6）爱父母长辈、老师和同伴，尊重、关爱他人，平等待人。

（7）爱护公物，有节约意识，热爱自然，保护自己的生存环境。

### （二）各年龄班幼儿的目标

不同年龄阶段的幼儿参与活动的程度是不同的，教师在制定小、中、大班活动目标时，应层层递进，由易到难，体现渐进性原则。各年龄段培养目标可以分为以下几个方面。

1. 小班幼儿培养目标

（1）知道自己是中国人，认识国旗，知道国歌，初步萌发热爱祖国的情感。

（2）喜欢上幼儿园，喜欢班里的老师和同伴，对集体活动感兴趣，愿意与同伴一起活动。

（3）在成人的提醒下，能够初步遵守集体规则。

（4）能够完成一些力所能及的简单任务。

（5）学会使用早、你好、谢谢、再见、对不起、请等简单的礼貌用语。

（6）能分清自己和别人的东西，知道未经允许不拿别人的东西，借别人的东西要归还。

（7）听父母长辈的话，知道父母长辈们对自己的关心爱护。

---

① 霍力岩，胡恒波．关键经验：概念辨析与价值阐释[J]．幼儿教育：教育教学，2015(11)：19-21.

② 核心素养研究课题组．中国学生发展核心素养[J]．中国教育学刊，2016(10)：1-3.

(8) 初步懂得爱护玩具和其他物品，学习整理玩具，游戏后能够将玩具放回原处。

2. 中班幼儿培养目标

(1) 知道自己的家乡，了解一些家乡著名的建筑物、景点，并从周围熟悉的事物中萌发热爱家乡、热爱祖国的情感。

(2) 积极参加集体活动，喜欢自己的同伴、老师与幼儿园。

(3) 感受规则的意义，在成人的提醒下，能够遵守集体规则。

(4) 具有初步的独立意识，能够独立完成力所能及的任务，愿意为同伴和集体服务。

(5) 能够比较正确地使用常见的礼貌用语。

(6) 知道说谎是不对的，不私自拿不属于自己的东西。

(7) 对父母、长辈亲近信赖，关心同伴，能够与同伴一起友好地游戏，不打人，不骂人，愿意把自己喜爱的图书、玩具与同伴分享。

(8) 爱护幼儿园的玩具、用具、花草树木，继续学习整理玩具，用过的物品能放回原处。

(9) 能在成人的提醒下，节约粮食、水电等资源。

3. 大班幼儿培养目标

(1) 知道自己的民族，了解我国著名的风景名胜、历史人物、传统节日、民间习俗以及祖国的一些伟大成就等，为自己是中国人而自豪。

(2) 对集体有归属感，在集体生活中积极、快乐，愿意为集体做事。

(3) 理解规则的意义，能够自觉遵守集体规则，能与同伴协商制定游戏与活动规则。

(4) 遇到困难不胆怯，能够有始有终、认真负责地坚持完成任务。

(5) 能够较为生动地使用礼貌用语，学会礼貌待人。

(6) 做错事敢于承认并愿意改正，不说谎。

(7) 与同伴友好相处，乐于帮助别人，能在老师的引导下，尊重和肯定同伴的优点，原谅同伴的过失。

(8) 爱惜物品，注意节约资源，爱护身边环境与花草树木，热爱大自然。

以上不同年龄阶段的目标可作为教师开展公民一道德教育活动的参考，但在具体实施时，由于不同幼儿的身心发展不一致，教师应在此基础上依据本班幼儿具体情况与现有发展水平，有针对性地制定阶段目标，选择恰当的活动内容与方式方法。

## 二、学前儿童公民一道德教育活动内容选择

中共中央于2001年颁布的《公民道德建设实施纲要》中，曾将公民基本道德规范集中概括为20个字："爱国守法，明礼诚信，团结友善，勤俭自强，敬业奉献。"这20个字落实到学前教育阶段，可以体现为对学前儿童进行爱国主义教育、社会行为规范教育和个人品德教育等内

容，这与我国社会主义核心价值观倡导的理念相一致。因此，作为当前中国的主流价值观，社会主义核心价值观也应当融入幼儿园课程，成为学前儿童公民—道德教育中的关键经验。

我国社会主义核心价值观包括24个字、三个层面的价值取向，其中“富强、民主、文明、和谐”是国家层面的价值目标，“自由、平等、公正、法治”是社会层面的价值取向，“爱国、敬业、诚信、友善”则是公民个人层面的价值准则。在学前教育阶段，教师可以将这三个层面的社会主义核心价值观转化为幼儿应当且能够具备的几种核心素养。例如，社会主义核心价值观倡导个人“爱国、敬业、诚信、友善”的优良品格，这就要求教育不仅应培养幼儿的爱国主义精神，还要培养幼儿热爱劳动、恪尽职守、诚实守信、团结友爱等良好道德品质。“自由、平等、公正、法治”等社会进步意识也可以转化为培养幼儿独立意识、引导幼儿自主协调解决问题、树立平等与公平意识、遵守基本行为规范等内容。“富强、民主、文明、和谐”的国家发展情怀又能激发幼儿的爱国之情，帮助幼儿树立文明意识并与社会、自然和谐相处，共同创造幸福美满的生活。将社会主义核心价值观融入幼儿园教育，不仅能深化幼儿的道德认知，还能为学校的德育工作奠定良好基础。从个体发展的早期阶段进行主流核心价值观的教育与引领，也有助于凝聚社会共识，建立国家文化自信①。

除此之外，优秀传统文化是一个国家、一个民族传承和发展的根本。传统道德教育作为传承与发展中华优秀传统文化的重要手段，也是培育和践行社会主义核心价值观的重要途径之一。因此，我国优秀传统文化中所倡导的如诚实守信、尊老爱幼、助人为乐、礼貌谦让等传统美德也可以成为学前儿童公民—道德教育活动中的关键经验。

综上所述，根据学前儿童公民—道德教育活动的目标，参考《纲要》《指南》、社会主义核心价值观与中华优秀传统文化，可以将前儿童公民—道德教育的关键经验归纳为以下几个方面，如表3-1所示。

**表3-1　儿童公民—道德教育的关键经验**

| 主　　题 | 关键经验 |
| --- | --- |
| 爱国主义教育 | (1) 运用多种幼儿感兴趣且能够理解的方式向幼儿介绍自己的家乡、民族和国家，让幼儿了解我国传统文化，激发幼儿的爱国情怀。<br>(2) 充分利用社会资源，引导幼儿实际感受祖国文化的丰富与优秀，感受家乡的变化和发展，激发幼儿爱家乡、爱祖国的情感 |
| 集体主义教育 | (1) 亲切对待幼儿，关心幼儿，让幼儿感受在集体中生活的温暖与快乐，萌发集体意识，产生归属感。<br>(2) 与幼儿建立良好的师幼关系、同伴关系，吸引和鼓励幼儿参加各种集体活动，帮助他们正确认识自己和他人，养成对他人、社会亲近、合作的态度，学习初步的人际交往技能 |

① 钟琼．谈社会主义核心价值观融入幼儿教育的实践策略[J]. 教育观察，2021，10(4)：42-43，46.

续表

| 主　题 | | 关键经验 |
|---|---|---|
| 社会行为规范教育 | | (1) 通过多种活动让幼儿了解基本的社会行为规则，理解规则的意义，体会规则的重要性。<br>(2) 引导幼儿学习自觉遵守游戏和公共场所的规则，遵守社会公德，有规则意识。<br>(3) 引导幼儿与同伴共同协商制定游戏规则与活动规则。<br>(4) 帮助幼儿树立公平意识，采用公平的方式进行游戏，出现争执时鼓励幼儿以民主协商的方式解决问题，采用合理方法化解同伴之间的冲突 |
| 个人品德教育 | 责任意识 | (1) 引导幼儿完成力所能及的任务，培养幼儿的责任感与认真负责的态度。<br>(2) 提供自由活动的机会，支持幼儿自主地选择、计划活动，鼓励他们通过多方面的努力解决问题，不轻易放弃克服困难的尝试 |
| | 诚实守信 | 教育幼儿懂得诚信的可贵，答应别人的事情一定要做到，不说谎，敢于承认错误，成为一个有诚信的人 |
| | 平等友善 | (1) 认识到同伴之间是平等的，学会谦让，不以大欺小，互相学习。<br>(2) 教育幼儿学会与同伴分享、合作，掌握一定的交往技巧，自主协商解决遇到的问题，主动帮助有困难的小朋友，与人为善，团结友爱。<br>(3) 适当向幼儿介绍我国各民族和世界其他国家、民族的文化，使其感知人类文化的多样性和差异性，培养理解、尊重、平等的态度 |
| | 文明礼貌 | 了解并遵守基本的社交礼仪，使用礼貌用语，不说脏话 |
| | 勤俭节约 | 引导幼儿在日常生活中爱护玩具和其他物品，爱护公物，节约粮食、水电等资源 |
| | 保护环境 | 教育幼儿爱护身边的公共环境，培养幼儿热爱自然、保护环境的意识 |

需要注意的是，教师在确定关键经验时，应依据幼儿的年龄特点，将一些幼儿难以理解的抽象概念转化为与幼儿生活有关的、具体的、简单的内容，并考虑幼儿的年龄差异性，为小、中、大班幼儿设计选择不同层次、不同难度的关键经验，提出不同层次的发展要求，使每个幼儿在原有基础上都能获得积极的发展与提高。

## 拓展阅读

学前儿童公民—道德教育的形式多样、手段灵活、途径广泛，能够不受时间、地点等条件的限制，充分保障儿童受教育的紧密性。在幼儿园中，除专门的教学活动外，学前儿童公民—道德教育也可以通过游戏、一日生活、同伴活动、传统文化教育、父母与教师的言传身教等途径进行。直接说教、榜样示范、角色扮演、移情训练、价值辨析等是进行学前儿童公民—道德教育时的常用方法。此外，家庭、社会、大众传媒等也是对学前儿童进行公民—道德教育的重要途径，父母的品德修养与行为习惯、社会环境的道德水准与文明程度等都会使儿童受到潜移默化的教育影响。

## 第三节　学前儿童公民—道德教育的活动设计

与其他领域活动类似，学前儿童公民—道德教育的活动设计也包括明确活动目标、选择活动内容、创设活动环境与设计活动过程等环节。本节选取Q园教师组在中班进行的一次社会行为规范教育活动为例进行具体分析。社会行为规范教育作为公民—道德教育的重要组成部分，对幼儿今后的全面发展有着重要意义。但是，如何让幼儿真正理解规则的意义，更容易接受规则呢？这是Q园所有教师都在认真思考的一个问题。

### 一、设计思路

经过一年的幼儿园生活后，Q园中班组教师发现，相比小班时期，这些升上中班的幼儿不仅在身体上长得更结实、动手能力更强，心理上也出现了较大的变化与发展。具体来讲，他们的身心发展主要体现在以下两个方面。

1. 活泼好动，不易控制

进入中班以后，一方面，这些幼儿的理解能力进一步上升，在日常生活中积累了更多经验，变得更加活泼好动、好奇爱问了；但另一方面，他们的行为也在变得更不容易控制，即使在教师的要求下能够遵守一定的规范，也并未理解这一行为的意义和重要性，脱离教师的指导后常常会忘记。

2. 有意性行为开始发展

中班幼儿心理发展水平相比小班已经有了很大的进步。他们的有意性行为开始发展，已经能够听懂一些成人提出的要求和道理了。中班是幼儿规则意识养成的关键时期，在这一阶段，只要有教师的悉心指导，他们就能够很快地理解规则的意义，自觉遵守行为规范，并能控制自己的行为。

综上所述，为了帮助幼儿更好地适应幼儿园与社会的生活，深入贯彻社会主义核心价值观教育，Q园中班组教师们经过多次教研后，决定在整个年级开展一次社会行为规范教育活动，以此来加强幼儿的规范意识，并将其融入该园的社会特色活动中。

### 二、活动目标设计

活动目标的制定应以幼儿发展水平和特点为依据，符合幼儿年龄特征，适宜幼儿的兴趣与需要，把握知识与技能、过程与方法、情感态度与价值观三个维度的教育目标。Q园本次教育活动以理解幼儿的个体差异，尊重幼儿的主体地位为前提，旨在引导幼儿了解基本的社会行为规则，体验规则的重要性，并能够自觉遵守游戏和公共场所的规则，在不同场合都能够自觉遵守社会行为规范。为此，Q园教师组为此次社会行为规范教育活动设计了如下目标。

（1）了解基本的社会行为规范，理解规则的意义与重要性，能够自觉遵守游戏和公共场所的规则，初步学习制定规则。

（2）能积极通过交流、谈话等方法获得相关经验，感受规则对生活的影响，体会规则的好处，具有初步的规则意识。

（3）乐意遵守规则，活动中愿意与同伴交流，主动交流分享自己的心得。

## 三、活动内容设计

美国教育家杜威曾提出“教育即生活”。幼儿的学习是以直接经验为基础的，因此，幼儿园教育活动内容的选择应依据幼儿发展水平与社会要求，符合幼儿的生活逻辑，贴近真实生活选取幼儿熟悉的、感兴趣的内容。中班幼儿已开始逐渐从家庭中走出，社交范围从家庭、幼儿园逐渐扩展到了社会生活的方方面面。这就要求幼儿能够遵守一定的社会行为规范，了解作为社会中的一员，什么事情能做什么事情不能做，并具备一定的社会规则意识。这样一来，对幼儿进行社会行为规范教育就显得十分必要且重要了。与同伴玩耍时不能争抢玩具、小区绿化带不能随意破坏、过马路时要看红绿灯、坐公交要排队上车、图书馆和电影院里要保持安静、超市里的零食付过钱才能吃，这些都是幼儿在生活中必须遵守的社会行为规则。据此，在进行本次教育活动内容设计时，Q园教师组依据活动的目标要求，选择了一些幼儿生活中常见的社会行为规范作为此次教育活动的内容。

## 四、活动环境设计

《纲要》中曾明确指出：“环境是重要的教育资源，应通过环境的创设和利用，有效地促进幼儿的发展。”在教育活动、生活活动等显性教育基础上，创设良好的幼儿园物质环境和心理环境，潜移默化地对幼儿施加积极的教育影响，能够使幼儿在与环境发生交互作用的过程中实现情感态度、知识技能、品德、个性、社会适应能力等方面的进一步提升①。可见，教育活动需配合良好的活动环境才能取得更好的教育效果。教师在创设活动环境时，应与活动目标相一致，体现年龄特点，遵循全面性、发展适宜性、幼儿参与性等原则。Q园教师在进行本次活动的环境设计时，除了在盥洗室贴标志提醒幼儿注意排队，在阅读区、建构区等区域张贴保持安静、送玩具回家等提示语外，还设置了一个“行为规范我知道”主题墙，在

① 刘琳．社会主义核心价值观融入幼儿园课程研究[J]．安顺学院学报，2020，22(1)：46-50.

墙上贴了一些常见的标志让幼儿辨别，并布置了一个“社会行为规范”专栏，以便向幼儿普及在日常生活中应当遵循的行为规范。

环境设计不仅要注重物理环境的创设，还应注意为幼儿营造一个良好的心理环境。在常规建设中，Q园也制定了具体、合理的区域游戏规则、班级常规，让幼儿从入园到离园都必须遵守，并号召家长与教师一起发挥榜样的力量，在日常生活与言行举止中自觉遵守社会行为规范，为幼儿树立良好榜样，使其在日常生活的言行中自觉遵守规则。

## 五、活动过程设计

教师在进行活动过程设计时，首先应具备目标意识，紧紧围绕目标开展活动。其次，要选择合理的教学方法，使教学形式丰富多样，能够吸引幼儿兴趣。本次活动的目标除了指向幼儿规则意识的培养外，还要保证幼儿能够积极参与活动，并能通过交流、谈话等方法获得相关经验，主动与同伴分享自己的观点。因此，Q园教师在此次活动中设计了“提问导入—交流讨论—游戏创编—情境体验—经验扩展”这五个活动步骤，并依据中班幼儿的心理特征，选择了游戏法来调动幼儿的多种感官参与活动，寓教于乐，使幼儿能够积极参与活动，真正体会到遵守规则的重要性。具体活动过程（活动片段）如下。

### （一）开始部分——引入主题，交流相关经验

1. 通过图片提问，导入本次教学主题

师：今天老师带来了几张小朋友们生活中的照片，请大家仔细看一看，照片里有哪些小朋友做得很棒，哪些小朋友没有遵守规则？（图片一：排队喝水，图片二：上下楼梯时拥挤，图片三：倒着滑滑梯，图片四：等待红绿灯。）

幼A：老师，第一张图上的小朋友在喝水，他们排队了。

幼B：老师说过上下楼梯要排队，要不然会很危险。

幼C：滑滑梯不是这样玩的，应该坐着，不能趴着。

幼D：过马路要看红绿灯，绿灯的时候才能走。

……

教师总结：小朋友们说的都很对，大家平时喝水、走楼梯的时候都要排队，才不会挤在一起。玩滑梯的时候也要遵守游戏规则，不能像这样倒着滑，不仅影响其他小朋友，还非常不安全。

2. 幼儿自由交流讨论

师：瞧，这幅图里的小朋友在等待红绿灯，红灯的时候他就乖乖站在原地，你们平时是不是也是这样做的？我们的日常生活中有很多规则，需要每一个人都时时遵守。你们都知道哪些规则呢？请分享给其他小朋友，大家一起交流。

幼 A：要遵守交通规则，红灯行，绿灯停。

幼 B：坐公交的时候也要排队上车，给老奶奶让座。

幼 C：不能说脏话，也不能打人、骂人。

幼 D：玩过的玩具要放回原地，不能乱扔垃圾。

……

教师总结：有的小朋友说，在生活中我们应该注意交通安全、遵守交通规则、不横穿马路、乘公共汽车要自觉排队、不争抢座位。也有小朋友提到要维护公共卫生、不乱扔垃圾、不吵闹骂人也不能动手打人等，原来我们的生活中有这么多规则啊。

（二）基本部分——创编集体游戏活动，通过游戏让幼儿体会规则的重要性，并学会遵守游戏规则

(1) 教师介绍游戏规则。

"钻圈"游戏规则：场地内设立大小一致、距离相当的四个圆圈，圈内直径可容 1～2 人通过。限定时间内，全体幼儿每人都把四个圆圈钻过一遍即视为成功。

师：接下来，老师想与大家一起玩一个好玩的游戏，名字叫作"钻圈"。你们看，现在我们的教室里一共有四个圈，要求每个小朋友都要把这四个圈全部钻过一遍。但是，如果老师的铃鼓响了，就算你没有完成也要立刻回到座位上，知道了吗？

(2) 教师播放背景音乐，幼儿玩游戏。

(3) 第一次游戏结束，教师提问。

师：老师发现刚刚的游戏进行得好像不太顺利，你们都遇到了哪些问题？

幼 A：人太多了，圈都被撞倒了。

幼 B：大家都在往里挤，但是一个圈里根本放不下这么多小朋友，我刚刚差点摔倒了。

幼 C：前面都是人，我还没有钻完就结束了。

师：既然游戏遇到了问题，那我们就得想办法把它解决掉。请大家开动脑筋想一想，如果要让所有的小朋友都能有秩序地玩游戏，应该建立哪些规则？

幼 A：要先排好队再玩。

幼 B：大家要一起定好先钻哪个圈后钻哪个圈，这样就不会挤在一起了。

师：看来，要想让游戏顺利进行，不光小朋友们要先排好队，这些圆圈也要排好队。大家现在可以一起商量一下该怎么做。

(4) 教师根据幼儿的回答，帮助幼儿确定钻圈顺序，并将图示贴在白板上，再次进行游戏。

师：现在老师请你们排好队，按照自己建立的规则再玩一次这个游戏。

(5) 游戏结束。

教师总结：这一次我们的钻圈游戏顺利完成了，既没有拥挤碰到小朋友，也没有把圈撞倒。建立了规则之后，大家就都能顺利玩游戏了，可见规则在我们的生活中非常重要。

（三）结束部分——通过提问扩展幼儿经验

师：我们都知道生活中有很多规则，今天的活动结束之前，老师想来考考你们究竟能不能正确认识它们，这些标志（图 3-1）你们认识吗？见到它们时我们应该怎么做？

图 3-1　标志

幼 A：（“安静”标志）看到这个标志要安静，不能大吵大闹。

幼 B：（“循环利用”标志）垃圾桶上都可以看到这个标志，它提醒我们垃圾要分类放，这样我们的环境就会更好了。

幼 C：（“禁止吸烟”标志）有这个标志在的地方大人不能抽烟。

师：老师这里还有一个问题，我们在图书馆、电影院里应该遵守什么样的规则呢？

幼：不能大声说话，要安静。

师：那小朋友们在幼儿园里学习本领的时候，又该怎么做？

幼 A：要坐好、举手回答问题。

幼 B：不和旁边的小朋友说话。

教师总结：看来大家对这些问题的答案都有所了解了。在今天的活动中，我们发现只有遵守规则，游戏才能顺利进行，小朋友们才能玩得开心。日常生活中也有很多行为规范需要遵守，小朋友们一定记得要做一个遵守规则的好孩子。

## 六、活动反思与讨论

经过 Q 园教师的不懈努力，本次社会行为规范教育活动取得了明显的教育效果。在整个活动过程中，幼儿参与兴致较高，且在活动结束后的日常生活中明显表现出了一定的规则意识。例如，在幼儿园里，有小朋友开始主动提醒身边的同伴上课时不能讲话，喝水、盥洗的时候要排队了。也有家长反映，孩子在经过有红绿灯的路口时会指着红灯说现在不能走，看电影的时候还会提醒正在打电话的爸爸：“电影院里不能讲话，会吵到别人。”可见，Q 园教师在此次活动中真正做到了从幼儿的角度出发看待问题，教育内容符合幼儿的兴趣与需要，并采用游戏的方式使幼儿在实际体验中真正理解了规则的意义，这一活动设计思路对其他幼儿园开展相关活动有极大的启示作用。

此外，幼儿社会行为规范的养成不是一朝一夕就能完成的，也不是仅仅靠说教就能完成的。除必要的教育教学活动外，社会行为规范教育也必须融入幼儿的一日生活，潜移默化地引导他们逐步理解规则的意义。只有这样，我们才能最大限度地发挥出教育活动的全部价值。

## 趣味阅读：中华传统美德小故事

### 子路孝亲

仲由是春秋时期鲁国人，字子路，是孔子的学生。他非常孝敬父母。因为从小家境贫寒，为人非常节俭，经常吃野菜度日。仲由觉得自己吃野菜没关系，但怕父母营养不够，很是担心。家里没有米，为了让父母吃到米，他必须要走到百里之外才能买到米，再背着米赶回家奉养双亲。百里是非常远的路程，也许现在有人也可以做到一次两次。可是一年四季经常如此，就极其不易。然而仲由却甘之如饴。为了能让父母吃到米，不论寒风烈日，都不辞辛劳地跑到百里之外买米，再背回家。

冬天，冰天雪地，天气非常寒冷，仲由顶着鹅毛大雪，踏着河面上的冰，一步一滑地往前走，脚被冻僵了，抱着米袋的双手实在冻得不行，便停下来，放在嘴边呵口气，然后继续赶路。夏天，烈日炎炎，汗流浃背，仲由都不停下来歇息一会儿，只为了能早点回家给父母做可口的饭菜。遇到大雨时，仲由就把米袋藏在自己的衣服里，宁愿淋湿自己也不让大雨淋到米袋。刮风就更不在话下。

如此的艰辛，持之以恒，实在是极其不容易。

后来仲由的父母双双过世，他南下到了楚国。楚王聘他当官，对他很是礼遇。俸禄非常优厚。每天吃的是山珍海味，一出门就有上百辆的马车跟随，过着富足的生活。但他并没有因为物质条件好而感到欢喜，反而时常感叹，哀伤父母早早过世。他是多么希望父母仍然在世，和他一起过这样的好生活呀。可是即使他想再背米往返百里之外奉养双亲，都永远不可能了。

**启示与点评：**

尽孝并不能用物质来衡量，而是要看你对父母是不是发自内心地孝敬。孝无贵贱之分，上自皇帝下至百姓，只要有孝心，在任何情形下，不计千辛万苦，你都能曲承亲意，尽力去做到。我们能孝敬父母、孝养父母的时间一日一日地递减，如果不能及时行孝，会徒留终身的遗憾。如果没有办法把握与父母相聚的时间来孝养他们，等到你想要来报答亲恩的时候，为时已晚。但愿我们在父母健在的时候，孝养要及时，不要等到追悔莫及的时候，才思亲、痛亲之不在。

(资料来源：https://mp.weixin.qq.com/s?__biz=MjM5OTQxMTI2NA==&mid=206378605&idx=1&sn=0a137e7e88c3cb51c69d29bc7a043ede&scene=27)

### 孔融让梨

东汉时期鲁国有个小孩叫孔融，从小十分机灵，也很有礼貌，很多大人和小孩都喜欢他。孔融还有五个哥哥和一个弟弟，兄弟几人相亲相爱，关系很好。有一天，孔融的妈妈给大家买来很多梨，都放在一个盘子里，摆在桌子上。哥哥们让孔融和最小的弟弟先拿。

孔融看了看盘子中的梨，再看看其他几个兄弟，随即挑了一个最小的梨，便站到了一旁，津津有味地吃了起来。爸爸看见孔融的做法，便问孔融：“孔融，盘子里这么多的梨，为什么你偏偏挑了一个最小的?”孔融思考片刻，回答道：“我年纪小，应该拿个最小的，大的应该留给哥哥吃。”爸爸听后，又问道：“照你这么说，你年龄也不是最小的，应该把最小的梨留给最小的弟弟吃啊!”孔融随即回答道：“我是哥哥，比弟弟大，理应把大的留给弟弟吃。”爸爸听完孔融的话，十分高兴，哈哈大笑道，心想：“孔融虽然只有四岁，却知道把大的梨留给哥哥弟弟，真是一个好孩子啊!”

**启示与点评：**

孔融让梨的故事告诉我们，兄弟姐妹之间要互相谦让，不能只想自己，要多换位思考。古人对道德常识非常重视，而且道德常识是启蒙教育的基本内容，我们应将其融于日常生活，培养孩子成为有德有礼的人。

（资料来源：https://wenku.baidu.com/view/cb6aa3966adc5022aaea998fcc22bcd126ff42e7.html?_wkts_=1678069598529&bdQuery）

## 问题与实践

1. 什么是公民—道德教育？什么是学前儿童公民—道德教育？
2. 开展学前儿童公民—道德教育的意义与价值是什么？
3. 学前儿童公民—道德教育活动的目标与内容是什么？
4. 请你设计一个学前儿童公民—道德教育活动。

# 第四章　学前儿童自我发展教育活动

**内容导读**

自我意识的产生和发展是儿童不可缺少的发展环节，人生活在社会群体中，社会正是由一个个“我”组成的，当儿童意识到“我”与“非我”时，他们也就作为复杂的社会关系中的一个独特的个体而存在，能够认识自己、感受自己、自主地控制自身的行为，从而调节自己与外界的关系了。自我意识是幼儿个性、社会发展的重要组成部分，本章将围绕幼儿的自我意识发展的理论基础、内涵、意义、特点，自我意识发展教育的目标和内容以及自我意识发展教育活动的设计等展开讨论。

## 第一节　学前儿童自我发展教育活动概述

### 一、学前儿童自我发展教育的理论基础

#### （一）精神分析学派的人格发展理论

精神分析学派的创始人弗洛伊德关于自我发展的论述来源于他关于人格的基本思想，即人格由“三我”组成，其中原始的本能、冲动和欲望构成“本我”，这是人格构成中的最低境界；“超我”代表最高境界的社会规范和准则；“自我”则是前两者的调和剂。人的发展是在“本我”“自我”和“超我”的不断冲突、调节的循环往复中获得经验，认识和掌握社会规范，从而逐步达到平衡的。

作为新精神分析学派的代表人物，埃里克森继承了弗洛伊德关于人格划分的思想，同样认为人格分为本我、自我、超我三个部分，承认人的发展是通过自我调节本我和超我之间的矛盾和冲突而推进自我的发展。不同于弗洛伊德的是，埃里克森更加强调自我的积极作用，因此他的理论也被人称作心理社会理论。埃里克森认为人的发展是在与外界不断地相互作用中形成和发展起来的，他将人的发展概括为 8 个阶段（见表 4-1），在每个阶段人都将遇到一对主要的生命危机，如果发展良好则能顺利解决该危机，获得积极的发展，相反则有

可能导致人格中“自我”的挫败。学龄前儿童对应的是前三个阶段：0～1 岁时，儿童主要受到照顾者的影响，如果照顾者能满足儿童的基本需要，照料得当就能让婴儿获得信任，相信他人是可信的、可靠的；1～3 岁时，儿童开始对自主做事情产生极大的兴趣，他们尝试自己吃饭、自己穿衣服、自己洗手漱口，等等，如果不能实现自主做事，儿童将会感到疑虑、羞耻，甚至怀疑自己的能力；3～6 岁时，儿童尝试像大人一样承担更多的任务，甚至想要去尝试他们能力达不到的事，如果儿童在这个过程中能够保持主动性，则可以成功地解决这一阶段面临的心理危机，但往往周围的成人或者家庭环境会与儿童的需要产生目标或行动上的矛盾和冲突，因此儿童需要学习在不侵犯他人权利和目标的基础上主动行事，获得发展。

**表 4-1　埃里克森关于人格发展的阶段的划分**

| 年　龄 | 生命危机 | 有意义的事件、影响 |
|---|---|---|
| 0～1 岁 | 信任对不信任 | 照顾者能照顾好婴儿的基本需要 |
| 1～3 岁 | 自主对羞怯 | 在吃饭穿衣各方面学会自主 |
| 3～6 岁 | 主动对内疚 | 试图承担任务和责任，保持主动性 |
| 6～12 岁 | 勤奋对自卑 | 掌握重要的社会经验和学习技能 |
| 12～20 岁 | 同一性对角色混乱 | 建立基本的社会与职业同一性，获得思考 |
| 成年早期 | 亲密对孤独 | 建立亲密关系 |
| 成年中期 | 繁衍对停滞 | 繁衍、承担工作、照顾家庭 |
| 老年期 | 自我整合对绝望 | 回顾个人生活经验、社会经历 |

### （二）皮亚杰有关自我发展的观点

20 世纪，皮亚杰的认知发展理论对学前儿童教育产生了极大的影响。他认为儿童通过同化和顺应两种心理机能来主动地建构概念，通过直接经验和体验来发展思维。皮亚杰的理论被称为建构这理论，他提出在儿童的发展历程中会经历四个典型的发展阶段(见表 4-2)，即感知运动阶段、前运算阶段、具体运算阶段和形式运算阶段。

对于学前儿童来说，主要对应的是建构主义理论的前两个阶段：其中感知运动阶段，儿童主要通过感知觉和运动来获得发展，这个过程具体又可以划分为六个小阶段，在这六个小阶段儿童将会经历基本的反射，反复的经验学习，尝试运用“工具”，尝试各种“实验”，发展语言等一系列的学习过程。他们从环境中获取可以互动、操作和探索的事物，并通过各种感官和行动来学习。

2～7 岁是前运算阶段，这一阶段的开端以儿童获得符号表征为标志，即儿童开始学习用心理意向来代替物品，因此儿童在这个阶段开始出现大量的象征性游戏和假扮游戏，他们通过游戏将新的经验融入已有的认知图式中。但在这个时期，儿童的认识是浅表性的，他们相信自我视角，具有独特的和自我中心观。也就是说，儿童以自己的认识为中心去感知外界的人事物，认为别人的看法和自己的是一样的，在认识事物时他们更加依赖知觉而不是逻辑。

**表 4-2　皮亚杰关于儿童发展阶段的划分**

| 年　龄 | 发展阶段 | 关键发展特征 |
| --- | --- | --- |
| 0～2 岁 | 感知运动阶段 | 依赖感知觉和运动来学习 |
| 2～7 岁 | 前运算阶段 | 能够运用符号表征，自我中心观 |
| 7～11 岁 | 具体运算阶段 | 掌握守恒概念，思维具有一定的逻辑性 |
| 11～15 岁 | 形式运算阶段 | 抽象思维的发展与完善 |

## 二、学前儿童自我发展教育的内涵

### （一）学前儿童自我发展

心理学家曾经做过一项著名的心理实验——点红实验。研究人员在 3～24 个月的婴儿鼻子上点上一个红点，再让婴儿观察镜子里的自己。研究结果发现，不同月龄的孩子对于镜子中的自己反应不尽相同：小月龄的婴儿会对镜子中的镜像产生一定的兴趣，但他们并不知道那就是自己；10～20 个月左右的婴儿会对镜像动作产生好奇和兴趣；再大一些的儿童知道镜子里的映像就是自己，还会用手去摸自己的鼻子。这个实验所反映出来的就是儿童自我意识的发展历程。儿童的自我发展是其个性发展中的重要环节，他们自出生以来会经历不认识自己到逐渐认识自己、了解自己、熟悉自己的过程。

儿童的自我发展不单单指的是自我概念的发展，自我发展其实是一个多维度的概念。李红认为自我意识是个体对自己作为个体存在的各方面的意识，例如对自己的感知觉、思维、情感、意志等心理活动的意识，对自己和客观世界的关系，尤其是人我关系的意识，对自身机体状态的意识，都属于自我意识。自我意识在个体身上的发生和发展标志着个体的日趋成熟[①]。

自我意识具有社会性、能动性和同一性的属性。社会性指的是人生活在社会中，人的社会属性要求个体需要清楚地认识自己、自己与他人、自己与群体、自己与社会等方面的关系，可以说人的自我意识是在与社会中的人、事、物的相互作用中逐渐发展起来的，是一个个体不断社会化的过程。能动性意味着人能够主动地认识、适应甚至改造客观世界，意识到自身的主动性，作为主体调控自身与周围环境尤其是自然界的关系。同一性指的是人对于自己的认识具有一贯性。随着人的不断发展，这种一贯性表现为人对自身认识的一贯性以及人与外部环境的协调一致。

### （二）学前儿童自我发展教育

学前儿童自我发展教育是围绕儿童的自我发展为中心，通过正式的和非正式的内容和

① 李红．幼儿心理学[M]．北京：人民教育出版社，2007：274.

过程以获得自我认识经验和理解，经历自我体验的过程，发展自我调控能力。学前儿童自我发展教育既可以是在教师指导下的学习、游戏、日常生活环节等活动，也可以是儿童自主自发的认识自我、体验自我和调控自我的经历和活动，无论哪种形式的教育，对于儿童自我发展都有着非凡的意义。

## 三、学前儿童自我发展教育的意义

### （一）帮助幼儿正确认识自己

每个个体在其生命最初几年的某个时间都会意识到自己是作为独立的个体在社会中存在。3～4 岁是幼儿自我意识形成的初期，自我开始觉醒并在意识中逐渐显现，他们会在某个时刻第一次体验到“我”与他人有所不同或者意识到某件物品只属于自己，这时幼儿将面临自我意识发展历程中一个重要的里程碑——自我意识的觉醒。一旦幼儿开始意识到“自我”，就很少用名字来称呼自己，而是改为代词“我”。也正是从这个时刻起，幼儿开始意识到自己与其他人是不一样的，“我就是我”。

### （二）引导幼儿体验感知自身

儿童获得自我体验，意味着意识与情感直接相连并能够直接体验和感觉到自我的存在。幼儿很早就学会用名字称呼自己、他人和物体，他们乐于给物品起名字，但最初幼儿并不能很明确地分清楚这些称谓之间的不同。随着自我意识的觉醒，幼儿开始有了说“不”的心理和行为倾向，通过这种对外界的排斥、拒绝或反抗意志，幼儿的自我意识得到了初步的强化和发展。在接下来的几个月，幼儿通常会出现一段短暂的“固执期”，直到自我能够充分确认了自己的存在或不再抗拒或排斥外在世界之后结束。此后自我由反抗外部世界的外在行动转化到自己关于世界的认识和意见的内在活动中去，自我意识渐渐变得具有连贯性。因此，幼儿有极大的精力用来体验和感知自身，包括知道自己的进步与不足，想要与他人相比较，想要通过胜利来确认自己的能力。

### （三）指导幼儿学习自我调控

自我意识的产生和发展是人和动物在心理上的最后分界线，人能够认识和区别“我”与“非我”并能够自主地调节自己与外界的关系①。人生活在社会群体中，在社会交往中意识到自我在社会关系中所处的地位、所充当的角色和所起的作用，意识到自我的社会本质。6 岁左右，幼儿的自我意识已经发展到了较高的水平，他们有了向世界表达和证明自己的需求和愿望，例如有时幼儿的自我意识也会体现在艺术活动中，乐于在艺术活动中展现自己，积极和富有创造性地在绘画、游戏、雕塑、建构等活动中表现着自我，建构着他们自己的

---

① 杨丽珠，吴文菊．幼儿社会性发展与教育[M]．大连：辽宁师范大学出版社，2000：77.

世界图景。此外，幼儿需要学习自我控制和自我调剂，例如控制自己的情绪、控制自己的欲望、调节自己的心态、控制自己的行为，等等，这种发展和学习将持续在整个人生进程中。

## 四、学前儿童自我发展教育的特点

### （一）阶段性与发展性

自我意识的发展具有明显的阶段性特点，例如儿童的自我意识在2岁左右开始初步形成，需要经过三个阶段的发展时期。第一，自我中心期，即生理自我，从出生8个月至3岁左右成熟。第二，客观化时期，3岁到青春期这个阶段，儿童将会获得社会自我。第三，主观化时期，即心理自我时期。[①] 因此，在进行儿童的自我发展教育时，不仅需要考虑到儿童自我发展是一个连续的发展过程，具有一定的发展性，还需要考虑到儿童当下的发展状态和未来长远的发展趋势，以发展的眼光去看待教育过程中出现的问题，通过适宜的教育手段和教育方法使儿童的自我意识得到可持续的、充分的发展。同时，也应当关照到儿童的自我发展所处的阶段性特征，例如皮亚杰提出在儿童发展的前运算阶段，儿童处于自我中心的认知状态，他们对于世界的看法通常是主观的，不能很好地考虑到外界环境中其他人的想法和看法，也不能自如地站在他人的角度和立场去思考问题。所以自我发展教育需要顺应儿童自我意识发展的阶段性。

### （二）自主性与探究性

从过程中看，自我意识的发展一定以儿童自主和自发的活动为主，他们基于生命内部发展的需要而产生认识自己的欲望，具有一定的自主性。婴儿时期，儿童通过嘴的吮吸、手的触摸、操作等各种感官动作不断尝试认识和探究自己。随着年龄的增长，儿童能运用语言进行交往，能独立进行活动，思维和行动都有了十足的进步，因此，他们会通过各种各样的探究活动去认识周围世界，与人交往，在其中进一步体验自身，并学习如何监督和控制自己。相应地，自我发展教育也应当尊重儿童自我发展的自主性，给予儿童一定的空间、时间和权利去依照自己的意愿，开展各种体验性、探究性的活动。

### （三）个体性与开放性

儿童自我发展教育需要关照到儿童发展的个别差异性，每个孩子都是独特的个体，发展速度和发展水平不尽相同。例如，在自我评价发展方面，学龄前儿童最初是依从性评价。他们会简单地重复他人的评价，随着年龄的增长，儿童开始出现局部的自我评价，也就是从某个方面进行自我评价，再往后发展儿童会出现独立性评价。虽然学龄前期儿童对自己的

---

① 李红．幼儿心理学[M]．北京：人民教育出版社，2007：279.

评价能力总体不太高，但是每个幼儿的评价能力的发展水平和速度是不一样的，因此教师在进行自我评价方面的教育和引导时就需要注意到儿童的个体性差异，有的放矢地进行开放性的指导，依照儿童的自我发展水平和需要，敏感地发现每个孩子自我发展过程中的“有意义的时刻”，及时、灵活地调整教育计划和思路来帮助儿童获得更好的发展。

# 第二节　学前儿童自我发展教育的目标及内容

## 一、学前儿童自我发展教育的目标

2001 年，教育部颁布了《幼儿园教育指导纲要（试行）》（以下简称《纲要》），立足于我国幼儿教育的改革，提出了诸多值得学习的先进教育观念。在《纲要》中将幼儿的学习领域划分为五大领域，并提出了各个领域的目标。其中社会领域中与儿童的自我发展相关的教育目标有，能主动地参与各项活动，有自信心；能努力做好力所能及的事，不怕困难，有初步的责任感等。《纲要》提出要帮助幼儿正确认识自己，为每个幼儿提供表现自己长处和获得成功的机会，增强自尊心和自信心；支持幼儿自主地选择、计划活动，不轻易放弃克服困难的尝试；学习自律。这都为促进儿童自我发展的教育提供了良好的引导和示范。

2012 年颁布的《3～6 岁儿童学习与发展指南》（以下简称《指南》）通过提出 3～6 岁各年龄段儿童学习与发展目标和相应建议，帮助幼教工作者和家长了解了儿童发展与教育的基本特征，指明了每个年龄段儿童在健康、社会、科学、艺术、社会五个领域内的发展水平和潜在的发展空间和具体方向。《指南》中与儿童自我发展相关的目标有，具有自尊、自信、自主的表现；具有初步的归属感；遵守基本的行为规范等，具体到各年龄段自我发展教育活动的主要目标如下。

（一）小班阶段的目标

（1）能根据自己的兴趣选择游戏或其他活动。

（2）为自己的好行为或活动成果感到高兴。

（3）自己能做的事情愿意自己做。

（4）喜欢承担一些小任务。

（5）体会自己是家庭的一员。

（6）能说出自己家所在的街道、小区名称。

（7）在提醒下，能遵守游戏和公共场所的规则。

（8）知道不经允许不能拿别人的东西；在成人的提醒下，爱护玩具和物品。

### （二）中班阶段的目标

(1) 能按自己的想法进行游戏或其他活动。

(2) 知道自己的一些优点和长处，并对此感到满意。

(3) 自己的事情尽量自己做，不愿意依赖别人。

(4) 敢于尝试有一定难度的活动和任务。

(5) 喜欢自己所在的班级和幼儿园，积极参加活动。

(6) 能说出自己家所在的省、市、县名称。

(7) 知道自己是中国人。

(8) 不私自拿不属于自己的东西。

(9) 知道接受了的任务就要努力完成。

### （三）大班阶段的目标

(1) 能主动发起活动或在活动中出主意、想办法。

(2) 做了好事或取得了成功后还想做得更好。

(3) 自己的事情自己做，不会的愿意学。

(4) 主动承担任务，遇到困难能够坚持而不轻易求助。

(5) 与别人的看法不同时，敢于坚持自己的意见并说明理由。

(6) 能感受到自己家长的发展变化并为此感到高兴。

(7) 知道自己的民族，为自己是中国人感到自豪。

(8) 爱惜物品。

(9) 能认真负责地完成自己所接受的任务。

(10) 做了错事敢于承认。

## 二、学前儿童自我发展教育的内容

### （一）自我认识

自我认识的教育包括自我观察、自我分析和自我评价三个方面的教育活动。其中自我观察是自我认识的起始阶段，主要是感知自己和观察自己，例如可以让幼儿通过多种感官认识自己身体的各个部分以及自己整体的形象特征、自身的内部状态等；自我分析是把自身的思想和行为加以分析、综合，找出自己有别于他人的重要特点，可以通过让幼儿识别自己的特点、情感、情绪、心理活动等内容来进行这方面的引导和培养；自我评价是指对于自己的想法、行为、个性等多个方面的分析、判断和评估。在教育内容方面可以通过多样的活动来帮助幼儿顺利从依从性评价发展到独立性评价，从外部行为的浅层次评价发展到内部品质的深度评价，从主观情绪性的片面性评价发展到初步的客观的评价，增强儿童的自我评价能力。

### （二）自我体验

自我体验包括自尊和自信。李红认为自我体验的作用有三个：第一，使认识内化为个人的需要和信念；第二，引起和维持行动；第三，直至自己的行为。因此，自我体验的教育内容主要是激发儿童的自尊，提高自信的教育。

1. 自尊

儿童对自己和自身能力的评价是自我体验的一个重要方面。儿童对自己的许多方面作出一定的评价，从而作出对自己存在价值的认定。对自我感觉良好是儿童的共性，自尊是指儿童对自我价值的正面或者负面的评估，自我感觉良好的儿童对同伴更友善，而低自尊则与心理不健康、学习成绩差等负向行为或表现相关联①。因此健康的自我概念对儿童各个方面的发展都有着重要的意义。自尊的教育主要是围绕儿童自身的经历、体验等各种活动，给予儿童分析、知觉、评估自己各方面的表现，如反应、经验、行为等。教师可以给儿童安排一些小任务，让他们或自主或合力来完成这些工作，例如让儿童进行卫生清洁、照顾动植物、劳动、收拾玩具或物品，等等。

2. 自信

自信又称为自信心、自信感，是指个体对自身行为能力与价值的认识和充分评估的一种体验②。自信心会推动儿童走向成功的体验，获得成就感和满足感。对儿童来说，如果能从一件事情中获得自信心，那么他将会有十足的内在动力去坚持完成更有难度和挑战性的工作。因此，自信对儿童来说非常重要，它能帮助儿童发展勇敢、坚韧、乐观、积极、主动等良好的个性品质。《规程》在第五条幼儿园保育和教育的目标中就明确提出了要培养幼儿的自信和活泼开朗的性格。通过多样的活动培养幼儿的自信心对其发展无不裨益。儿童到两三岁就开始萌发自信感，成人可以在各种游戏、美工、体育、思维游戏中鼓励幼儿独立、自主地探索和完成各种小任务，在活动中给予儿童充分的自主权和选择权，让他们有自我实现的机会，并多多给儿童以积极的反馈。

3. 自我调控

自我调控的教育包括自我检查、自我监督和自我控制等方面。儿童自我调控的能力与其年龄有着密切的关联。小班阶段的儿童的自制能力很差，到了中大班基本上才具备了一定的坚持性和自制力。自我控制是个体自觉地选择目标，并有意识地控制自身的行为，对

---

① Eva L. Essa. 儿童早期教育导论[M]. 北京：中国轻工业出版社，2012：37.

② 杨丽珠，吴文菊．幼儿社会性发展与教育[M]. 大连：辽宁师范大学出版社，2000：88.

自我进行组织、协调、矫正和调节，以保证目标的实现。幼儿的自我控制可以具体体现在对情绪、动性、认知以及运动等方面的活动中，所以教育活动也可以从这几个方面入手，发展幼儿的自我控制能力。例如教师可以通过趣味游戏、角色扮演等活动让幼儿认识并学习如何控制自己的情绪。

# 第三节　学前儿童自我发展教育的活动设计

## 一、活动设计与教育建议

### （一）具化活动目标，符合儿童自我发展水平

首先，儿童的发展是整体的发展，在进行教育活动设计时应首先考虑儿童发展的年龄特征和阶段性发展需要。在设计有关自我发展教育的目标时必须要先符合该阶段儿童的总体发展需要。其次，在《纲要》《规程》和《指南》中都明确了儿童个性品质的发展目标，因而在设计具体的自我发展教育活动时就需要将总的目标进行分解和细化，使其在具体的教育活动中能够“落地”，具有一定的可操作性。有的活动方案会把目标表述得较为宏观，如“培养幼儿的自信心”，这样的目标过于笼统，可以根据儿童的自我发展水平和活动主题进一步细化、具体化。

### （二）针对幼儿需要，设计自我发展的教育内容

自我发展的教育内容很多都具有主观体验性的特征，例如自尊、自信、勇敢、坚韧等既是儿童需要培养的良好品质，又是自我的观念。因此在设计关于自我发展的教育内容时，需要根据儿童的现实需要和实际情况，灵活、有针对性地选择适合儿童的教育内容。例如对刚入园的小班幼儿来讲，帮助幼儿树立“自己的事情自己做”的观念，养成幼儿的独立意识，对中大班的孩子来说，可以引导幼儿去挑战有一定难度的任务和工作，并关注幼儿在活动中的兴趣倾向、做事态度、完成程度等。对于不同性格与气质类型的儿童，在教育内容上也可以有所区分，例如对安静、内向的幼儿可以组织和设计游戏性、参与性强，容易取得成功体验的活动，让幼儿敢于、乐于参与到活动中去，展现自己，分享快乐，培养他们活泼、开朗、乐观的积极品质。

### （三）鼓励幼儿自主决定，主动完成各项任务

自我的发展具有很强的主观能动性，需要幼儿全身心地投入活动中，通过积极主动地与人交往以及动手、动脑、动嘴等多种途径去进行观察、思考、体验、展现自己的方方面面。教师在活动过程中应当让幼儿能够真正地活跃起来，尽情地参与和享受活动过程。无论教

师设计什么样的自我发展活动，幼儿都应当成为活动的主体，他们可以自己进行选择、判断，主动体验、操作和实践，自主、自觉地获得关于自我的经验和认识，增长自身的能力。在活动中，教师尽量避免掌控孩子的游戏，避免告诉孩子“你该做什么”“你要如何做”等，要提供给幼儿选择的权利、机会和空间，让他们能做活动的主人。

（四）适时给予积极评价，增强自尊心和自信心

在活动中发展儿童的自我评价能力，有时候需要教师的帮助。在教育实践场景中，教师有时候会给予发展好、表现好、乖巧漂亮的幼儿多一些表现机会和鼓励，对于淘气顽皮或者内向腼腆的幼儿的关注会相对少一些。同一个年龄阶段，同一个班级里，每个幼儿的发展速度都是不同的，但是有一点是一致的，那就是获得教师的肯定和鼓励，尤其是对于自我评价能力较弱的幼儿，更需要老师及时的鼓励和表扬，给予他们正向的评价，重视幼儿表现出来的想法和愿望，保护和增强儿童的自尊心和自信心，让幼儿能够切实感受到自己是被人尊重的。

## 二、活动案例及评析

### （一）关于自我认识——特别的我

**【活动目标】**

（1）能从多方面了解自己，知道自己的特点。

（2）能说出自己的特点，通过讨论和游戏充分认识自己。

（3）愿意参与游戏，乐于探索和交流。

**【活动材料】**

各种有特点的人物图片或照片、班内小朋友的个人照片。

**【活动过程】**

1. 导入活动：经验导入

师：小朋友们，你们觉得自己是什么样子的？有什么特点呢？哦，原来你们都有各自特别的地方。老师今天请来了几位朋友，让我们来看看他们有什么特别的地方。

2. 呈现环节：画面呈现

教师出示图片，让小朋友说出图中人物的特点，再说说自己有没有这样的特点。

3. 自主学习环节：分组讨论

（1）教师将小朋友分成若干组，每个组里先有一个小朋友说一说自己有哪些特点，其他小朋友再进行补充。

（2）教师请每组中的一个小朋友代表总结自己组的小朋友都分别有哪些特点。

4. 游戏环节：你说我猜

（1）教师讲解规则，进行游戏示范。

师：今天我们了解了这么多的人物特点，现在请一位小朋友来和我做一个游戏。这里有很多咱们班小朋友的照片，我拿一张照片，你来说说他的特点是什么，我来猜猜他是谁。

（2）小朋友分组玩游戏。

教师按照小组分发对应的照片，每组小朋友轮流猜照片，记录猜对的次数。

**【家园共育】**

请小朋友回家和家人玩一玩打电话的游戏，介绍一下自己。

**【案例评析】**

自我认识的首要成分是自我观察，幼儿需要自己对自己有所感知，充分地察觉自己，在此基础上将自己作为被观察的对象进行分析、总结和归纳，概括出自己个性品质中的本质特点，找出跟别人不一样的重要特点。《特别的我》这个教育活动抓住了幼儿自我认识的一个重要内容——外在形象的认识。通过设计看照片猜人的互动游戏，让幼儿以小组为单位充分地挖掘自己的特点，让幼儿能够意识到自己有很特别的地方，是与别人不一样的存在。活动延伸的打电话游戏能够引导幼儿通过语言表达的形式将自己介绍出来，能够更加了解自己，强化了活动设计的目标。本次活动着重于让幼儿在外形特点上认识自己，在后续的活动中可以通过多种方式让幼儿认识和感受到自己的内心世界如情绪情感、兴趣爱好、性格特征等内在品质。

（二）关于自我体验——我是图书管理员

**【活动目标】**

（1）知道图书馆的规则和图书管理员的主要职责。

（2）在图书馆的活动中能主动遵守规则和维持秩序。

（3）体验遵守社会公德的好处。

**【活动材料】**

图书阅览室、若干图书、借书卡、身份牌、桌子、出入口标志、图书馆注意标语。

**【活动过程】**

1. 问题导入

师：小朋友们，你们都看过什么书呀？在哪里看的呢？

2. 进入（模拟）图书馆

师：今天老师带你们去一个很特别的图书馆哦。（改变桌椅放置位置布置成阅览室的样子，摆一张桌子在出口当作服务台。）

3. 请小朋友扮演图书管理员

（1）讨论图书馆的规则。

师：你知道图书馆里有哪些规定吗？（教师请小朋友们谈一谈图书馆的规定，如用借书证进行图书借读，在图书馆里遵守保持安静等规则。）

（2）与幼儿一起制定借书程序，让幼儿自己扮演图书管理员。（通过自我推荐的方式选出几位图书管理员。）

4. 活动展示

幼儿进行图书借读活动，图书管理员维护阅览室内秩序。

**【家园共育】**

请小朋友回家和爸爸妈妈一起去图书馆参观体验，做一做图书馆的志愿者。

**【案例评析】**

自我体验是自我对客观世界的一种特殊的反映，自我体验首先可以将个体自身对于世界的认识内化为自身的需要和信念。在《我是图书管理员》这个活动中，可以让幼儿体验图书馆的普通读者和管理员不同的角色，体会到大家都需要共同遵守图书馆的规定才能营造出一个良好的阅读环境，图书管理员可以从活动中调动身心投入阅览室的管理、读者服务等行动中，体验到个人的成就和贡献，体会到积极向上的工作态度，小读者们可以体验到遵守规则，共同维护和谐环境的美好。这个活动符合大班幼儿的发展水平，既能够激发幼儿阅读图书的兴趣，又能够增强儿童的责任心，促使他们自觉地在活动中强化良好的行为习惯，培养自我控制能力。

（三）关于自我调控——不做喷火龙

**【活动目标】**

（1）能对绘本图画进行简单的描述，知道生气是负面情绪。

（2）感受绘本中的情绪，能在成人提醒下，控制自己的负面情绪。

（3）愿意参与活动，体会画画的乐趣。

**【活动材料】**

绘本《我变成一只喷火龙了》、画纸、马克笔。

**【活动过程】**

1. 情景导入

师：小朋友们，大家知道喷火龙吗？喷火龙以前只是一个普通的小怪兽，是什么让他变成这个样子了呢？大家跟着老师一起看一看吧。

2. 讲述故事

教师为小朋友讲解绘本《我变成一只喷火龙了》，依据绘本中图画，引导幼儿说一说画面中发生了什么，帮助幼儿从图画和配色中简单感受小怪兽的情绪变化和生气带来的坏处。

3. 讨论

师：在这个故事里生气会变成喷火龙，阿古力是怎么灭火的呢？你有没有遇到过很生气的时候？要是我们在生活中遇到什么让人生气的事情，怎样才能灭火呢？小朋友们帮忙出出主意吧！

角色扮演。让幼儿大胆地发表意见，说一说自己生气时的场景，启发幼儿想一想解决问题、控制情绪的办法。师生共同讨论出典型的场景，让小朋友们分角色进行扮演，体验一下控制情绪的方法和好情绪带来的美好感受。

**【家园共育】**

和爸爸妈妈一起讨论情绪可以用什么颜色表达，画一画。

**【案例评析】**

自我调控是自我意识在意志方面的体现，个人主动地提出目标并知道如何做才能实现既定的目标，这需要实际行动和自我控制，也是发展个性品质的过程。《不做喷火龙》这个活动首先让幼儿通过绘本故事了解生气的情绪以及生气带来的负面影响，这就让幼儿有了一定想要达成的目标——不生气，生气了要灭火。其次，针对中班幼儿自我控制能力的迅速发展的特点，引导幼儿大胆讨论如何控制自己的负面情绪，可以采取哪些做法，并辨别哪些做法是可行的，哪些是不可行的，具有一定的分析、判断和评价能力。再者，通过角色扮演的方式让幼儿切实体验，在活动中自觉运用讨论的方法来强化和培养自己的自我控制能力，同时也给予了幼儿大胆展示自我的机会，积极地参与到活动中去。

## 趣味阅读：中华传统美德小故事

### 匡衡凿壁借光

汉朝时，少年匡衡非常勤奋好学。由于家里很穷，他白天必须干许多活，挣钱糊口。只有晚上，他才能坐下来安心读书。不过，他因为买不起蜡烛，天一黑，就无法看书了。匡衡心痛这浪费的时间，内心非常痛苦。他的邻居家里很富有，一到晚上好几间屋子都点起蜡烛，把屋子照得通亮。匡衡有一天鼓起勇气，对邻居说："我晚上想读书，可我买不起蜡烛，能否借用你们家的一寸之地呢？"邻居一向瞧不起比他们穷人家，恶毒地挖苦道："既然你穷得买不起蜡烛，还读什么书呢！"匡衡听后非常气愤，不过他更下定决心，一定要把书读好。

匡衡回到家中，悄悄地在墙上凿了一个小洞，邻居家的烛光就从这洞中透过来了。他借着这微弱的光线，如饥似渴地读起书来，渐渐地把家中的书全都读完了。

匡衡读完这些书，深感自己所掌握的知识还远远不够，他想继续多看一些书的愿望更加迫切了。附近有个大户人家，有很多藏书。一天，匡衡卷着铺盖出现在这个大户人家门前。他对主人说："请您收留我，我给您家里白干活不要报酬，只要让我阅读您家的书就可以了。"主人被他的精神所感动，答应了他读书的要求。

匡衡就是这样勤奋学习的，后来他做了汉元帝的丞相，成为西汉时期著名的学者。

**启示与点评：**

匡衡凿壁借光的故事可以看出勤奋向学对一个人学业成功的重要性。要想在学业中有一定的收获，必须勤于学习、坚持不辍，必须立下坚定的志向，朝着目标一步步努力。

（资料来源：https://baike.baidu.com/item/%E5%87%BF%E5%A3%81%E5%80%9F%E5%85%89/1570589?fr=aladdin）

## 程母教子

程母侯夫人，是大中公程珦的妻子，程（颢）明道、程（颐）伊川的母亲。她对公婆尽孝道，治家有规矩讲家法；她性情谦和随顺，尊敬丈夫，即使小事也务必报告大中公而后行。她从不打奴仆，若见子弟对仆人稍有呵责，必定教训说："人的贵贱虽不同，但同样都是人！"她待婢女仆人很宽厚，处处怕伤害他们；而对孩子，一有过错，小的责问批评，大的请示大中公，必须要其改过才罢休。

她曾说过："子女之所以不孝，都是由于当母亲的隐瞒其过错，父亲不能得知，因而无法及时教训于他。"程母生了六个儿子，死掉四个，只剩下明道、伊川两兄弟，极其珍惜！孩子才几岁，走路跌倒，仆人急忙抱扶，程母总是斥责孩子说："你若慢慢走，会跌倒吗？"吃饭的时候，她让孩子坐在自己身边，若孩子要尝名贵的羹，程母即呵斥制止说："小时处处满足他的要求，长大后怎样得了呀！"孩子要是与人争执、吵架，虽然他是对的，程母也不袒护，说："担心的是他长大后不能受委屈，不担心他不能伸啊！"所以二程夫子，从小就对饮食衣服一点儿也不挑剔，也绝无恶言骂人。二人长大后均成为宋代大儒。

**启示与点评：**

通过程母教子严慈有方的故事，我们可知，家庭教育、家庭成长环境对一个人的成长及成才有着非常重要的影响，我们应努力营造良好的家庭生活氛围。

（资料来源：https://www.sohu.com/a/166539491_99970340）

## 问题与实践

1. 儿童自我发展教育的理论基础是什么？
2. 自我发展教育的内容有哪些？
3. 开展自我发展教育活动时，需要注意什么问题？
4. 请你设计一个自我发展教育的活动方案或游戏方案。

# 第五章　学前儿童人际交往教育活动

## 内容导读

幼儿的人际交往包括亲子交往、师幼交往和同伴交往。自呱呱坠地，幼儿就开始了与周围的人的交往活动。儿童最初的交往对象是其父母和家庭成员，随着儿童年龄的增长，交往范围逐渐扩大，交往能力不断提升。幼儿与他人进行人际交往发生在多种情境下，交往的主题、内容和形式也具有多元性。健康、良好的人际交往可以让幼儿感受到安全、归属，体验与人交往的乐趣，因此本章将围绕幼儿的人际交往教育的理论基础、内涵、意义、原则，人际交往教育的目标和内容，人际交往教育活动的设计等展开讨论。

## 第一节　学前儿童人际交往教育活动概述

### 一、学前儿童人际交往教育的理论基础

#### （一）社会学习理论

班杜拉的社会学习理论也被称为是社会认知理论，他强调儿童发展过程中的观察学习，认为幼儿可以通过观察榜样的行为进行模仿性学习，儿童可以通过模仿榜样，习得良好的正向的被人所赞许的行为，相反地，也可以模仿不良的、负向的、不被社会赞许的那些行为。班杜拉认为积极的人、个体的行为和环境之间是相互作用的，基于这种观点，我们可以认为儿童会被周围环境中的人所影响，因为观察学习无时无刻不在发生着。

在幼儿园中，教师是和儿童朝夕相处的重要成人，教师的一言一行、一举一动都会影响着幼儿。对幼儿来说，教师不仅是知识经验的传授者，也是游戏、生活的参与者和陪伴者。在和教师相处的过程中，幼儿会在不知不觉中对教师的行为、动作、说话方式、神情动作、为人处事等展现出来的行为、情感和态度进行模仿学习。因此，教师在和幼儿交往过程中需要注意自己的言行举止，让自己成为幼儿学习的好榜样。

## 拓展阅读

**班杜拉的经典实验——观察学习实验**[①]

班杜拉把儿童随机分成三组，让他们观看成年榜样攻击充气娃娃的影片，不同组的儿童观看电影中的同一攻击行为的不同对待结果。

第一组是攻击—奖赏组：该组儿童看到成年榜样人物采取攻击行为后，另一个成年人对他奖赏，给他糖果和点心。第二组为攻击—惩罚组：该组儿童看到成人榜样采取攻击行为后，另一个成年人批评、指责和体罚他。第三组是控制组：该组儿童看到成年榜样采取攻击性行为后，既没有受到奖赏，也没有受到惩罚。

影片结束后儿童单独留在游戏室。房间里放着各种玩具，其中包括玩具娃娃。观察者观察并记录他们的模仿榜样的行为情况。结果表明，第一组和第三组儿童对玩具娃娃的攻击性行为比第二组儿童的攻击性行为要多很多。

### （二）符号互动理论

符号互动理论是社会学中的一个重要理论流派，又称为象征相互作用论，其代表人物是乔治·赫伯特·米德等人。这种观点从社会互动中的人的角度来解释人的发展和人与社会的复杂关系，认为社会生活最基本、最核心的部分就是互动，这也是人类个体生存和发展的前提。符号则是人际互动的媒介，即人通过各种符号媒介例如语言、动作、手势、示意等在交互作用中做出一定的反应，来理解或者确定彼此行为的意义。同一符号对于不同的个体有着不同的意义，因此在某种程度上来说，每个人都在建构自己行为本身与行为意义[②]。

在幼儿园中，儿童交往和互动的对象有很多，可以和同伴、教师、后勤人员等进行互动，每个细微的互动事件都可以视为儿童发展人际关系交往能力的一个体现。每一次互动可能会涉及言语的互动和非言语的互动，正式的互动和非正式的互动等。从本质上来看，幼儿园中发生在幼儿身上的各种事件或活动构成了一个多情景下的，多种内容、主题和形式的交往行为体系。

## 二、学前儿童人际交往教育活动的内涵

### （一）学前儿童的人际交往

人际交往也称社会交往，人自出生以后就处于复杂的人际关系和社会关系之中。对学前儿童来说，他们主要进行社会交往的对象在不同的时期有着一定的发展和变化。学前儿

① 改编自 https://www.sohu.com/a/317257855_131869.

② 杨丽珠，吴文菊．幼儿社会性发展与教育[M]. 大连：辽宁师范大学出版社，2000：279.

童的人际交往包括亲子交往、师幼交往、同伴交往和社会中的交往几个方面。

### （二）学前儿童人际交往的教育活动

学前儿童人际交往的教育活动是有目的、有计划地通过一系列教育活动使幼儿学习和掌握社会交往基本知识和基本技能，促进幼儿社会交往能力发展的教育，主要涉及和同伴的交往以及和成人的交往两个方面的教育内容。学龄前期是儿童人格发展的重要时期，早期的熏陶和教育有助于儿童养成健康的交往习惯，形成个人良好的个性品质。

## 三、学前儿童人际交往教育的意义

### （一）有利于发展社会认知和技能

学习如何与人友好相处是儿童人际交往教育的目的之一。儿童通过与周围的成人和同伴进行各种各样的交往活动，不仅能够了解和学习一些基本的社会交往的经验，知道如何与人和谐共处、友好交往，也能够发展社会适应能力，能够基本掌握社会交往的技能，为健全人格发展奠定良好的基础。有研究认为可以把儿童分为以下几种类型：受欢迎儿童、被拒绝儿童、被忽视儿童、有争议儿童和一般儿童[①]。儿童受欢迎性受到很多因素的影响，如较高的社会认知技能和社交技巧等。在人际交往活动中，儿童可以学习如何有效地发起互动，如何对其他人的邀请做出积极应答，如何与他人进行沟通、合作等，这都有利于他们发展自身的社会认知，提高社交能力。

### （二）有利于儿童感受和理解社会交往规则

人际交往中会涉及交往的规则，对儿童来说这是一个重要的学习内容。人际交往不但可以丰富儿童的社会认知，提高儿童的交往技能，更能够在交往活动中增进儿童对于社会规则的理解。在与不同类型的人进行社会性交往时，儿童一方面可以学习一些基本的社交礼仪行为和规则，如微笑、友好、合作、分享和礼貌礼节等，他们通过不断地互动练习和巩固所学的积极社会交往技能；另一方面，当交往对象表现出拒绝、反对、厌恶和否定的消极反应时，幼儿可以根据对方的行为表现来分析交往中的问题所在，从而思考用何种方式解决自己交往中遇到的各种问题。

### （三）有利于儿童建立良好的人际关系

儿童的人际交往对象有家庭成员、教师、同伴和社会中的其他人，因此可以通过社会交往建立自己的人际关系，包括亲子关系、师生关系和同伴关系，感受与他人共建温暖、关爱、平等的交往氛围的成就。在家庭中，家长可以利用走亲访友的机会，拓展幼儿的交往对象，

---

① David. R. Shaffer，Katherine Kipp. 儿童与青少年发展心理学[M]. 邹泓，等译. 北京：中国轻工业出版社，2013：548.

带幼儿一起参与一些群体性的活动，例如聚会、聚餐、家庭活动等，让幼儿能够主动积极地与他人接触和交谈；在幼儿园，教师可以鼓励幼儿多多参与各种各样的游戏活动，引导幼儿之间的自由交往和游戏。同时，成人可以引导幼儿关注社会中的其他人，尤其是理解和关注医院、图书馆、社区等社会服务机构中的工作人员，让幼儿明白每个人都是社会大家庭的一分子，都要为服务社会贡献自己的一份力量。

## 四、学前儿童人际交往教育的原则

### （一）情境性原则

结合具体生活情境，指导幼儿学习基本的交往规则和技能。儿童的学习一定是具体形象的、直观的学习。教师可以结合儿童发展和交往的需要，设计具体的有交往情境需要的活动引导幼儿积极参与，以儿童的合作学习为主要活动方式，让幼儿体会与他人一起共事、合作完成某项任务的快乐。

### （二）示范性原则

以身作则，为幼儿树立良好的交往示范和榜样。人际交往中需要使用的很多交往技能并不能完全放手让幼儿自己探索，教师需要为幼儿营造一个平和、接纳与尊重的交往空间与交往氛围，必要时做出一定的示范。因此，教师可通过轮流、分享、有效表达、认真倾听、对人有礼貌、尊重他人等多种方式为幼儿创造轻松的交往空间和交往氛围。当幼儿不知道如何加入同伴的游戏时，教师可以通过语言鼓励、动作示范或者扮演游戏角色的形式让幼儿知道可以通过不同的方式加入同伴的游戏。如果幼儿之间发生了争抢玩具的情况，教师可以结合具体的场景引导幼儿站在他人的角度上思考，让幼儿学习移情，理解别人的想法和感受。此外，示范性原则不仅是指教师在教育上的示范和引导，作为榜样，教师也应当时刻注意自身的言行举止，为幼儿树立良好的示范，通过自己的良好行为，潜移默化地影响幼儿，让幼儿能够慢慢学会尊重、关心、体谅他人，与人友好交往和善意表达。

### （三）渗透性原则

在人际交往的教育活动中，教师需要为儿童创造充分的交往机会，提供交往的空间和时间，让儿童充分体验与他人一起活动或游戏的乐趣。教师可以组织和引导儿童的小组活动、两人互动和集体活动，活动可以是合作性质的也可以是竞赛性质的，鼓励幼儿积极参与，深度体验，学习在相互的交往中如何平衡自身需求与他人需求之间的关系。此外，在一日生活之中，教师要尽量避免全天掌控儿童的活动，要适当地放手，给幼儿自由交往的机会，例如在活动的过渡环节、户外活动时间允许幼儿自由交谈、自由结伴、自由游戏。儿童的人际交往更多的是发生在日常生活中的，这种学习是一个长期和持续的过程，需要教师在生活中和教育教学的过程中注意经常性、随机性和渗透性的教育引导。

# 第二节　学前儿童人际交往教育活动的目标及内容

## 一、学前儿童人际交往教育活动的目标

《纲要》中与儿童的自我发展相关的教育目标有，乐意与人交往，学习互助、合作和分享，有同情心；理解并遵守日常生活中基本的社会行为规则；爱父母长辈、老师和同伴，爱集体、爱家乡、爱祖国等。《纲要》提出要引导幼儿参加各种集体活动，体验与教师、同伴等共同生活的乐趣，帮助他们正确认识他人，养成对他人、社会亲近、合作的态度，学习初步的人际交往技能；在共同的生活和活动中，以多种方式引导幼儿认识、体验并理解基本的社会行为规则，学习尊重他人；与家庭、社区合作，引导幼儿了解自己的亲人以及与自己生活有关的各行各业人们的劳动，培养其对劳动者的热爱和对劳动成果的尊重。这为促进儿童人际交往的发展指明了教育的方向和思路。

《指南》中与儿童人际交往教育相关的目标有，愿意与人交往；能与同伴友好相处；关心尊重他人；喜欢并适应群体生活等。具体到各年龄段人际交往教育的主要目标如下。

（一）小班阶段的目标

（1）愿意和小朋友一起游戏。

（2）愿意与熟悉的长辈一起活动。

（3）想加入同伴的游戏时，能友好地提出请求。

（4）在成人的指导下，不争抢、不独霸玩具。

（5）与同伴发生冲突时，能听从成人的劝解。

（6）长辈讲话时能认真听，并能听从长辈的要求。

（7）身边的人生病或不开心时表示同情。

（8）在提醒下能做到不打扰别人。

（9）对群体活动有兴趣。

（二）中班阶段的目标

（1）喜欢和小朋友一起游戏，有经常一起玩的小伙伴。

（2）喜欢和长辈交谈，有事愿意告诉长辈。

（3）会运用介绍自己、交换玩具等简单技巧加入同伴游戏。

（4）对大家都喜欢的东西能轮流、分享。

（5）与同伴发生冲突时，能在成人的帮助下和平解决。

(6) 活动时愿意接受同伴的意见和建议。

(7) 不欺负弱小。

(8) 会用礼貌的方式向长辈表达自己的要求和想法。

(9) 能注意到别人的情绪,并有关心、体贴的表现。

(10) 知道父母的职业,能体会到父母为养育自己所付出的辛劳。

(11) 愿意与家长一起参加社区的一些群体活动。

### (三) 大班阶段的目标

(1) 有自己的好朋友,也喜欢结交新朋友。

(2) 有问题愿意向别人请教。

(3) 有高兴的或有趣的事愿意与大家分享。

(4) 能想办法吸引同伴和自己一起游戏。

(5) 活动时能与同伴分工合作,遇到困难时能一起克服。

(6) 与同伴发生冲突时能自己协商解决。

(7) 当别人的想法有时和自己不一样时,能倾听和接受别人的意见,不能接受时会说明理由。

(8) 不欺负别人,也不允许别人欺负自己。

(9) 能有礼貌地与人交往,能关注别人的情绪和需要,并能给予力所能及的帮助。

(10) 尊重为大家提供服务的人,珍惜他们的劳动。

(11) 接纳、尊重与自己生活方式或习惯不同的人;在群体活动中积极、快乐。

## 二、学前儿童人际交往教育活动的内容

### (一) 亲子交往

亲子交往是指家庭中父母和子女的交往。在婴儿时期,儿童交往的主要对象是父母或者主要的抚育人,他们带给儿童的交往经验为儿童后续社会化发展奠定了基础。亲子间的交往活动是以父母对幼儿的抚养和教养为基本内容的,是亲子双方通过各种生活中的活动相互影响的过程。亲子交往会对儿童的成长和发展产生深刻的持久的甚至终身的影响。

### (二) 师幼交往

师幼交往是幼儿和教师之间基于各种保育和教养活动,双方之间进行交流和互动的交往过程。在幼儿园,师幼交往会极大地影响幼儿各方面的发展,教师有意识地引导幼儿学习社会行为规范和行为准则,帮助幼儿养成良好的行为习惯,增长经验和能力。此外教师

作为幼儿模仿学习的对象，也在每时每刻地影响着幼儿的认知和发展。

（三）同伴交往

对学前儿童来说，同伴交往是除了亲子交往、师幼交往之外的重要交往活动之一。同伴交往可以使儿童的交往范围更大、交往人数更多，体验同伴之间平行的交往关系。通常情况下，儿童愿意与同年龄阶层的孩子一起玩耍和游戏，即便儿童之间不熟悉，也可以通过一起游戏快速成为“朋友”。当然，儿童的同伴交往并不像亲子交往那样稳定和持久，他们和小伙伴之间的交往很可能会因为某些缘由而中断，例如伙伴的中途离开，意见或兴趣不一致等。与成人的交往不同，同伴间的交往是自由的、平等的，这种交往和互动关系对儿童发展人际关系的影响更为强烈。

# 第三节　学前儿童人际交往教育的活动设计

## 一、小班活动案例与评析

（一）活动来源

幼儿时期既是形成良好同伴关系的初期阶段，也是关键阶段。幼儿的自我评价具有一定的依存性，听一听他人对自己的看法有利于其从客观的角度认识自己和同伴。针对小班幼儿好奇心强、好模仿的特点，教师可以在班级管理中定期组织“反思”和“夸赞”活动，如组织幼儿开展“原来我是这样的”“夸夸我，夸夸你”等活动。在“反思”活动中，幼儿可以说一说自己的不足，并改正；在“夸赞”活动中，幼儿可以说说自己和朋友喜欢的、能够做好的事情，夸赞一下其他幼儿的优点，使幼儿能够主动地发现他人的优点，同伴间能够做到互相欣赏、互相鼓励。在本次活动中，幼儿能够较为全面地了解他人的优点，能够正确认识和评价他人，形成良好的同伴关系。

（二）活动设计——夸夸我，夸夸你

**【活动目标】**

（1）理解故事内容，能发现、欣赏自己和别人的长处，学会夸一夸自己和好朋友。

（2）了解到每个幼儿都有长处，感受他人的评价。

（3）乐意与同伴互相欣赏和帮助。

**【活动材料】**

绘本故事 PPT《夸自己》。

**【活动过程】**

1. 导入活动:情境导入

师:有一位医生专门给别人整形,帮助别人修改不足的地方,可是他来森林里帮助动物的时候,却遇到了不寻常的事。

2. 呈现环节:画面呈现

(1) 出示 PPT,幼儿观察故事中动物的形象。

师:你来找一找你喜欢的动物,说说他们有什么特点。

(2) 完整讲述《夸自己》故事内容。

师:故事里的小动物是怎么夸自己的? 你最喜欢哪个小动物? 为什么?

(3) 教师小结。

师:原来,每个小动物都能发现、欣赏自己的长处,感受到自己在他人眼中的不同。我们也应该看到别人的优点,不应该取笑别人,向小动物们学习善于发现自己的长处哦!

3. 自主学习环节:讨论活动

(1) 共同讨论:自己哪里最棒? 或者谁和自己一样棒? 学会夸奖自己"我真棒",了解身边好朋友的长处,试着夸奖他人"你真棒"。

(2) 自由结伴讲述:我有哪些方面很棒? 我的好朋友哪些方面很棒?

4. 活动展示环节:表达活动

(1) 个别讲述:幼儿分享自己和好朋友的长处,请同伴相互帮助补充。

(2) 教师小结:小朋友们,我们每个人都是与众不同的、独一无二的,希望你们能一直保持下去,用这些优点给身边的人带来快乐。

5. 结束环节

教师邀请幼儿进行"好宝宝评比"活动,让幼儿初步认识自我和同伴。了解每个小朋友的优点、缺点,在活动中不断增进彼此的友谊。

**【活动建议】**

教师可以在每天幼儿离园前,请几名幼儿说一说今天自己哪里表现得最棒,或班里哪位小朋友表现得最棒,让幼儿进一步感受他人的评价和与他人的不同。

### (三) 教学策略评析

本次教学活动的重点是让幼儿能发现、欣赏自己和同伴的长处,学会夸自己"我真棒"、夸别人"你真棒"。由于小班幼儿年龄小,直觉行动思维尚且存在,以具体形象思维为主,为此,本次活动借助生动、形象的动画课件,激发幼儿参与活动的兴趣,通过理解绘本故事,让幼儿感受小动物们被戏弄的心情,从而认识到在看到自己优势的同时,也应该看到别人的优势,而不是取笑别人。本次教学活动的难点为感受他人的评价和与他人的不同以及乐意与同伴互相欣赏和帮助。在幼儿的共同讨论环节，教师引导幼儿说一说自己哪里最棒，或者谁和自己一样棒，了解身边好朋友的长处，试着夸奖他人，在与同伴交往的过程中发现对方的优点，并向其学习，纠正自身的不足。幼儿能够准确自我定位，初步认知自我，为培养和提升其自我意识，培养良好的同伴关系做好前期准备工作。

（四）教学资料——绘本故事《夸自己》

有一天，一位医生来到森林里。他让动物们说说自己的长相有什么不满意的地方，他可以帮助动物们变得漂亮起来。

医生让猴子先说。猴子说："我对自己的长相很满意呀。我和人一模一样，有四肢、有五官。我还比人多一条漂亮的尾巴呢。你们瞧，狗熊的长相才不好看呢。他长得肥肥胖胖的，又蠢又笨。"

狗熊说："什么呀，我的长相一点都不难看。我比猴子长得壮，我的力气也大呀。大象才难看呢！你们瞧瞧，大象的身子那么大，可他的尾巴那么短那么小，好像长了一条猪尾巴，大象的耳朵那么大，鼻子也长得不像样子。"

大象听了很不高兴，他生气地说："我的鼻子、耳朵和尾巴长得很好看，幼儿园里的小朋友都请我去当滑梯呢。要说身体嘛，鲸鱼才是长得太大太蠢呢。"

鲸鱼也生气了，他喷出一股水，高高地冲上天空。他说："我是海里最大的动物。最厉害的鲨鱼看到我都逃得远远的。没有那么大的身体，鲨鱼会怕我吗？你们瞧，蚂蚁才长得不好看呢。蚂蚁长得那么小，让人看不清楚，一脚就把他踩扁了。"

蚂蚁虽然长得小，可他从来不觉得自己长得难看。蚂蚁说："谁说我长得不好看呀？猴子才真的难看呢。猴子说他和人长得一样，人的身上可没有那么长的毛呀，还有那么难看的红屁股，人也没有呀。"

动物们夸了一通自己，也批评了一通别人，很开心地回自己的家去了。医生没什么事可干，也回家去了。

## 二、中班活动案例与评析

（一）活动来源

幼儿期的同伴交往是儿童获得社会交往技能的重要途径，由于幼儿与同伴有着相似的年龄和心理发展水平，他们更乐于和易于接受同伴的影响，因此同伴交往对于幼儿的社会性发展具有独特且重要的作用。中班幼儿开始进行去自我中心化，逐渐能够从他人的角度去思考问题，但由于还没有完全去自我中心化，在同伴交往时，幼儿的能力差异较大，缺乏一定的交往技能，已有的技能使用得也并不熟练。因此，幼儿间常会出现冲突和摩擦。幼儿的人际交往能力是在不断地交往实践中提高的。中班幼儿具有了初步的规则意识，但是缺乏自我约束能力。他们知道可以与同伴交换玩具、轮流玩自己喜欢的东西，但在实际交往中，在如何运用轮流、交换的办法与好朋友进行分享的技能方面比较欠缺，还需要进一步的运用和引导。排队等待是一种最为平常的生活行为，它是秩序生活和秩序社会的基本保障。有序地排队能培养幼儿一定的秩序感，为此，本次活动设计以游戏“钻山洞”情境为切入点，配合多媒体与网络技术，让幼儿切身体验无规则、无秩序约束的麻烦，从而让幼儿以直观的感受发现遵守排队规则的重要性，体验排队和同伴一起玩耍的愉悦心情，并将排队规则迁移、拓展到日常生活中，让教学活动回归于生活。

（二）活动设计——钻山洞

**【活动目标】**

(1) 在公共场所活动时，要主动排队、耐心等待并且不大声喧哗。

(2) 有初步的自我约束意识，养成遵守公共规则的行为习惯。

(3) 体验排队和同伴一起玩耍的愉悦心情。

**【活动材料】**

拱形门3个，呈曲线形放在草地上；幼儿排队活动的相关图片、轻松欢快的背景音乐；水彩笔、绘画纸各人手一份。

**【活动过程】**

1. 导入活动：热身导入

幼儿跟随教师的口令，在动作提示下充分活动身体。教师指导幼儿活动头部、肩部、腰部和腿部，让幼儿的身体得到充分的舒展。

师：今天的天气真不错，太阳公公也出来了，小朋友跟着老师先活动一下自己的小身体，然后再开始我们今天的游戏。

2. 呈现环节：画面呈现

(1) 教师讲解游戏的玩法，幼儿初步理解游戏规则。

① 教师先给幼儿讲解钻山洞的玩法，幼儿初步感知游戏玩法。

师：这里有三个山洞，小朋友们可以自由地钻，看谁能又快、又安全地钻过每个山洞，不能漏掉任何一个山洞。

② 教师请幼儿做示范，幼儿观察学习。

教师请几名幼儿自由玩《钻山洞》游戏，体验无秩序可能带来的危险。同时，教师拍摄记录幼儿在活动的拥挤、无序、碰撞、掉鞋等行为。

(2) 幼儿练习游戏，教师指导。

① 教师播放拍摄录像，引导幼儿分析、讨论、总结快速和安全钻过山洞的办法。

师：小朋友们，看了老师刚才拍的录像以后，你们发现了什么问题？怎样才能又快、又安全地钻过山洞呢？

② 教师小结。

师：钻山洞时，大家要从同一个山洞出发。大家排好队，一个跟着一个，不推不挤不掉队，这样做就能又快、又安全地钻过每个山洞了。

3. 自主学习环节：讨论活动

教师播放欢快的背景音乐，请幼儿再玩《钻山洞》游戏，丰富经验。

(1) 幼儿自由游戏，教师及时鼓励幼儿排好队、守秩序的行为。

(2) 共同讨论：玩《钻山洞》游戏的感觉是怎样的？在游戏过程中需要注意哪些事项？

(3) 自由结伴讲述：该怎么排队呢？为什么排队？不排队会怎么样？

(4) 教师小结：当很多人一起做同样的事情时，只要大家排好队、守秩序，就会很快、很安全、很开心地把事情做好。

4. 活动展示环节：表达活动

(1) 出示排队图片，幼儿观察。

教师逐一播放幼儿排队活动的相关图片，迁移、拓展幼儿的经验。

师：小朋友们，你们看这是什么地方？大家是怎么做的啊？为什么要这样做？还有哪些地方需要大家排队、有秩序地做事？

(2) 个别讲述：幼儿分享排队的正确方法，进一步了解排队给生活带来的好处。

(3) 教师小结：小朋友们，我们和爸爸妈妈在商场缴费、车站上车、游乐场玩大型玩具时，都需要大家排好队、有秩序地进行。

5. 结束环节

教师邀请幼儿到美工区设计喝水排队标志，提醒大家共同遵守。活动结束后，将幼儿设计的标志张贴在活动室相应的位置，教师把“排队洗手”的标志张贴在盥洗区墙面上；把“排队取水”的标志张贴在口杯橱上。

**【活动建议】**

(1) 活动变式：在日常生活中，鼓励幼儿主动运用排队的方法，同时教师可以在幼儿饮水处、盥洗室、小便池前等场所，贴上小脚印，来帮助幼儿自觉养成排队的习惯。

(2) 家园共育：父母带幼儿去公共场合时，要引导幼儿学会排队，自觉遵守公共规则秩序。

### (三) 教学策略评析

(1) 通过幼儿游戏片段的展现，引发对自身行为的讨论。

利用摄像机及时记录幼儿的游戏情况，将几名幼儿混乱无秩序的“钻山洞”过程记录下来，摄像机的视频记录为接下来的分析、讨论、总结打下了基础。随后，教师播放之前的游戏情况视频，幼儿可以在视频中回忆游戏中的情境，结合切身体验进行讨论，优化游戏的方法和过程，提炼出排队的重要性，更加直观、形象地帮助他们理解规则的重要性，利于幼儿将规则内化，并贯穿渗透到日常生活中，做到习惯成自然，如将本次活动延伸至美工区，教师邀请幼儿设计喝水排队标志，提醒大家共同遵守排队喝水的规则。

（2）鼓励幼儿主动运用习得的规则，在游戏情境下进行实践。

本次活动以幼儿自主体验为主，在体验基础上归纳遵守排队规则的好处。教师则以“支持者、合作者、引导者”的身份参与其中，给予幼儿适当的指导。幼儿对排队规则的认识较为浅显，为此，教师为幼儿创设“钻山洞”的游戏情境，幼儿为快速通过山洞，必须得学会与同伴共同活动，并且主动运用排队技巧，这一活动环节也实现了本次活动的教学目标。在活动的展示环节，幼儿分享排队的正确方法，进一步了解排队给生活带来的好处，也强化了中班幼儿的规则意识。

### （四）教学资料

1. 多媒体内容

（1）利用摄像机及时记录幼儿示范“钻山洞”的游戏情况，将混乱无秩序“钻山洞”的过程记录下来。

（2）播放第一次幼儿“钻山洞”的游戏情况视频，幼儿可以在视频中回忆游戏中的情境，探讨怎样才能又快、又安全地钻过山洞。

2. 图片内容

幼儿排队活动的相关图片，如如厕、盥洗、游戏等。

## 三、大班活动案例与评析

### （一）活动来源

幼儿每个阶段的成长、每一个具体领域的发展，都是发生在与成人之间紧密的关系之中。5～6 岁幼儿与成年人的社会交往能力是实现儿童社会化过程中不可缺少的一部分。它有利于促进幼儿认识社会，摆脱以自我为中心的性格，增强情感支持，培养自信、乐观、开朗的性格，尤其是对摆脱自我中心，学会与他人共处起到了很重要的作用。另外，5～6 岁幼儿与成年人的交往更是一个幼小衔接工作的突破口。6 岁入学以后，儿童将独自与多名科任教师进行社会性交往，如果在入学前一年，家长或幼儿园教师没有对大班幼儿有意识地培养他们与成年人的社会交往能力，儿童入小学以后，与成年科任教师的社会交往也会存在诸多的障碍。为此，教师应多组织幼儿与成人的社会交往的活动，以游戏为载体活动形式，更能调动幼儿的积极性和主动性。对“采访”和“记者”，可能幼儿最多是从电视新闻上获知的，所以对“记者”了解不是很多。在本次活动中，大班幼儿通过讨论的形式交流自己对“记者”的认识以及对“记者”如何采访有所了解，更通过自己操作，运用表格的形式，加强对幼儿的“采访”能力的训练，让幼儿能够大胆用语言与成人进行表达，更好地促进幼儿社会交往能力的发展。

### （二）活动设计——我是小记者

**【活动目标】**

(1) 初步认识记者采访的基本流程。

(2) 学习主动、大胆地开展采访成人的活动，并记录自己的采访结果。

(3) 大胆用语言进行表达，乐意在集体面前交流。

**【活动材料】**

歌曲《中国小记者之歌》、自制记者证及话筒若干、照相机、小组记录表。

**【活动过程】**

1. 导入活动：歌曲导入

(1) 播放歌曲《中国小记者之歌》，了解记者工作。

师：你们知道这首歌说的是谁吗？那大家知道记者通常手里拿着什么吗？我们在哪里会看到记者呢？记者是做什么的呢？

(2) 引发幼儿对成人工作的关注，激起幼儿采访成人工作的兴趣。

师：除了记者，你还知道哪些人的工作？今天，我们大家就是一名小记者，来采访一下自己感兴趣的人吧！

2. 呈现环节：动作呈现

(1) 介绍采访的流程。

教师引导幼儿了解采访的流程为，确定采访对象（预约）—思考采访问题（列采访提纲）—开始采访—整理采访内容。

(2) 小组分工。

教师将幼儿分为3～5人一组，确定小组内扮演“记者”“记录员”和“摄影员”的成员，明确成员各自的分工。

(3) 示范采访过程。

教师邀请两名幼儿做示范，一位幼儿充当被采访者，一名幼儿充当摄像师。教师为幼儿讲解，要提前准备一些感兴趣问题，例如，你最喜欢什么动画片呢？在家里谁经常陪你做游戏呢？你最讨厌吃什么蔬菜呢？同时，教师分发小组记录表，请幼儿做好问题的记录。

3. 自主学习环节：讨论活动

(1) 共同讨论：我们要采访哪些人呢？他们是做什么工作的？他们的工作与我们有什么关系？

(2) 自由结伴讲述:怎么才能让大人高兴地接受我们的采访呢?

(3) 幼儿采访,教师做跟踪指导。

4. 活动展示环节:表达活动

(1) 个别讲述:说一说自己的采访情况,并分享采访成人的经验。

(2) 教师小结。

5. 结束环节

教师总结:小朋友们今天表现得都很棒,都能动动自己的小脑筋勇敢地表达自己的想法,也能和自己的小搭档合作完成任务,老师为你们感到骄傲!

**【活动建议】**

(1) 活动变式:延伸至美工区,请幼儿创作一幅关于采访情境的作品。

(2) 家园共育:幼儿回家后,和爸爸妈妈一起收看一期记者采访的栏目。

(三) 教学策略评析

本次活动主要通过讲解、讨论、体验三个环节来完成。

(1) 针对大班幼儿好奇、好问的特点,通过歌曲《中国小记者之歌》的导入,引发幼儿对成人工作的关注,激起幼儿采访成人工作的兴趣。教师为幼儿讲解记者采访的流程,为后面幼儿扮演"记者"的活动环节做好了铺垫。

(2) 与同伴讨论小组分工、设计提问、采访现场等学做小记者活动。明确采访的计划和任务,体验与同伴合作采访的乐趣。

(3) 幼儿体验记者的工作方式,不仅丰富了幼儿的社交方式,还尝试主动与成人交往、学习倾听和交流。在活动过程中,幼儿大胆地开展采访成人的活动,并记录自己的采访结果。在活动的展示环节,教师请幼儿讲述自己的采访情况,分享采访成人的经验,来增进幼儿与成年人的社会交往能力。

(四) 教学资料——《中国小记者之歌》

你有一双火眼金睛,善于捕捉光的信息,上天入地,探索奥秘,留住时光,留住记忆。你有非凡的洞察力,善于发现美的真谛,寻求真相,寻求真理,记录美好,见证奇迹。中国小记者,胸怀大天地,镌刻时光镌刻美,蓬勃有朝气。中国小记者,热情又洋溢,记录美丽中国史,感动十四亿。

## 趣味阅读:中华传统美德小故事

### 弦高救国

弦高是春秋时期郑国一个普通商人,以贩牛为业。有一次他到滑国去做生意,碰上刚从秦国来的老朋友蹇他。两个人一起吃饭时,弦高问道:"最近秦国有什么战事吗?"蹇他反问道："你还不知道吗？秦穆公任命孟明视为大将，挑选精兵三千，战车三百辆。大队人马已经出发将要偷袭郑国了！你最好赶快带自己的家人出去避难吧！"

弦高虽为普通百姓，却有一颗忠贞爱国之心。他对蹇他说："国家将要遭遇战乱，我不去设法救助，反而想着逃跑，日后有什么脸面回故乡呢？"于是，弦高一面派人骑快马日夜兼程，回国向郑穆公通报敌情，做好迎战的准备，一面打着犒劳秦军的旗号，选了十二头肥牛，又买了许多慰劳军队的礼品，来到秦军之处喊道："郑国使臣特来犒劳贵军，弦高求见主将！"

弦高的到来让秦国大将孟明视吃了一惊，就对部下说："我军千里跋涉，只为了出其不意，攻其不备，可以偷袭取胜。如今郑国已经知道我军的行动，看来已经做好了防御的准备。如果攻打他们，则城池坚固难以击破；如果围困他们，我们的兵力又不足，而且没有后继增援。现在滑国没有准备，不如袭取滑国，掳掠财物，也可以回报我们的主公。"于是，他们灭了滑国，随后带着战利品回国了。

就这样，弦高用一个小计谋，加上一点小花费，却办成了一件大事：挽救了自己的国家，避免了一场战争。

**启示与点评：**

在国家将遭受危难的时候，弦高挺身而出，割肉犒劳敌军，拖延敌军，最后吓跑敌军，有谋略家的智慧。在和敌人的交涉当中，他既客气温和，又坚决果断，有外交家的灵活。对于我们来说，遇事要冷静，开动脑筋，要有大局观，为国家利益着想，并找到更好的解决问题的办法，而不是惊慌失措，进退失据，自乱阵脚。

（资料来源：http://baijiahao.baidu.com/s?id=1678255015248415100&wfr=spider&for=pc）

### 锯树留邻贤者村

相传唐宋年间，独贤里村有一村民侯大，朴实憨厚，娶妻王氏，贤惠能干，膝下有女，年方七岁，乖巧伶俐。男耕女织，怡然自得。有一年，下义棠村民刘二因战乱携家带口逃难来到独贤里村，好心的侯大将其收留，让他住进自家隔壁空房，经常给予接济，刘二也常为侯家帮工种田。从此，侯、刘两家互帮互衬、和睦相处。花开花谢，转眼已到收获季节。侯家大院的枣树果实累累，为抢吃红枣，侯、刘两家孩子互不相让，反唇相骂，进而拳打脚踢。老实巴交的刘二看在眼里，急在心上，为不伤和气，竟悄悄地搬出了侯家大院。侯大得知消息后，捶胸顿足，一气之下把大枣树连夜锯倒，又将刘二全家请回侯家大院。从此，侯、刘两家相敬如宾，亲如一家。"锯树留邻"传为千古佳话。为颂贤者之德，遂改名贤者村（位于今山西省孝义市高阳镇）。

**启示与点评：**

从上面的故事可知，心中有"义"德，能够换位思考，可以让我们与他人和睦相处，不论是亲戚邻里，还是萍水相逢的陌生人，这是我们新时代应传承的优良传统。

（资料来源：http://new.qq.com/rain/a/20210701A07YDF00）

## 问题与实践

1. 儿童人际交往教育的理论基础是什么？
2. 人际交往教育的内容有哪些？
3. 开展人际交往教育活动的原则是什么？
4. 请你设计一个人际交往教育的活动方案。

# 第六章　学前儿童情绪情感教育活动

**内容导读**

随着儿童成长并不断学习社会行为规范，儿童的人际关系会更加复杂；他们的自我认识得到发展，社会性也就得到了发展。当儿童社会性得到发展时，其带有社会性的情绪情感从而产生和发展。因此，学前儿童情绪情感教育活动对儿童社会性发展发挥着不可或缺的作用。

## 第一节　学前儿童情绪情感教育概述

幼儿情绪情感教育对于促进幼儿社会性发展起着关键作用。那么，幼儿教育者首先应该对情绪情感教育有清晰的认知，才能在今后的活动中对幼儿情绪情感加以指导。本节我们将系统地学习学前儿童情绪情感的相关定义、学前儿童情绪情感教育发展、学前儿童情绪情感教育的意义，层层递进，以帮助学前教育工作者更加深入地了解学前儿童的情绪情感。

### 一、学前儿童情绪情感教育的内涵

#### （一）情绪情感的概念

儿童自出生就开始啼哭，得到生理满足之后就不再哭泣。随着不断成长，儿童在母亲和家人做出不断变化的鬼脸时会发出咯咯咯的笑声，接着，儿童学会了独立行走，与更多的人际交往，儿童会表现出喜悦高兴，有时忧愁悲伤，有时厌恶憎恨，有时激动愤怒……凡此种种，展示的都是儿童社会性发展的重要结果——情绪情感的出现和发展。

现代心理学把情感解释为对于客观事物，人的正常反应方式。客观事物能否符合个体需求是情感的形成原因，情感就是个体对客观现实的态度体验，其体现了个体需求与客观事物的关系[1]。在这里我们将情绪情感理解为人心理活动的一个重要侧面，即人对客观事物是否符合自身需要而产生的主观体验，期间伴随特定的生理反应和外部表现的心理活动过程。可以从三个方面理解情绪情感。

首先，情绪情感是主观体验，是个体对不同情绪情感的自我感受。可以理解为，情绪情感体验是只可意会不可言传的感受，每个人对同一件事物有自己的感受，独具个人色彩。其次，情绪情感是以个体的需要和愿望为中介的心理活动[2]。可以理解为，当我们的需求和愿望与某件事情产生联系时，才会出现情绪情感体验。但凡能够满足或符合人们的需要或愿望，人们就会产生积极的情绪情感体验。反之，则会出现消极的情绪情感体验。最后，情绪情感伴随一定的外部表现和内部的生理反应。一定的外部表现就是我们常说的表情，包括面部表情、手段表情、语言表情。表情不一定是外露的，只能够在一定程度上反映人们的情绪情感体验。由于情绪情感的复杂性，人们可以在内心无比愤怒而表面平静。内部的生理反应具体可以理解为呼吸加剧或减慢，瞳孔的扩大或缩小。

（二）情绪与情感的区别

情绪情感在日常生活中总是成对出现的，它们都是人们在日常生活中对某件事情产生联系时的一种主观体验。情绪情感之间虽然有着千丝万缕的联系，实则两者有着许多区别，作为教育者，可以从以下几个方面对情绪情感加以区别和认识。

首先，从产生的基础来看，情绪产生得较早，婴儿从出生就有了情绪，与生俱来，人与动物都有情绪。美国华生的实验发现刚出生的婴儿有三种：怕、怒、爱。婴儿一生下来就会哭就是最好的证明。而情感相较于情绪产生得较晚，是人类高级的心理过程，需要后天的培养和学习。情感与人的社会化有着密切的联系，情感是人处于一定的社会角色之下形成的对客观世界的态度，如理智感、美感、道德感等。

其次，从需要的角度来看，情绪与低层次的需要相联系，例如常见的喜、怒、哀、恐惧等。而情感与高级的社会需要相联系，是一种复杂的主观体验，例如当五星红旗冉冉升起时，生为中国人内心无比的激动和自豪，爱国主义情感油然而生。

再次，从两者的特性上来看，情绪持续时间较短，往往带有爆发性和情境性。情绪往往随着一种情景出现，片刻后情景消失这个情绪也会消失或减弱，例如当运动员夺冠时，会无比激动和兴奋，随着颁奖结束，运动员进入日常训练时，这种激动和兴奋也会随之消失或减弱。情感是一种一贯的态度，不受情境的影响，持续时间长，具有稳定性和深刻性。例如人们对于运动员夺冠为祖国争光的自豪感，是不会随着颁奖结束而消失或减弱的。

---

① 陈帼眉．学前心理学[M]．北京：人民教育出版社，2006：286-289.

② 鲁忠义，王德强．心理学[M]．北京：科学出版社，2018.

最后，从表现形式来看，情绪有较为明显的外部表现，即外显性，较容易被观察和注意到。例如当人们恐惧时，不由自主地会颤抖、呼吸急促，在极度紧张时还会出现呕吐的情况。情感则比较内隐，不容易被察觉。当情绪发生时，人们常常难以控制，而情感则处于人们的掌控之中。

### （三）学前儿童情绪情感教育的内涵

黄人颂认为情绪情感教育就是“关注人的情感层面如何在教育的影响下不断产生新质、走向新的高度，也是关注作为人的生命机制之一的情绪机制如何与生理机制、思维机制一道协调发挥作用，以达到最佳的功能状态”，[①]他将情感教育理解为教育层面下发挥情感机制的教育作用，让情感机制在教育过程中发挥统筹协调作用。吴坷认为情感教育是以教学要求为行为依据，教育者通过教学活动的方式来引导学生逐步转变自身的情感态度，用情感发展学生创造力的一种重要的教育方式，也是培养学生良好的道德行为、形成优质的道德教育艺术化形态的必由之路[②]。鱼霞强调，在开展情绪情感教育工作时，要对学生给予尊重，培养并提高学生的社会性情感品质，还要推动学生的自我情感调控能力的发展，使其对生活、学习及其附近的所有形成良好的情感体验，塑造健全、独立的个性以及人格[③]。徐玉容强调了情感教育和认知教育之间的联系和区别，认为在实施教育的过程中要将情感与认知融会贯通，但是情感教育在教育机制、教育方式、教育目标以及教育过程上与认知教育存在着显著差异。认知教育是通过传授知识的方式产生技能，旨在促进智力的发展，情感教育是以培养幼儿积极情感为主要目的，并与其相适应。[④]

结合相关研究，情绪情感教育的宗旨是促进人产生良好的人格特征，产生独立、健全的人格，实现学生的全方位发展，最终目标是帮助人形成健全独立的个性和良好的人格特征，在品德、智力、美感、体质等方面得到全面而完整的发展。它的实施途径是在教育过程中尊重和培养人的社会性情感品质，发展他们情感的自我调控能力，引导他们在学习、生活以及与周围的一切交往中产生积极的情感体验。它重点在于发展人的情感，并对人施加教育的影响。

通过对情绪情感教育内涵的理解，我们可以将学前儿童情绪情感教育理解为，幼儿教师以促进学前儿童全面发展为宗旨，结合儿童的年龄特点，利用周围一切的教育因素引起儿童积极的情感体验并发展儿童情绪控制能力，最终促进儿童社会性发展，形成完整独立人格的重要教育方式。

---

① 黄人颂．学前教育学[M]．北京：人民教育出版社，2003：385.

② 吴坷．情感教育[M]．北京：中国社会科学出版社，2012.

③ 鱼霞．基础教育新概念——情感教育[M]．北京：教育科学出版社，1999.

④ 徐玉容．幼儿园分享阅读中的情感教育研究[D]．成都：四川师范大学，2012：14.

## 二、学前儿童情绪情感教育的价值

郭沫若先生提出:“人的根本改造应当从儿童的情感教育、美的教育入手。一个人对父母、对同伴、对周围的人有了深厚的感情,才能服务于社会,立足于社会。”可见实施学前儿童情绪情感教育不仅对儿童个人发展有重要意义,而且对于社会发展起着非常重要的意义。那么对于学前教育工作者,掌握学前儿童情绪情感教育意义是非常关键的,接下来,我们将对学前儿童情绪情感教育的意义从个人和社会两个层面来展开。

### (一)情绪情感发展是幼儿全面发展的重要组成部分

心理学家鲁克曾指出“高水平的情感并非遗传的,是家长与教师培养儿童的结果。倘若忽略对儿童的情感教育工作,势必会导致一代人的生活的道德、情感回到原始的野蛮状态。”从中不难看出情绪情感的健康发展对儿童健康成长的重要作用。儿童全面发展是德智体美劳全方位协调的发展,那么情绪情感教育就是儿童全面发展的重要组成部分。《纲要》从健康、社会、语言、艺术、科学五大角度提出培养幼儿的教育目标,其中每个领域下都包含着培养幼儿良好积极的情绪情感的目标。例如在健康领域中提出身体健康,在集体生活中提出情绪安定、愉快,在社会领域提出乐意与人交往,学习互助、合作和分享,有同情心等。

### (二)学前期是情绪情感教育的重要时期

学前期是儿童身心迅速发展的关键时期,许多关键的能力发展都在学前期处于发展的关键时期,学前期亦是情绪情感发展的重要时期。

首先,学前期是幼儿脑发展的关键时期。戈尔曼在《情感智商(EQ)》一书中从大脑发展历程说明学前的关键期,“人脑先有情绪中枢,再慢慢发展出思维中枢”,情绪中枢围绕着脑干,又称为“边缘系统”;新皮质是思维之所在,情绪中枢在神经建构中起着关键的作用,对脑的功能产生重要影响。这说明脑是情绪情感发展的物质基础,儿童在3～6岁是脑组织发展的关键期也是情绪情感发展的关键期。

其次,情绪情感教育是环境影响和教育的结果。正如儿童情绪情感发展的特点是逐渐社会化、内容丰富化和深刻化,那么这些都不是单纯依靠遗传发展的,情绪调控能力的发展同认知能力的发展一样,是必须通过学习才能掌握的。当然,它们的学习过程不太相同。学前期的儿童好奇心强,乐于探索和学习,这时对儿童进行良好系统的情绪情感教育,对其今后的学习和社会化发展都有着不可代替的作用。

### (三)文明社会的建立呼唤情绪情感教育

我国自进入了全面小康的伟大历史新征程,对素质教育提出了全新的要求,那么良好系统的情绪情感教育就显得尤为重要，成长与发展是由情感、认识、行为三部分构成的，其中情绪情感是认识形成的内驱力，是衡量心理素质水平高低的金标尺，同时也是一种生命享用机制以及行为选择的重要评估机制。对于社会发展而言，建立完整系统的学前儿童情绪情感教育也是必然的。

## 第二节　学前儿童情绪情感教育活动的目标及内容

### 一、目标制定依据

在我国，《纲要》明确提出了幼儿教育的培养目标，其中关于情绪情感教育的内容是，让幼儿身体健康，在集体生活中情绪安定、愉快；建立良好的师生、同伴关系，让幼儿在集体生活中感到温暖，心情愉快，形成安全感、信赖感。能主动地参与各项活动，有自信心；乐意与人交往，学习互助、合作和分享，有同情心；能努力做好力所能及的事，不怕困难，有初步的责任感；喜欢参加艺术活动，并能大胆地表现自己的情感和体验。《纲要》概括了我国幼儿教育在促进幼儿情感发展方面的基本目标与任务，为幼教研究制定具体目标指出了方向①。《3～6岁儿童学习与发展指南》在健康领域中指出发育良好的身体、愉快的情绪、强健的体质、协调的动作、良好的生活习惯和基本生活能力是幼儿身心健康发展的重要标志。其中，把情绪安定愉快作为幼儿身心健康发展的重要目标之一。《幼儿园工作规程》强调幼儿园品行教育应重点进行情感教育。我国台湾地区的《幼儿园教保活动课程暂行大纲》中将课程分为身体动作与健康、认知、语文、社会、情绪、美感六大领域，把幼儿情绪的教育提升到领域层面加以突出强调。

2006年英国教育与技能部广泛征求意见，制定了《英国早期儿童基础教育指南0～5岁儿童学习发展和保育标准》。其中的评价内容、评价指标体系值得我们在幼儿情绪情感教育中借鉴学习。《英国早期儿童基础教育指南0～5岁儿童学习发展和保育标准》包含了三个基本核心领域，分别是个人、社会和情感发展，特别强调情感发展。评价内容非常注重幼儿社会性培养：社会交往与语言；身体发展；个人、社会和情感发展。在个人、社会和情感发展板块包括，帮助幼儿建立积极的自我认知和良好的他人认知；学习一定的沟通技巧，以及如何管理他们的情绪；理解集体中的恰当的行为；符合自我能力的自信。其中“管理情绪和行为”包括，幼儿可以讨论自己在活动中的情绪、自己和他人的行为、行为的后果；明确知道有一些行为是不可以做的。幼儿可以作为小组成员，理解遵守规则。幼儿根据环境和变化

---

①　幼儿园教育指导纲要(试行)解读[M]．南京：江苏教育出版社，2002．

调节自己的行为[①]。EYFS更加关注“社会交往和情绪”，强调幼儿在社会交往中自信心的建立体现在个人、社会和情感发展上。“帮助幼儿建立积极的自我认知和良好的他人认知；发展社会技巧，学习如何管理他们的情绪”[②]。

结合近年来教育界关注的“幼儿学习的关键经验”，即美国高宽课程中提出的儿童主动学习的关键经验，其中社会性和情感发展指出幼儿情绪情感教育活动应该包括九大内容。①自我认同感。培养幼儿积极的自我认同感，首先在日常活动中学会欣赏自己，爱护自己。②胜任感。通过各种活动让幼儿认识到自己的能力，善于发现自己的能力。③能够识别、归类和管理自己的情绪。④同理心。理解他人的情绪情感，学会安慰他人，展示出对他人的同理心。⑤共同体。鼓励幼儿积极参与集体活动，让幼儿感受集体活动的快乐，培养集体荣誉感。⑥建立人际关系，学会与教师和同伴友好相处，建立积极的人际关系。⑦合作游戏，乐于参与到合作游戏中。⑧道德发展，帮助幼儿形成内在的是非观。⑨冲突解决，解决社会性冲突。

结合我国特色，社会主义核心价值观融入幼儿情绪情感教育中，社会主义核心价值成为促进幼儿社会性发展的强大精神支柱和行动力量，社会主义核心价值观转化为幼儿强烈的情感认同[③]。在爱国的核心价值观中，让幼儿体会在日益强大、繁荣的祖国生活的幸福，使幼儿产生积极愉快且稳定的情绪情感。同时感受中国传统节日带来的积极情绪情感，培养幼儿强大的自我认同感；在民主的核心价值观中，让幼儿积极构建良好的同伴关系，发展儿童的社会性。在构建良好的社会关系的同时，培养幼儿的同情心、集体荣誉感。

## 二、各年龄班幼儿的活动目标

结合《纲要》和美国高宽课程中提出的儿童主动学习的关键经验中关于社会性和情感发展的相关内容，将学前儿童情绪情感教育活动目标总结如下。

### （一）小班幼儿情绪情感教育活动目标

（1）了解和认识自己的情绪情感，简单划分愉快和难过。

（2）乐于参与集体活动，在集体活动中感受快乐。

（3）在一日生活中发现自己的能力，从照顾自己的过程中体会成功。

（4）在游戏中，释放表达自己的情感，体会快乐、满足等积极的情绪情感。

---

① Statutory framework for the early years foundation stage-Setting the standards for learning, development and care for children from birth to five [EB/OL]. [2017-03-01]. https://www.gov.uk/government/uploads/sysem /uploads/attachment_data/file/596629/EYFS_STATUTORY_ RAMEWORK_2017.pdf.

② 耿薇．英国早期儿童基础教育指南（EYFS）（2017）述评［J］．科教文汇（中旬刊），2018（2）：114-117. DOI：10.16871/j.cnki.kjwhb.2018.02.049.

③ 习近平．决胜全面建成小康社会，夺取新时代中国特色谁主义伟大胜利——在中国共产党第十九次全国代表大会上的报告［EB/OL］．（2017-10-27）［2020-01-03］．http://www.moe.gov.cn/jyb_xwfb/xw_zt/moe_357/jyzt_2017nztzl/2017_ztll/17ztll_yw/201710/t20171031_317898.html.

(5) 在一日生活中，对教师产生正常的依恋感，乐于上幼儿园，逐步减少分离焦虑。

### (二) 中班幼儿情绪情感教育活动目标

(1) 进一步认识自己多样的情绪情感，在成人和教师的引导下合理发泄不良情绪情感。

(2) 乐于参加联合游戏，在游戏中积极讨论，初步培养集体荣誉感。

(3) 进一步认识自己，经常保持积极的情绪情感，有初步的自我认同感。

(4) 愿意把自己的情绪情感告诉亲近的朋友、教师和家长，积极分享愉悦和寻求安慰。

### (三) 大班幼儿情绪情感教育活动目标

(1) 充分把握自己的情绪情感，知道引起自己某种情绪情感的原因，自身努力缓解。

(2) 学会了解别人的情绪情感，培养幼儿的同理心，学会一定的安慰技巧。

(3) 在合作游戏中学会分工和协调，建立良好的社会性人际关系。

(4) 明辨是非，能够控制自己的不合理的情绪情感，初步发展幼儿的道德感。

(5) 随着场景和活动的变换，合理转换自己的情绪情感。

## 三、学前儿童情绪情感教育活动内容选择

根据学前儿童情绪情感教育活动的目标设置，参考《纲要》、社会主义核心价值观与中华优秀传统文化，可以将前儿童情绪情感教育的关键经验归纳为表 6-1 所示的几个方面。

**表 6-1　儿童情绪情感教育的关键经验**

| 主　　题 | 关 键 经 验 |
|---|---|
| 认识情绪情感教育 | (1) 体会不同的情绪情感，表达自己在不同的情绪情感状态下的感受。<br>(2) 明白在不同情绪情感下生理反应是正常的，能够接纳不同情绪情感下的自己，并且能够在平时的教育活动中，对自身的情绪情感进行简单的划分。<br>(3) 在简单划分情绪情感的基础上认识到多样的情绪情感，了解自己情绪情感变化的原因 |
| 同情心教育 | (1) 体会他人的情绪情感，利用绘本故事让幼儿能够设身处地，简单地表达如果是自己处于当时的环境，自己会有怎样的情绪情感体验，由己及人。<br>(2) 理解他人的情绪情感，培养同理心，能够在遇到矛盾时，站在他人的角度考虑问题。<br>(3) 学会一定的安慰技巧，在不断感受、理解他人情绪情感的基础上，能够理解和感受他人的痛苦和悲伤，渐渐地发展道德感，能够明辨是非 |
| 自尊和胜任感教育 | (1) 认识、了解自己，从了解自身的情绪情感入手，更细致地发现自己与环境的主客体的关系，在日常活动中学会欣赏自己，爱护自己，保护自己。<br>(2) 学会发现自身的长处，学会欣赏自己，并且能够和自己的短处和解，接受自己的小缺点，在此基础上发展幼儿的自尊。<br>(3) 乐于尝试、勇于尝试，在尝试中逐步获得胜任感，同时胜任感和自尊、自信相互促进，帮助幼儿形成完整人格 |

续表

| 主　　题 | | 关键经验 |
|---|---|---|
| 集体主义教育 | 集体荣誉感 | (1) 能够完成力所能及的任务,养成责任感与认真负责的态度。<br>(2) 游戏和一日生活活动中,学会分工合作的技巧,明白自己是集体的一员。<br>(3) 幼儿学会与不同的人交往和沟通的技巧,协调矛盾,维护班级荣誉。<br>(4) 乐于参加集体活动。为班级、家乡、祖国感到自豪和骄傲 |
| | 人际关系 | (1) 体会到集体生活中是充满爱和温暖的。帮助小班幼儿顺利地转移分离焦虑,将情感寄托转移到教师身上。<br>(2) 培养幼儿建立良好的同伴关系,乐于参与集体活动。<br>(3) 掌握一定的人际交往的技巧,学会与同伴、与教师沟通交流,用沟通的方式解决纷争和矛盾 |

需要注意的是,教师在选择关键经验时,应依据幼儿的年龄特点,将一些幼儿难以理解的抽象概念融入游戏、绘本故事、集体教育和个别教育中,使幼儿乐于参与其中,在潜移默化的一日生活中完成情绪情感教育,促进幼儿的社会性发展。发展幼儿良好的情绪情感不是一朝一夕,教师要注重为幼儿营造充满爱和温暖的情绪情感氛围。在整体的情绪情感氛围下,儿童潜移默化地学习和模仿。对各个年龄阶段的幼儿来说,都需要充满爱和关怀的情绪情感氛围,同时这样的环境也允许矛盾的存在,小班幼儿在观察教师如何处理矛盾时,理解他们和自己一样都是有不同的情绪情感。中班幼儿学会一定的沟通技巧,主动地协调沟通,构建良好的人际关系,热爱班集体。在一定矛盾的环境中,大班幼儿学会在自由宽松的情绪情感环境中分工合作,积极主动地构建良好的班级,培养幼儿的集体荣誉感。

## 第三节　学前儿童情绪情感教育的活动设计

情绪情感在幼儿身心健康发展中起着非常重要的作用,良好的情绪情感体验是幼儿身心健康全面发展的重要基础,情绪情感不仅会影响幼儿的认知过程和社会性的发展,还影响其今后健康人格的形成。良好的情绪情感能使一个人反应更加迅速,记忆力增长等。本节我们将以中班幼儿情绪情感教育活动——绘本故事《我不想生气》为线索,深入了解学前儿童的情绪情感教育活动的设计。

### 一、设计思路

情绪情感的发展对儿童的社会性发展具有奠基作用,幼儿在一日生活中不可避免地会遇到诸多情绪问题,由于其社会认知及情绪情感发展不足,使得他们往往不能采取恰当的方式认识、表达、调节情绪。幼儿园是对幼儿进行情绪教育的重要场所,可以尝试以情绪主题绘本为载体开展情绪教育活动。绘本通常是幼儿最喜闻乐见的教育方式，绘本色彩鲜艳，故事情节引人注意，以幼儿能够理解的方式，帮助幼儿从中学到知识，明白一些道理。《纲要》中提到的幼儿情绪情感方面的培养内容有，将“在集体生活中情绪安定、愉快”作为幼儿健康教育的首要目标；形成良好的师生、同伴关系，让幼儿在集体生活中感受到温暖、快乐，形成安全感、信任感；幼儿园在各个领域的教育都应促进幼儿情绪情感的发展。本节选取D园设计的一节情绪教育活动进行分析。D园是河北省武安市的优秀示范园，园所一直关注着幼儿情绪情感教育的发展，中2班的W老师就在一次活动中发现了幼儿情绪情感教育不是一朝一夕和死板说教能够起到显著效果的，故W教师在多次教学之后，选择绘本活动《我不想生气》来帮助中班幼儿进行情绪情感的认识、理解和表达。

## 二、活动目标设计

活动目标的制定应以幼儿发展水平和特点为依据，符合幼儿年龄特征，适宜幼儿的兴趣与需要，关注知识与技能、过程与方法、情感态度与价值观三维教育目标的体现。

将幼儿情绪情感教育活动融入绘本故事《我不想生气》中，让幼儿在体会故事语言魅力和发展幼儿表达能力时，促进幼儿进一步认识自己多样的情绪情感，在成人和教师的引导下合理发泄不良情绪情感；愿意把自己的情绪情感告诉亲近的朋友、教师和家长，积极分享愉悦和寻求安慰。本次教育活动以理解幼儿的个体差异，尊重幼儿的主体地位为前提。为此，D园教师组为此次教育活动设计了如下目标。

(1) 认知目标：了解生气时的身体反应，明白生气的坏处。

(2) 技能目标：正确表达自己生气的不良情绪，掌握一定的发泄生气的技巧，并学会向教师或家长寻求帮助。

(3) 情感目标：积极主动参与活动，感受积极愉快的情绪情感。

## 三、活动内容设计

### (一) 幼儿年龄特点

本次情绪情感教育活动设计的目的是促进幼儿情绪调节能力的提升，使幼儿更好地调节自身情绪，活动设计过程始终考虑到以上幼儿情绪表现特点。相对于小班幼儿来说，中班幼儿情绪情感的认识和理解发展水平虽高，但由于个体差异性的存在，每位幼儿的水平不同程度地存在着。因此，依据幼儿情绪情感辨识能力弱、情绪情感表达能力弱、情绪调控能力弱的特点，以这三方面为主要目标进行了丰富的活动设计，也采用了多样的教育教学方法策略。比如对中班幼儿情绪冲动性的特点，通过设置相应的讨论话题让幼儿各抒己见来分析情绪冲动的利弊并引导幼儿找到情绪发泄的良好策略；对中班幼儿情绪不稳定的特点，教师通过设置有趣的活动方式吸引幼儿积极参与并启发幼儿采用转移注意力的方式来忘记不愉快的事情；对中班幼儿情绪逐渐内隐的特点，通过设置活动引导幼儿将情绪表达出来，不要藏在心里，并以树立榜样和强化的方式帮助幼儿养成表达情绪的习惯。

（二）选材

在绘本故事中，跌宕起伏的故事情节、多彩且有趣的笔触让幼儿乐于投入绘本故事的阅读。同时在选择帮助幼儿认识生气和学会处理生气这种不良情绪的绘本时，教师需要注意不仅要关注绘本故事的绘画风格，更多的是要留意绘本故事是否能够给予幼儿一种积极的教育启示。通过和幼儿一起阅读绘本故事，幼儿能够从小主人公的经历中学习小主人公处理问题的方式，体会到小主人公的情绪变化；通过小主人公的表现勇敢表达出自己生气时状态。根据幼儿年龄特点和绘本选材的分析，D园W教师再依据活动的目标要求，选择了《我不想生气》绘本故事，通过生气这一特殊情绪来帮助幼儿认识自己情绪情感的多样性和合理控制这一不良情绪。

## 四、活动环境设计

幼儿情绪情感教育不局限于集体教学活动中，而是寓于一日生活之中。一日生活的点点滴滴都是对幼儿进行情绪情感教育的环节，其中环境就是一日生活教育中的重要教育“工具”。环境特指物质环境和精神环境，教育活动需配合良好的活动环境才能取得更好的教育效果。教师在设计活动环境时，应与活动目标相一致，突出幼儿年龄特点，遵循全面性、发展适宜性、幼儿参与性等原则进行。在D园中W老师特意在本班的主题墙上放置各种表情的图片（图6-1），并邀请本班幼儿一起参与主题墙的制作（图6-2），请幼儿画出各种表达“生气”的表情，让幼儿真正地融入环境教育中。

图6-1　情绪情感墙

图6-2　幼儿参与制作情绪情感墙

精神环境也是非常重要的，W老师十分注重培养幼儿协调和解决矛盾的能力，在日常生活中为幼儿营造宽松自由的情绪情感环境，允许矛盾的存在。在日常生活中鼓励幼儿大胆表达自己的情绪情感，引导幼儿思考为什么自己会出现这种情绪情感，将幼儿带入特定的情绪情感环境中，W老师多次组织幼儿进行角色扮演的游戏，尝试让幼儿独自解决矛盾和分歧，引导幼儿掌握一定的沟通技巧和疏导不良情绪情感的办法。

## 五、活动过程设计

教师在进行活动过程设计时，首先应具备目标意识，紧紧围绕目标开展活动。其次，要选择合理的教学方法，使教学形式丰富多样，能够吸引幼儿的兴趣。D园教师在此次活动中，设计了“提问导入—交流讨论—情境体验—经验扩展”这四个活动步骤来达到教学目标，并依据中班幼儿的心理特征，选择了绘本故事来帮助幼儿真正地理解生气这种不良情绪，并学会合理发泄不良情绪。具体活动过程（活动片段）如下。

（一）开始部分

（投影仪显示绘本扉页图画：生气的表情、动作）

师：小朋友们，今天老师带你们认识一个新的朋友，看它是谁？（拿出玩偶）

幼：小白兔。（大家异口同声）

师：对，是毛毛兔，仔细观察毛毛兔的动作和表情，猜猜它是什么心情？

幼：生气。（多数幼儿一致回答）

师：小朋友生气时会做什么呢？（唤起幼儿生活中的情绪体验）

幼1：我会大声尖叫，不管我在哪里。

幼2：不想说话，一个人待着。

幼3：我会噘嘴。

幼4：哭，我会哭。

幼5：我感觉自己要冒火了。

教师总结：生气是我们最常见的一种情绪情感，生气很正常的，我们生气时会表现出不开心的表情和身体动作，比如，刚刚我们提出的哭、噘嘴、一个人待着不想说话，等等，这都是生气的反应，那么我们来看看毛毛兔为什么在生气。

（二）基础部分

（投影仪显示绘本2～5页：生气的表现和原因）

师：毛毛兔生气后接下来发生了什么呢？一起来看下吧，毛毛兔生气时，它的肚子就好像一个快要爆炸的大火球；它的脚不停地踢啊、跺啊，连地球都被它跺得发抖了；它还不停地跑呀跑，一分钟也不休息。（教师边读边引导幼儿看图）

师：大家猜猜，毛毛兔会因为什么事这么生气呢？（引起幼儿经验）

幼3：跟朋友吵架。

幼4：跟爸妈吵架。

师：我好生气，因为有人笑话我（边讲述边引导幼儿看图），如果有人笑话你们，你们感觉怎样？

幼：生气。

师：刚盖好的城堡被人推翻了，真的好生气（边讲述边引导幼儿看图），城堡被人推翻，你感觉怎样？

幼：生气、难过。（有幼儿说难过）

师：为什么怪在我头上，这又不是我的错（边讲述边引导幼儿看图）。那怪你们，你们也会生气吗？

幼：会。

（投影仪显示绘本第3和第9页：情绪调节前后对比图）

师：我们一起来看一下毛毛兔现在身体里面有大火球吗？

幼1：没有了！

幼2：火球不在了。

幼3：毛毛兔看起来好多了。

幼4：毛毛兔不生气了。

幼5：大火球去哪里了？大火球不见了。

师：小朋友们都看得出来大火球不见了，有大火球时的毛毛兔和没有大火球时的毛毛兔会有什么不一样的吗？

幼1：没有大火球的毛毛兔我更喜欢。

幼2：没有大火球的毛毛兔，我觉得她更快乐。

幼3：看到没有大火球的毛毛兔，我也觉得很开心。

师：小朋友们观察得都非常细致，小朋友们都不喜欢有大火球的毛毛兔，所以说当毛毛兔生气时会让自己变得不开心，也会让周围的小朋友变得不开心。那么当我们生气时我们应该怎么做呢？我们来看一下毛毛兔是怎么解决的。

（三）结束部分

（投影仪显示绘本6～8页，毛毛兔调节情绪）

教师引导幼儿读图，读图过程中，如果出现幼儿读图困难或者对图画产生错误理解，教师及时引导，读图结束后，请幼儿进行回忆总结。

师：我们一起来数一下毛毛兔用了什么办法最后让生气的大火球从身体里跑出去，变得不再生气了。

幼1：买玩具。

幼2：看书。

幼3：找妈妈，跟妈妈说说。

幼4：一个人坐在床上玩积木。

幼 5:喝一杯水。

幼 6:去好玩的地方玩耍。

师:去哪里呢?

幼 6:去游乐场。

幼 7:去海边游泳。

幼 8:安静地躺在草地上。

师:毛毛兔的办法小朋友们觉得有用吗?

幼:有用。毛毛兔不再生气了。

师:那除了这些办法,小朋友在生气的时候都是怎么做的?

幼 1:深呼吸。(教师引导幼儿尝试着做深呼吸)

幼 2:聊天。

幼 3:找个喜欢的地方待一会。

幼 4:玩会儿玩具。

……

教师总结:对,你们说得真好,那小朋友们生气的时候可以深呼吸,找自己喜欢的活动转移注意力。如果到最后我们还是很生气的话,我们要主动找到老师和爸爸妈妈,告诉他们为什么自己会生气,我们在得到老师和爸爸妈妈的安慰后,再想想整件事情的经过,下次如果再发生类似的事情时,我们是否可以更好地沟通或者寻求帮助,来避免自己生气呢?那么我们一起来帮助毛毛兔吧,我们把这些好办法用图画的方式留下来,一起将这些方法张贴在主题墙上,在日常生活中如果我们生气了要向毛毛兔学习,将身体里的大火球赶走。

## 六、结语

对幼儿来说,情绪情感教育是至关重要的,不仅促进幼儿社会性发展,而且对幼儿身心发展都有非常关键的影响。但对于幼儿这一特殊的受教育群体和幼儿情绪情感发展的特点来说,单纯的说教和照本宣科都很难起到良好的效果,像 W 老师所说,之前单纯地给幼儿提出“生气时要学会合理发泄,不可以做伤害小朋友的事情”的要求,幼儿根本无法代入事情情节,而在生气时又不能想到老师的要求,效果聊胜于无。本案例结合绘本故事《我不想生气》,从毛毛兔的视角引导幼儿从生活中更进一步认识到了生气时自己的表现,自己为什么会生气以及在生气时应该如何调节自己。最后,W 老师延续了课堂活动,将情绪情感教育深入家庭环境中去,使幼儿情绪情感教育活动得到了统一稳定的教育环境,满足了幼儿情绪情感教育活动的长期性和潜在性要求。在本次教学活动之后,W 老师表示本班的幼儿在进行区角活动发生冲突时,能够在自身生气的时候不大吼大叫和动手推搡,幼儿能够正确地表达自己生气的情绪，和朋友沟通协调，用自己的方式合理地解决纷争和发泄生气的不良情绪。

## 趣味阅读：中华传统美德小故事

### 负荆请罪

蔺相如是春秋战国时期赵国的大臣，他很有见识和才能。在“完璧归赵”“渑池相会”两次外交斗争中，捍卫了赵国的尊严，地位在名将廉颇之上。这使廉颇很不服气，他对别人说：“我廉颇攻无不克，战无不胜，为赵国立下了赫赫战功。蔺相如不过是凭一张嘴巴说说而已，有什么了不起，反而爬到我的头上。有机会我一定要羞辱他一番。”蔺相如听说后，尽量不跟廉颇会面，每次出门，避开廉颇，有时甚至装病不去上朝。有一次蔺相如外出，远远看见廉颇的车马迎面而来，连忙叫车夫绕小路而行。蔺相如手下的人对他这样卑躬让步的做法感到委屈，纷纷要求还乡。蔺相如执意挽留，并耐心地向他们解释说：“诸位认为廉将军和秦王相比，哪个厉害？”众人都说：“当然廉将军不及秦王了。”蔺相如说：“对啦，天下的诸侯个个都怕秦王，可是为了赵国，我敢在秦国的朝廷上斥责他，怎么会见到廉将军反而害怕了呢？你们的心情我是理解的，可是，你们想过没有，强大的秦国之所以不敢攻打赵国，就是因为赵国有我和廉将军两人的缘故。如果两虎相斗，势必两败俱伤。我不计个人恩怨，处处让着廉将军，是从国家的利益着想啊。”听了这番话，大家都消了气，打消了告辞还乡的念头，反而更加尊敬蔺相如了。

后来，有人把蔺相如的话告诉了廉颇，廉颇大受感动，惭愧万分，觉得自己心胸竟然如此狭窄，实在愧对蔺相如，决心当面请罪。一天，他脱下战袍，赤身背着荆条，来到蔺相如的府第，跪在地上，老泪纵横，泣不成声地对蔺相如说：“我是一个鄙陋的粗人，见识浅薄，气量短小，没想到您对我竟这么宽容大量，我实在无脸见您，请您用力责打我吧！就是把我打死了，我也心甘情愿。”蔺相如见到这情景，急忙扶起廉颇，两人紧抱在一起。从此两人消除了隔阂，加强了团结，同心协力保卫赵国，强大的秦国更加不敢轻易地侵犯赵国了。

**启示与点评：**

蔺相如对廉颇的谦让是一种“礼”，胸怀宽广，不计个人恩怨，维护国家利益。廉颇的惭愧也是一种“礼”，敢于承认错误，负荆请罪。在我们的生活和工作中，要谦和有礼，搞好团结，共同进步。

（资料来源：http://baike.baidu.com/item/%E8%B4%9F%E8%8D%86%E8%AF%B7%E7%BD%AA/820512）

### 宋濂守约

宋濂小时候喜欢读书，但是家里很穷，没钱买书，只好向别人借，每次借书，他都讲好期限，按时还书，从不违约，人们都乐意把书借给他。

一次，他借到一本书，越读越爱不释手，便决定把它抄下来。可是还书的期限快到了。他只好连夜抄书。时值隆冬腊月，滴水成冰。他母亲说："孩子，都半夜了，天气寒冷，天亮再抄吧，人家又不是等着书看。"宋濂说："不管人家等不等这本书看，到期限就要还，这是信用问题，也是尊重别人的表现。如果说话做事不讲信用，失信于人，怎么可能得到别人的尊重？"

又一次，宋潇要去远方向一位学者请教，并约好见面日期，谁知出发那天下起鹅毛大雪。当宋濂挑起行李准备上路时，母亲惊讶地说："这样的天气怎能出远门呀？再说，老师那里早已大雪封山了。你这一件旧棉袄，也抵御不住深山的严寒啊！"宋濂说："娘，今天不出发就会耽误拜师的日子，这就失约了。失约，就是对老师的不尊重。风雪再大，我都得上路。"

当宋濂到达老师家里时，老师感动地称赞说道："年轻人，守信好学，将来必有出息！"

**启示与点评：**

宋濂守约的故事告诉我们，在允诺他人一件事以后，不管有多大的困难，也要信守诺言，绝不失信于人。在当代，这不仅是个人守信的问题，也有利于诚信社会的建设。

(资料来源：http://m.163.com/dy/article/FGFLKOIS05450NFZ.html)

## 问题与实践

1. 学前儿童情感教育内容有什么？
2. 学前儿童情绪情感教育的价值体现在哪些方面？
3. 怎样以幼儿感兴趣的方式来促进幼儿情绪情感发展？
4. 请你围绕中班儿童的情绪情感的发展特点，设计一个有趣的活动并写出活动方案。

# 第七章　学前儿童社会教育特色思政课程的构建

## ——以社会主义核心价值观主题教育活动为例

### 内容导读

《纲要》中明确指出“学前时期是儿童终身教育的基础阶段，幼儿园教育作为基础教育的关键一环，影响幼儿一生的身心全面健康成长”。本章借鉴相关理论，依据幼儿园课程设计的过程，从目标厘定、内容设计、活动方式三个方面，探讨社会主义核心价值观融入学前儿童社会教育特色课程的构建。

## 第一节　社会主义核心价值观主题教育活动概述

### 一、社会主义核心价值观的内涵

价值观即社会民众看待世界的方法和态度，是一种社会意识。核心价值观是被社会民众广泛接受的，在价值观体系中占权威主导地位的价值理念。学者田海舰、戴沐指出，社会主义核心价值观是社会谋求稳步和谐发展必须遵守的基本价值规范，在社会价值体系中居核心统治地位[①]。

社会主义核心价值观被广泛认为是在建设中国特色社会主义过程中所构建和践行的价值目标、取向、准则以及规范的总体。24 字基本内容将公民、社会和国家三个层面的价值理念构成为有机的统一体，是实施社会主义核心价值观所必须遵守的基本原则，是中国特色社会主义现代化建设的重要内容之一。

“富强、民主、文明、和谐”国家层面的价值内涵，与我国的发展息息相关。“富强”包括国家强大和人民幸福两方面，是社会主义建设的职责、基本目标和要求；“民主”则指社会主义民主，即坚持党的领导、人民当家做主、依法治国；“文明”是社会进步的标志，广义的文明泛指人类进

---

① 田海舰，戴沐．社会主义核心价值观初探[J]．道德与文明，2007(1)：63.

步的所有成果，狭义的文明指与人类生活有关的方方面面；“和谐”即社会的和谐，是社会经济、政治、文化、生态的统筹协调发展，包括人与自然、人与社会、人与人之间的友好和谐相处。

“自由、平等、公正、法治”社会层面的价值内涵，与社会建设紧密相连。“自由”即实现人的自由全面发展；“平等”是社会公民最基本权利，指人与人之间的平等；“公平”即公平正义，是在处理利益关系中，所享受权利和承担义务协调统一；“法治”即遵纪守法，维护社会秩序，法律面前人人平等。

“爱国、敬业、诚信、友善”个人层面的价值内涵，是对每一名公民提出的要求。“爱国”是我们对所生存国家的依赖和报效之情，热爱国家，自觉承担建设祖国的责任；“敬业”指对所从事工作的责任感和严谨负责的职业态度；“诚信”即诚实守信用，是道德建设的基础，是做人做事应坚守的基本底线和准则；“友善”即仁善慈爱，指公民以爱的态度面对自然、社会和他人，与自然和谐相处、维护社会的仁爱和平、与他人友好和睦。

## 二、社会主义核心价值观与学前儿童社会教育

2012 年，党的十八大报告中明确强调“要深入开展社会主义核心价值体系学习教育，用社会主义核心价值体系引领社会思潮，凝聚社会共识。”报告中提出：“要倡导富强、民主、文明、和谐，自由、平等、公正、法治，爱国、敬业、诚信、友善的社会主义核心价值观。”中央办公厅印发的《关于培育和践行社会主义核心价值观的意见》强调：“坚持育人为本、德育为先，围绕立德树人的根本任务，把社会主义核心价值观纳入国民教育总体规划”①。党的十九大报告明确提出，培养担当民族复兴大任的时代新人，要以培育和践行社会主义核心价值观为着眼点和立足点。党的十九大报告对党的教育方针做出了最新表述，即“落实立德树人根本任务，发展素质教育，培养德智体美全面发展的社会主义建设者和接班人”②。习近平总书记在 2018 年全国教育大会上强调要把“立德树人”作为教育的根本任务，将“立德树人”融入国民思想道德教育、文化知识教育、社会实践教育各环节③。党的二十大报告强调：“广泛践行社会主义核心价值观。”社会主义价值观成为当代中国坚定文化自信、建设文化强国的价值引领。④ 由此可见，社会主义核心价值观已纳入国民教育的总体规划中，因此，在幼儿园开展社会主义核心价值观教育刻不容缓。

幼儿的健康成长需要正确的价值观引导，通过多项价值观教育实践活动，幼儿亲身参与其中，萌生对社会主义核心价值观的情感认同，理解社会主义核心价值观融入教育的必要性，逐步开始自觉遵守社会主义核心价值观的相关要求。通过社会主义核心价值观嵌入

---

① 中共中央办公厅.《关于培育和践行社会主义核心价值观的意见》[N]. 人民日报，2013-12-24(1).

② 习近平. 决胜全面建成小康社会夺取新时代中国特色社会主义伟大胜利——在中国共产党第十九次全国代表大会上的报告[N]. 人民日报，2017-10-28(1).

③ 习近平. 在全国教育大会上的重要讲话[N]. 人民日报，2018-09-10(1).

④ 储朝晖. 用社会主义价值观铸魂育人[N]. 光明网，2023-02-02.

学前儿童社会教育，可以帮助幼儿形成社会所需要的正确价值观念，遇事能做出正确的价值选择，同时还可以增强自我的政治意识，提升政治认同，时刻把握正确的政治方向，成为社会主义事业合格的接班人。这对于国家、社会以及个人是一个多方共赢的局面，是社会主义核心价值观"内化于心，外化于行"的最佳成果。

将社会主义核心价值观融入学前教育包含个人品格、社会意识、国家情怀三个模块，三大模块分别对应儿童的科学、社会、语言、健康和艺术文化等几个领域的教育，同时建构中华优秀传统文化融入学前教育的儿童发展价值、相应教育目标、资源开发与整合、课程组织与实施以及相应的案例体系等。

## 第二节　社会主义核心价值观主题教育活动的目标厘定

社会教育作为学前儿童教育的重要组成部分，是以增进幼儿的社会认知、激发幼儿的社会情感、引导幼儿的社会行为为主要内容的教育，是促进幼儿个性、社会性发展的重要手段。我国的教育目的是培养体、智、德、美全面发展的社会主义建设者和接班人，教育目的同时体现为儿童的发展和社会服务两方面的规定性。

### 一、社会主义核心价值观融入幼儿园教育活动的总目标

社会主义核心价值观融入幼儿园教育活动的目标应与幼儿园园本课程目标相契合，同时善于变通，根据幼儿的发展、教师、家长以及幼儿园的实际情况进行灵活调整。使社会主义核心价值观融入幼儿园教育活动目标可操作性强、完成度高，进而实现对幼儿发展、教师素养提高、幼儿园课程资源丰富的超越。

（一）国家层面的教育目标

从国家层面分析，"富强、民主、文明、和谐"是我党为之奋斗的价值目标，是当代中国社会发展的必然选择，也是全体社会成员强烈追求的价值目标。在日常生活中，不断发展幼儿适应社会生活的能力，培养文明意识、引导幼儿与人、社会以及自然友好和谐相处。

社会主义核心价值观国家层面的教育目标应该让幼儿了解家乡、祖国的发展变化，表达对祖国的热爱之情；感受幸福，了解幸福，树立初步的幸福观，知道勤劳努力能创造幸福美好的生活，愿意为祖国的强大发展贡献自己的力量。培养幼儿的独立能力。让幼儿形成良好的生活习惯，懂得勤俭节约，讲文明礼貌，教育幼儿说文明语，做文明人。在种植、采摘、照料等直接体验活动中，培养幼儿对自然与生命的崇敬与爱心，提高幼儿的环保意识，知道人与自然、人与社会、人与人之间要和谐相处。

（二）社会层面的教育目标

从社会层面分析，“自由、平等、公正、法治”的价值理念是我党不断努力的价值目标。这个价值目标始终写在社会主义建设的旗帜上，在我国的社会主义制度中，人民当家做主，人民是社会的主人，这是马克思主义实现人的全面发展的终极目标。所以，应培养幼儿的独立意识，引导幼儿自主协调解决问题、了解公平的含义、知道规则的重要性。

从社会主义核心价值观社会层面的教育目标来说，要培养幼儿的自由全面发展，该目标的实现是以幼儿各方面教育目标的实现为前提的。在教育活动中注重发展幼儿自我探索的能力，注重幼儿学习方法的培养，让幼儿在获得知识、技能的同时理解、掌握学习的过程和方法。懂得每个人都是独立的个体，学会爱护自己，爱护他人，爱护自然。引导幼儿自主协商解决遇到的问题，掌握交往技巧，明白与人为善的好处，了解遵守规则的重要，初步认识公平的观念；有基本的是非判断能力，不随便拿别人的东西，借别人的东西要及时归还；懂得保护自己，提高自我保护意识。

（三）个人层面的教育目标

从个人层面分析，“爱国、敬业、诚信、友善”的价值理念是全体社会成员应遵循的基本道德规范。爱国主义的精神应深深地渗透到每一个中国人的血脉之中，敬业、诚信、友善是全体社会成员所必须具备的个人道德品质，所以应从幼儿期培养孩子热爱祖国、热爱劳动、诚实守信、与人为善的优秀品格。

从社会主义核心价值观个人层面的教育目的来看，应培养幼儿爱家乡、爱人民、爱本民族文化的情感，奉献祖国民族认同感。社会主义核心价值观融入幼儿园教育活动，培养幼儿爱国主义情感，激发儿童的民族自信心、自豪感，通过营造轻松愉悦的学习情景激发儿童师幼平等、同伴之间平等的情感体验，最终达到知情意行的统一。培养幼儿的生活自理能力，通过参与劳动，体会丰收的喜悦，养成热爱劳动的良好品德，培养幼儿的责任意识；培养幼儿面对困难不退缩，勇敢坚持面对的优秀品质。教育幼儿为人诚实讲信用，具有初步的是非判断力，不说谎，不欺瞒，说话真诚，待人真实，说到做到，知道诚实守信是中华民族的传统美德。关心同学，乐于助人，在集体活动中与同伴友好相处，尊重他人，喜欢与他人一起游戏。在与人交往中体验积极、愉快的情感。

## 二、各年龄阶段目标

依据马克思主义人的全面发展、习近平新时代教育观、相关教育文件的要求、幼儿以及教师实际情况设计活动目标（表 7-1），目标设计体现三维目标，且在三维目标设计中都融入了社会主义核心价值观相关教育理念（表 7-2）。

**表 7-1　幼儿园社会主义核心价值观教育各年龄段活动目标**

| 层次 | 关键词 | 小　班 | 中　班 | 大　班 |
|---|---|---|---|---|
| 个人维度 | 爱国 | (1) 知道自己和家庭成员的关系,体会到自己是家庭的一员。<br>(2) 知道自己的家乡,并能说出自己家所在地的省、市、县(区)名称。<br>(3) 在老师的引导下,了解中国传统节日,知道祖国的含义;能口齿清楚地说出与教师节、中秋节、祖国有关的儿歌、童谣。<br>(4) 在老师的引导下,认识国旗、知道国歌。<br>(5) 培养幼儿热爱家乡的情感 | (1) 知道和自己一起生活的家庭成员之间的关系,明白自己是家庭的一员。<br>(2) 能够说出自己家乡的地理位置、风土人情及家乡的美食。<br>(3) 理解教师节、中秋节、祖国的内涵;能基本完整地讲述和教师节、中秋节、祖国有关的见闻。<br>(4) 理解国庆节、重阳节的内涵,知道自己是中国人,奏国歌、升国旗时能自动站好。<br>(5) 培养幼儿热爱民间文化及爱家乡的情感 | (1) 能自觉喜爱并爱护家乡的风景,能做一些简单的家乡特色食物。<br>(2) 理解中国传统节日、祖国的内涵,并能表达自己的想法;能有序、连贯、清楚地讲述与中国传统节日祖国有关的事情。<br>(3) 理解传统节日的内涵,并能表达自己的想法;知道自己的民族,知道中国是一个多民族的大家庭;知道国家的一些重大成就,爱祖国,为自己是中国人感到自豪。<br>(4) 培养幼儿的审美情趣和热爱祖国的情感 |
| | 敬业 | 喜欢承担一些小任务 | 敢于尝试一些有难度的活动 | (1) 能主动保持良好的生活和卫生习惯。<br>(2) 知道春天是播种劳动的季节,能使用简单的劳动工具或用具,尊重劳动成果。<br>(3) 能主动发起活动,并在活动中出主意、想办法 |
| | 诚信 | 通过故事渗透,知道诚实守信的含义,了解说谎会给自己和他人带来不良后果,应该做诚实的人 | 知道诚信的重要性,做诚实的孩子,做错事情能主动道歉,不说谎 | (1) 懂得做一个守信用的人,答应别人的事要做到。<br>(2) 感受到守信用对人际交往的重要性,体验守信用给自己和他人带来的愉快 |
| | 友善 | (1) 愿意和小朋友一起游戏。<br>(2) 知道周围生活中基本的礼仪,懂得尊重谦让,与同伴友好相处 | (1) 喜欢和小朋友一起游戏,有经常玩的小伙伴,会关心尊重他人。<br>(2) 喜欢和大家一起游戏,能和大家分享喜欢的东西。<br>(3) 知道周围生活中基本的礼仪,知道尊重谦让,与同伴友好相处,并能用艺术化的方式表达“礼” | (1) 有自己的好朋友,愿意结交新朋友,并能与人友好相处。<br>(2) 愿意和大家分享有趣的、高兴的事。<br>(3) 知道周围生活中的礼仪,能够尊重谦让,与同伴友好相处,并能用多种艺术化的方式表达“礼” |

续表

| 层次 | 关键词 | 小班 | 中班 | 大班 |
|---|---|---|---|---|
| 社会维度 | 自由 | (1) 在成人的提醒下，具有基本的生活自理能力。<br>(2) 喜欢听儿歌、听故事、听音乐，在成人的指导下，能够用身体做一些简单的律动。<br>(3) 了解体态美，在成人的提醒下，可以保持写、画、走、站等姿势正确，可以用身体动作展现和模拟生活情景 | (1) 具有基本的生活自理能力。<br>(2) 对线条感兴趣，并对线条有一定的认识，能够运用多种多样的线条进行艺术创作。喜欢音乐、舞蹈等艺术作品，在成人的指导下，能够自信地表演 | (1) 具有基本的生活自理能力，并能承担一些小任务。<br>(2) 能用儿歌、音乐和简单的律动等来表现自己的情绪或故事情节；能为表演选择合适的服装和道具，并动手参与制作和布置；能初步感受文学作品中的美，对古诗感兴趣，并能参与诗歌讨论。<br>(3) 认识体态美的重要性，可以经常保持良好的身体形态，可以根据律动、舞蹈等展现自己的身体动作 |
| | 平等 | 能够在成人的指导下发现同伴的长处，知道互相学习 | 体验竞争的快乐，知道胜不骄败不馁 | 愿意参加竞技类活动，感受公平竞争 |
| | 公正 | (1) 可以友好地与同伴进行游戏。<br>(2) 与同伴产生冲突时，可以听从成人的劝解 | (1) 有与同伴交往的正确技巧，愿意接受同伴的意见。<br>(2) 在他人的帮助下可以合理地解决冲突 | (1) 能够吸引同伴一同游戏，可以共同解决游戏过程中的困难和问题。<br>(2) 能够接受别人不同的意见，并可以通过协商来解决同伴矛盾 |
| | 法治 | 能够区分生活中文明与不良的行为，在提醒下能遵守交通规则和秩序，遵守公共场所的文明准则等 | 能够区分出行中文明与不良的行为，能自觉遵守交通规则和秩序以及公共场所的文明准则等 | (1) 在图书馆等公共场所可以保持安静。<br>(2) 能够区分出行中文明与不良的行为，能主动遵守交通规则和秩序以及公共场所的文明准则等，并能提醒他人 |
| 国家维度 | 富强 | 初步感受中华民族是礼仪之邦 | 能基本完整讲述与祖国有关的相关见闻 | (1) 初步了解家乡的历史，能感受到家乡的发展变化并为此感到高兴。<br>(2) 知道国家的一些重大成就，为自己是中国人感到自豪。<br>(3) 知道国家的强大是需要大家一起努力奋斗的，愿意为实现理想而努力 |

续表

| 层次 | 关键词 | 小　　班 | 中　　班 | 大　　班 |
|---|---|---|---|---|
| 国家维度 | 民主 | 喜欢参加集体活动，并感到愉悦 | 喜欢参加集体活动，并能在集体活动中表达自己的想法 | 接纳、尊重与自己生活方式或习惯不同的人 |
| | 文明 | (1) 懂得基本的社交礼仪，不经允许不拿别人的东西，爱护玩具、图书和其他物品。<br>(2) 在成人的提醒下，具有良好的生活和卫生习惯；有规律的生活，养成良好的作息、饮食习惯。<br>(3) 对长辈说话有礼貌 | (1) 了解并遵守基本的社交礼仪，可以主动使用礼貌用语。<br>(2) 有规律的生活，养成良好的作息、饮食、卫生习惯。<br>(3) 会用礼貌的方式向长辈表达自己的要求和想法。<br>(4) 知道各项礼仪行为，并逐渐养成礼仪习惯 | (1) 认识良好的社交习惯及其重要性，并在社会生活中坚持下去。<br>(2) 有规律的生活，养成良好的作息、饮食、卫生习惯。<br>(3) 知道各项礼仪行为，并自觉养成礼仪习惯 |
| | 和谐 | (1) 对幼儿园的生活好奇，喜欢上幼儿园。<br>(2) 喜欢参加家庭活动。<br>(3) 喜欢接触自然，对周围的事物和现象感兴趣，能够认识常见的动植物，认识天气 | (1) 能较快适应班级环境的变化和班级内人际关系的变化，喜欢参加群体活动。<br>(2) 喜欢与自己的家人在一起，积极参加家庭活动。<br>(3) 喜欢接触自然，对周围的事物和现象感兴趣，并能对感兴趣的事物进行仔细的观察 | (1) 能较快地融入新的环境和班级内人际关系的变化，在群体活动中积极、快乐。<br>(2) 愿意为家人做一些力所能及的事情并感到高兴。<br>(3) 了解季节的变化，能够感知春天动植物的变化和春天的美，并乐于收集和分享美的事物，珍惜生命，保护环境 |

**表 7-2 幼儿园社会主义核心价值观教育个人层面年龄段三维活动目标**

| 维度 | 小班 | 中班 | 大班 |
|---|---|---|---|
| 知识与技能 | (1) 知道并能说出自己家乡的名称。<br>(2) 了解祖国及节日的含义。<br>(3) 认识知道国歌国旗等。<br>(4) 愿意和小朋友一起游戏等 | (1) 知道自己与家庭成员之间的关系。<br>(2) 知道家乡地理位置、风土人情,体会家乡美。<br>(3) 理解并能完整讲述祖国有关见闻。<br>(4) 喜欢和大家一起游戏,能和大家分享喜欢的东西。<br>(5) 知道周围生活中基本的礼仪,知道尊重谦让,与同伴友好相处等 | (1) 能自觉爱护家乡的风景并简单做一些家乡特色食物。<br>(2) 理解中国传统节日的内涵,能连贯、有序、清楚地讲述自己的见闻。<br>(3) 知道自己的民族,知道自己的民族是一个大家庭,知道并能说出祖国的一些成就。<br>(4) 知道周围生活中的礼仪,能够尊重、谦让,与同伴友好相处等 |
| 过程与方法 | (1) 培养生活自理能力,喜欢承担一些小任务。<br>(2) 通过故事渗透,知道诚实守信的含义等 | (1) 知道自己是中国人,升国旗时能自动站好。<br>(2) 培养独立动手能力,敢于尝试一些有难度的活动等 | (1) 能主动保持良好的生活和卫生习惯。<br>(2) 知道春天是播种劳动的季节,能使用简单的劳动工具或用具,尊重劳动成果。<br>(3) 能主动发起活动,并在活动中出主意、想办法。<br>(4) 有自己的好朋友,愿意结交新朋友,并能与人友好相处等 |
| 情感与态度 | (1) 知道自己是家庭的一员,培养爱家乡、爱祖国的情感。<br>(2) 了解说谎会给自己和他人带来不良后果,应该做诚实的人。<br>(3) 知道周围生活中基本的礼仪,懂得尊重、谦让,与同伴友好相处等 | (1) 培养幼儿热爱民间文化及爱家乡的情感。<br>(2) 知道诚信的重要性,做诚实的孩子,做错事情能主动道歉,不说谎。<br>(3) 喜欢和小朋友一起游戏,有经常玩的小伙伴,会关心、尊重他人等 | (1) 爱祖国,为自己是中国人感到自豪。<br>(2) 培养幼儿的审美情趣和热爱祖国的情感。<br>(3) 懂得做一个守信用的人,答应别人的事要做到。<br>(4) 感受到守信用对人际交往的重要性,体验守信用给自己和他人带来的愉快等 |

## 三、社会主义核心价值观主题教育活动的主题目标

幼儿园社会主义核心价值观主题教育活动目标在设置时需要注意以下几点。

第一，在设计主题教育活动目标时应关注知识与技能、过程与方法、情感与态度三维教育目标的体现。例如，以核心词“爱国”开展《我爱我的祖国》主题教育活动。首先，知识与技能方面的目标确定为，认识地图，初步了解祖国的地理位置、重大成就以及祖国著名的人文历史；了解祖国文化，并能对自己的所见所闻进行恰当表述等。其次，过程与方法目标确定为，通过创设采访情景，培养幼儿对中国汉字和文学作品的兴趣，了解祖国文化的同时培养幼儿的语言表达能力、拓展经验、丰富认知；通过绘画、手工、音乐等方式发展幼儿的思维能力，培养幼儿的表达力和创造力。最后，态度与价值观目标确定为，热爱祖国，对祖国产生强烈的认同感和自豪感。

第二，要根据幼儿的年龄特征和规律设置不同主题教育活动目标。3～4 岁小班幼儿只能掌握日常生活中的具体概念，如简单的数概念，以自我为中心，助人行为开始萌发，自控以及辨别是非能力差，出现合作行为；4～5 岁的中班幼儿思维的具体形象性最为突出，理解能力增强，有强烈的好奇心和求知欲，具备一定的是非判断力，喜欢表现自己，参加并享受各种能表现自己的活动，在与同伴交往中，懂得分享快乐，增进人与人之间的关系；5～6 岁的大班幼儿抽象逻辑思维开始萌发，能够简单理解一些事物的因果关系，有一定的生活自理能力，能根据规则控制自己的行为，爱学，好问，有强烈的求知欲，喜欢主动与周围人交往，情绪体验丰富。

例如，以核心词“民主”开展《我的班集体》主题教育活动。对小班幼儿来说，其目标设置应主要突出以下几点：一是喜欢参加集体活动，并感到愉悦；二是了解多数与少数的概念，并能进行比较；三是能够区分生活中文明与不良的行为，在提醒下能遵守交通规则和秩序，遵守公共场所的文明准则等；四是在成人的提醒下，具有良好的生活和卫生习惯；五是适应幼儿园生活，对周围事物、现象感兴趣，能用表情、语言、动作等表达自己的情感。对中班幼儿来说，主题活动目标设置应着重突出以下几点：一是喜欢参加集体活动，并能在集体活动中表达自己的想法；二是有规律的生活，养成良好的作息、饮食、卫生习惯；三是能较快适应班级环境的变化和班级内人际关系的变化，喜欢参加群体活动；四是有与同伴交往的正确技巧，愿意接受同伴的意见，在他人的帮助下可以合理地解决冲突。对大班幼儿来说，其主题活动目标设置应具体突出下几点：一是接纳、尊重与自己生活方式或习惯不同的人；二是知晓良好的社交习惯及其重要性，并在社会生活中坚持下去；三是能较快地融入新的环境和班级内人际关系的变化，在群体活动中积极、快乐；四是理解民主的概念和意义，学会一定的解决问题的方法。

# 第三节　社会主义核心价值观主题教育活动的内容选择

## 一、社会主义核心价值观主题教育活动内容的选择依据

社会主义核心价值观融入幼儿园教育活动方案设计内容应贴近幼儿生活，与幼儿园原有课程契合度高，符合当前国情，教育价值丰富。内容的选择从社会主义核心价值观12个核心词入手，融入相应的教育活动，涵盖全面。多数教师具有强烈的目标意识，遵循教育目标选择教育内容，为提高教育内容的完成度，教师们在同一目标下设置了多形式的内容，同时同一个内容也指向多个教育目标的实现。在具体活动的内容编排上，做到了根据幼儿的兴趣筛选教育内容，先让幼儿了解、认识，再加深幼儿的情感体验，让幼儿感受社会主义核心价值观优秀的内涵，促进对幼儿道德品质的培养。

### （一）幼儿发展的需要

社会主义核心价值观融入幼儿园教育活动的内容选择应遵循整体性和适宜性原则。首先，社会主义核心价值观融入幼儿园教育活动是一个整体，为实现幼儿身心的全面和谐发展，社会主义核心价值观融入幼儿园教育活动应根据幼儿的认知发展特点，关注幼儿各方面的发展需求，立足幼儿生活实际，为幼儿提供与其经验相符合的教育内容，以帮助幼儿达到身体、健康各方面的完整发展。其次，在进行教育内容选择时，虽然要注重整体性原则，但并不是把所有教育内容不加思考与组织一股脑全搬照抄，还应体现适宜性原则。幼儿思维发展以具体形象为主，所以在选择教育活动内容时必须重视幼儿年龄的特点，根据幼儿喜好选择便于动手操作、乐于体验的具体形象内容。社会主义核心价值观融入幼儿园教育活动的本质和立足点是适合并促进幼儿的全面发展。例如，在开展“我爱我的祖国”主题教育活动时，在国歌演唱、诗词朗诵、游长城、逛故宫、保护环境、遵守规则等方面进行内容的选择。

### （二）社会要求

学校教育的目的是为社会发展培养人才，教育目标的制定应考虑社会的需求，将幼儿培养成社会发展所需要的合格人才。一方面，在社会主义核心价值观融入幼儿园教育活动内容的选择上应该选择能够代表并体现相关教育理念、时代需求和社会价值的内容。另一方面，教育活动内容的选择应从实际出发，紧密联系社区、幼儿园、家长已有的资源，发挥自身优势，考虑所选内容与幼儿园园本课程的联系，确保社会主义核心价值观教育内容均等融入健康、语言、艺术、科学、社会五大领域教育活动中，使各项教育活动达到最佳的教育效

果，促进社会主义核心价值观融入幼儿园教育活动。

### （三）国家方针、政策的指引

社会主义核心价值观融入幼儿园教育活动的内容选择应该以《纲要》和《指南》的教育建议为依据。在进行内容选择时与目标保持一致，内容的选择要有利于目标的实现，体现科学性原则。在教育内容的选择上，应关注三个维度教育目标的体现。要让幼儿知道祖国的大好河山，在了解规则的过程中懂得遵守规则，在知道自己家乡的同时，能介绍自己所思所想所感所闻，进而产生深刻的民族自豪感，同时注意培养幼儿积极发现问题、分析问题、解决问题的能力。

## 二、社会主义核心价值观主题教育活动的主题框架

社会主义核心价值观融入幼儿园教育活动方案设计内容的选择贴近幼儿生活、与幼儿园原有课程契合度高，符合当前国情、教育价值丰富。内容的选择从社会主义核心价值观十二个核心词入手，融入相应的教育活动涵盖全面。多数教师具有强烈的目标意识，遵循教育目标选择教育内容，为提高教育内容的完成度，教师在同一目标下设置了多形式的内容，同时同一个内容也指向多个教育目标的实现。在具体活动的内容编排上，做到了根据幼儿的兴趣筛选教育内容，先让幼儿了解、认识，在加深幼儿的情感体验，让幼儿在感受社会主义核心价值观优秀的内涵，促进对幼儿道德品质的培养。具体的课程单元主题如表 7-3 所示。

**表 7-3　社会主义核心价值观融入教育活动单元主题**

| | | | | |
|---|---|---|---|---|
| 3、4 月 | 爱自己 | 爱幼儿园 | 爱家人 | 爱家乡 |
| 5、6 月 | 自然美 | 艺术美 | 生活美 | 社会美 |
| 9、10 月 | 敬老师 | 敬团圆 | 敬祖国 | 敬长辈 |
| 11、12 月 | 衣食礼 | 住行礼 | 年之礼 | 中国礼 |

有些教育内容同时体现了多层面的社会主义核心价值观，如“爱家乡”“敬祖国”既体现了个人层面的爱国这一价值观因素，又体现了国家层面的富强、文明价值观因素。教育内容在五大领域的活动中均有所体现，表 7-3 中教育活动内容所属领域以及层面并不是独立存在的，比如在“敬祖国”主题下创设艺术领域的活动“唱国歌”，在儿童已有经验基础上完成歌唱国歌的相关教育活动后，还会有相应的画国旗，语言领域中的给国旗敬礼、国旗下的演讲，社会领域中的“红歌会”等各领域教育活动的延伸。

## 第四节　社会主义核心价值观主题教育活动的活动形式

### 一、集体教学活动

社会主义核心价值观在幼儿园艺术、健康、社会、科学、语言五大领域的教学活动中均有融入(表 7-4)。教学活动五大领域的整合,能够实现幼儿对知识、内容的快速认知以及有效掌握。

表 7-4　社会主义核心价值观融入教育活动的内容

| 领域 | 价值观层面 | 教育内容举例 |
| --- | --- | --- |
| 健康 | 个人层面 | 家乡美食、接力赛跑、做月饼、国庆运动会、重阳节登高 |
| | 社会层面 | 体育活动“如果感到快乐”、稍息立正站好、危险东西我不碰、保护自己、我运动我健康 |
| | 国家层面 | 小小营养师、消灭蚊子、不挑食的健康宝宝、小手真干净、文明进餐、礼仪姿态 |
| 语言 | 个人层面 | 绘本《我妈妈》《小猪交朋友》《好朋友》《彩虹色的花》、我爱我的班集体、“听国歌,爱祖国”、中秋节习俗、故事“嫦娥奔月”、绘本《歪歪的故事会》 |
| | 社会层面 | 夸夸我自己、班集体玩具的玩法、平安过年 |
| | 国家层面 | 绘本《世界真好》、“听国歌,升国旗”、故事“讲卫生,不生病”、保护自然、爱护环境、说说自然美 |
| 科学 | 个人层面 | 拼出小房子、五星红旗的特征、我做小老师、有趣的泡泡 |
| | 社会层面 | 人类的朋友、磁铁找朋友、水的奥秘、油水分离、有趣的声音、教室里的圆形宝藏 |
| | 国家层面 | 春天里的花精灵、种一棵小树、认识益虫和害虫、变化的月亮、神奇的海绵、大树的年龄、月亮的圆缺、秋天植物的奥秘 |
| 社会 | 个人层面 | 我是小主人、分享真快乐、去旅行、认识自己优缺点、帮农民伯伯摘橘子、帮助长辈做家务、介绍家乡美、我爱五星红旗、小小升旗手 |
| | 社会层面 | 幼儿园是我家、我的班级我做主、我会自己做、餐桌礼仪、穿衣之礼、我是营养小老师、有序过马路、遵守交通规则、小游客爱护环境、爱的传声筒、小绅士小淑女 |
| | 国家层面 | 认识班级物品、祖国妈妈、不同的服装特点、坐姿最端正、世界爱眼日关爱眼花爷爷奶奶、贴春联 |
| 艺术 | 个人层面 | 歌曲《我有一个幸福的家》《我有一个好妈妈》、儿歌《找朋友》、绘画“情绪一家人”表情、创编诗歌《热爱班级》、装饰班级、兔子舞、给国旗涂色、绘画家乡“赵州桥”、制作教师节贺卡、国庆节为祖国作画、唱国歌、“从小爱祖国”诗朗诵、民间剪纸、画年画、歌曲《感恩的心》 |
| | 社会层面 | 《颠倒歌》、画熊猫、绘画“小小红绿灯”、儿歌《小小交通警》、手工制作交通标志 |
| | 国家层面 | 《健康歌》、绘画水果、歌曲《听我说谢谢你》、绘画《梦幻的白色世界》、歌曲《爷爷为我打月饼》、儿歌《国旗国旗真美丽》《给爷爷奶奶捶捶背、敲敲脚》、绘画“美丽的烟花” |

（一）在社会领域的融入

社会主义核心价值观教育的最终目标是实现幼儿的全面发展。社会领域的教育活动主要包括与同伴友好相处、集体活动、亲子关系、基本行为规范的养成和培养，促进幼儿的社会性发展。幼儿的社会性发展要符合幼儿善于模仿观察的特点，所以在教育活动中，应重视榜样的作用，教师要注意自己的言行举止。

（二）在艺术领域的融入

艺术领域的教学活动可通过感受与歌曲、创造艺术作品等形式，让幼儿对社会主义核心价值观理念有清晰的认知与感受，比如通过艺术活动“听我说谢谢你”跟随音乐律动，通过歌词以及动作理解教师工作的付出，从而懂得感恩，培养幼儿知道爱、勇于表达爱。从中体会“敬业”“文明”“和谐”的价值观。

（三）在科学领域的融入

幼儿科学领域的教学活动符合幼儿好奇心强、善于观察、爱探索的心理发展特征，在做教学设计时应以幼儿具体形象思维为主，让幼儿通过亲身体验来直接感知事物间的联系，在掌握知识技能的同时，也要注重观察方法、学习态度的培养。科学领域主要培养幼儿对自然的认识，感受数量以及形状。在此类教学活动中更易进行“和谐”“公正”价值观教育。

（四）在健康领域的融入

幼儿身心正处于发展阶段，除了需要成人的精心呵护照顾外，还应给予幼儿独立学习锻炼的机会，促进其体质强健、良好生活卫生习惯的养成。在开展体育游戏竞赛、稳定情绪、一系列生活习惯的教育活动中让幼儿体验“诚信”“友善”“自由”“平等”的社会主义核心价值观理念。

（五）在语言领域的融入

幼儿语言的发展贯穿五大领域，所以应重视幼儿语言的发展，为幼儿创造自由、宽松、和谐的交流环境，说儿歌、讲故事、阅读绘本、绕口令都是语言领域的教育内容。

## 二、区域活动

区域活动是幼儿一种重要的自主活动形式，是根据幼儿发展需求和主题教育目标创设立体化育人环境，即充分利用各类教育资源，有效运用集体、分组和个别相结合的活动形式，组织幼儿进行自主选择、合作交往、探索发现的学习、生活和游戏活动。区域活动是幼儿社会领域教育的一大载体，而幼儿的价值观、人生观的认识与形成贯穿于幼儿的整个发展过程。因此，合适的区域活动设置与开展，会让社会主义核心价值观教育事半功倍。例如，在开展区域活动时，教师可以让幼儿自行寻找伙伴，选择活动内容，通过与伙伴合作的方式完成活动内容。在这一过程中，教师主要起引导作用，将课堂让与幼儿，在幼儿遇到困难时，鼓励幼儿相互学习，共同探索解决办法，帮助幼儿学会与伙伴友好相处与合作，从而使其初步具备社会主义核心价值观的团结意识。

## 三、生活活动

生活活动是满足幼儿生活需要的活动，在幼儿园一日生活中的作用不可小觑，包括衣、食、住、行各方面，应善于抓住各环节对幼儿进行教育。在幼儿园生活活动中融入社会主义核心价值观相关教育内容。首先，幼儿园生活活动是一种隐形的、潜移默化的教育活动，对幼儿的教育价值同样不可忽视。幼儿园生活活动对幼儿良好的卫生习惯、礼仪的培养、生活习惯的养成有积极的作用，所以教师应该有意识地在一日生活中融入社会主义核心价值观教育内容。通过观察发现，有些幼儿园教师能较好地将社会主义核心价值观融入幼儿园生活活动——来园、餐前餐后、盥洗、午睡、离园、衔接活动等，以对幼儿产生潜移默化的教育影响。例如，餐前便后洗手讲卫生的习惯养成、用餐礼仪、引导幼儿遵守盥洗室的规则要求、在休息室需要注意不发出噪音以及下午离园时的告别礼仪，在各活动的衔接引导幼儿讲秩序、谦让、帮助同伴等。

### 趣味阅读：中华传统美德小故事

**颜真卿不辱名节**

颜真卿是唐代名臣。他深明大义、志节凛然，是一位忠义之士。

公元782年，节度使李希烈发动叛乱并自立为王，颜真卿由于得罪了权臣，被派去执行一项非常危险的任务——劝李希烈投降。当时颜真卿已经七十多岁，却毅然接受了这一使命，亲朋好友都替他担心。到了李希烈那里，颜真卿遭受到他的手下的谩骂与恐吓，但是他镇定而又勇敢的气度，反而让李希烈敬畏不已。后来有人劝李希烈说："颜真卿是唐朝德高望重的太师，相公您称王称帝，而太师他自己就来了，这难道不是天意吗？宰相的人选，除了颜真卿，还有谁会比他更合适呢？"

颜真卿听到这番话之后，十分愤怒，大声呵斥他们不知廉耻，他说："难道你们不知道我们颜家都是忠烈之士吗？颜家的子弟只知道要守节，牺牲生命也绝不变节，我怎么可能接受你们的利诱！"最后，李希烈以死相威胁，颜真卿还是不为所动，他事先写好了遗书，做了必死的准备。叛军看他毫不屈服，便杀了他。在生命的最后一刻，颜真卿仍在大骂他们是"逆贼"。

**启示与点评：**

颜真卿尽管年事已高，但其坚持操守、刚强不屈的气节让后世的人们永远追念。颜真卿还是中国书画的书法名家，他的“颜体”字如其人，方正刚劲，洋溢着浩然正气。

（资料来源：https://wenku.baidu.com/view/cb6aa3966adc5022aaea998fcc22bcd126ff42e7.html?_wkts_=1678069598529&bdQuery）

**季文子勤俭为荣**

春秋时期，鲁国有一位很有政治才干的宰相，他的名字叫季文子。

季文子在鲁国从政时间长，官位高，生活却十分俭朴。平日里，他最看不惯那些以炫耀财富为荣的贵族，尤其厌恶讲排场、搞浮华的风气。他的住房极其简陋，平常饮食也总是粗茶淡饭，他不仅平时很少穿丝绸衣服，就连他家的仆人，服装也比一般有钱人家的仆人要俭朴得多。季文子家的马匹，从不允许多喂粮食。

由于季文子厉行节俭，看不惯贵族社会奢侈腐化的生活，因此，那些铺张浪费、爱讲排场的人对他也看不惯。鲁国有个叫孟献之的大臣，他的儿子仲孙却不懂得节俭的美德。一次，他见季文子出入朝廷时常穿布衣，坐的马车也十分寒酸，就嘲笑季文子说：“大人做宰相这么多年了，连件像样的丝绸衣裳也没有，喂的马不用粮食，只吃草，大人坐这样的瘦马破车，难道不怕别人笑话吗？再说，大人生活这样小气，要是让别国人知道了，还以为我们鲁国不知穷成什么样子了呢！”

季文子听了仲孙的话，心平气和地对他说：“我以为仲孙先生没有真正懂得什么是光荣，什么是气派。我觉得，一个人身处恶劣环境，懂得节俭，这是不难办到的。但一个人身处高位，物质条件极其丰厚，还仍能够注重节俭，就不那么容易了，因为一般人很容易为自己的贪欲所支配。但是，一个真正有道德修养的人却能克制贪欲，因为他懂得简朴能使人积极向上。这样的人才是真正有修养、有气派、令人钦佩的人。我想，一个国家的大臣如能厉行节俭，艰苦奋斗，上行下效，这个国家的百姓会很快形成一种节俭、奋斗的风气，这个国家就会越来越强大，抵御外来侵略的能力也会越来越强。仲孙先生怎么能说节俭是丢脸的事情，是会使国家衰败的事情呢？”

季文子一番话语重心长。仲孙无言对答，只得红着脸走开了。

**启示与点评：**

季文子以俭养德、以俭治家，并将节俭的理念传递给他人，最终影响到整个国家的社会风气，为今天的家风建设提供了借鉴。我们应大力弘扬勤俭节约的家风，带动家庭成员自觉养成勤俭节约的习惯，进而推动全社会形成勤俭节约的浓厚氛围。就像习近平总书记所说：“不论我们国家发展到什么水平，不论人民生活改善到什么地步，艰苦奋斗、勤俭节约的思想永远不能丢。艰苦奋斗、勤俭节约，不仅是我们一路走来、发展壮大的重要保证，也是我们继往开来、再创辉煌的重要保证。”

（资料来源：http://www.gsjw.gov.cn/content/2016-01-13/12283.html）

## 问题与实践

1. 幼儿园社会主义核心价值观主题教育活动目标在设置时需要注意什么问题?
2. 请思考幼儿园可以开展的社会主义核心价值观主题教育活动有哪些?请举例说明。
3. 社会主义核心价值观怎样能更好地融入幼儿园五大领域的教育?

# 实践篇

# 第八章　学前儿童社会教育特色主题“爱”活动设计

## 内容导读

爱是人类情感与理智的综合，是人类的高级心灵活动。爱是教育的灵魂和生命。对幼儿进行爱的教育，是最真实的教育，最基本的要求。在对“爱的教育”发展适宜性园本课程的构建中，从“爱自己、爱幼儿园、爱家人、爱家乡”四大主题入手，为求培育出“会悦纳、懂尊重、能关怀”的有爱幼儿。在考虑幼儿发展适宜性的前提下，幼儿园“爱的教育”园本课程的实施，使“爱”不再停留于哲学、宗教等抽象理论的象牙塔中，将爱转化为教师、幼儿切实可见的行动，来到每一个教师与幼儿的身边。

## 第一节　主题设计思路

### 一、“爱”的教育价值

关于“爱”，人们有着不同的诠释。在中国传统文化中，人们常常把“仁”解释为“爱”或者普遍之爱①，具体指向接纳、包容、自控力、规则意识、尊重、理解、宽容、支持、仁义、善良、团结友爱、合作、责任心、同情心等方面的内容。社会学观点认为爱是一种积极主动的、为对方着想的、不求回报的给予，爱是在与周围环境的互动中不断地调适自己，使得自己可以更好地适应对方②。“爱”在人一生成长发展的过程中是不可或缺的，形成正确的爱需要进行“爱”的教育。特别是对于幼儿来说，其身心各方面都处在迅速发展的时期，“爱”在幼儿的脑海中只是一个很模糊的概念，因此我们更要教会幼儿学会爱，懂得爱，从而使幼儿得到良好的发展。“爱”并不是自然生成的，而是后天可以培养和习得的，爱与教育之间有着密不可分的关系，只要有爱，就会有爱的教育。爱的教育是关注人的价值，逐步升华人们对某

---

① 母远珍，王弟．3～6岁幼儿“爱”概念的发展研究[J].现代教育科学，2011(8)：113-115.

② 李爱敏．园长课程领导力个案研究[D].杭州：杭州师范大学，2018.

人或者对某物的爱，把其塑造成一个懂得爱的人的教育[①]。我们需要对儿童进行爱的教育，谢亚慧认为缺少了爱的元素的教育是死的教育，是领导儿童走向坟墓的教育[②]。有意识地对幼儿进行爱的教育，培养幼儿爱的意识是至关重要的。

## 二、“爱”主题的课程构架

我们需要对幼儿进行“爱的教育”，而爱所包含的内容是众多的，进行爱的教育更不是随随便便的。意大利作家埃迪蒙托·德·亚米契斯在其著作《爱的教育》中从具体行为方面将“爱的教育”进行了概括，包括师生之间的爱、父母与孩子之间的爱、同学之间的爱、对陌生人的爱、对国家的爱五方面，明确阐述了爱的教育是培养人的教育，是一种民主教育，是一种创造性的教育[③]。裴斯泰洛齐认为爱的教育不是纸上谈兵，而是扎实的在相关的教育实践中探讨如何实施“爱的教育”。对幼儿进行爱的教育的方式是多种多样的，爱的教育可以说是渗透在生活的方方面面，本章通过对“爱的教育”进行课程的构建与设计，能够更加完整系统地帮助幼儿获得“爱”。在进行以爱为主题的教育活动的设计过程中，主要是依据幼儿不同年龄的特点，对有关爱的教育内容进行适当的梳理，从幼儿爱自己、爱幼儿园、爱家人、爱家乡四个主题出发，对幼儿进行爱的教育，并将有关爱的教育内容很好地融入五大领域的课程中，以期通过课程的有效开展，帮助幼儿去正确地认识爱、表达爱(图 8-1)。

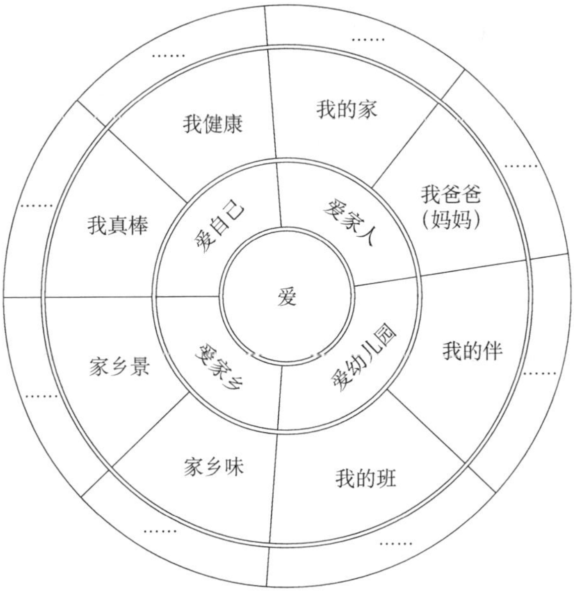


**图 8-1 “爱”主题网络框架图**

① 何苗．将“爱的教育”根植于幼儿园[D]．南充：西华师范大学，2015.

② 谢亚慧．夏丏尊“爱的教育”思想的形成与实践[J]．教育科学论坛，2021(18)：75-77.

③ 亚米契斯．爱的教育化[M]．夏丏尊，译．上海：华东师范大学出版社，1995：1-2.

## 三、“爱”主题的课程内容

### （一）爱自己

孔子是我国伟大的教育思想家，是儒家思想的创立者。儒家德育思想的核心中“仁”的首要意义就是要爱自己。孔子认为，一个人只有在充分了解自己、爱护自己的基础上才会懂得关爱他人①。学龄前阶段正是幼儿自我意识形成的关键时期，而“爱自己”则是对幼儿进行自我意识教育的重要内容②。弗洛姆认为，自爱是一种对自己的生活状况、幸福指数的肯定，是能够爱他人的基础。一个不爱自己的人，也不会懂得如何去爱别人，自爱是一种美德，是一个人形成良好价值观的重要组成部分，是爱父母长辈、老师、同伴的基本前提。爱的教育首先应教会幼儿正确地爱自己，其中包括认识、了解自己，并在此基础上喜爱自己、愉快地接纳自己。爱自己不是只爱自己不爱他人，更不是为了自己而伤害他人，懂得爱护自己，珍惜自己的生命，了解自己的独一无二，逐渐形成正确的信念和理想，发现自身的价值是对幼儿进行“爱自己”教育的意义所在。

基于此设计了“爱自己”的主题教育活动，并分为了“我健康”和“我真棒”两个主题活动，让幼儿在各种各样有趣的活动中去认识、了解自己，懂得保护自己，并逐渐喜爱、接纳自己。如在“我健康”主题下进行的小班活动《小手一起拍拍拍》，幼儿通过歌曲律动的活动形式，对自己的身体各个部位进行了初步的认识，并通过简单的游戏活动锻炼了幼儿身体的协调性。在“我真棒”主题下的中班活动《我会自己做》中通过让幼儿观看视频中的一些行为使幼儿思考哪些事情自己会做，从而发现自身的闪光点。让幼儿学会肯定自己，并形成乐于学习、自立自强的健康人格。

### （二）爱幼儿园

在幼儿园中，班级是幼儿初步开始集体生活的重要场所，要让幼儿热爱自己的班集体，对自己的班级有强烈的荣誉感和责任心，幼儿自身也会获得良好的发展。在幼儿园中除了教师之外，与幼儿接触最密切的就是同伴群体，建立良好的同伴关系，能够促进幼儿积极情绪的建立、社会认知能力的提升和认知能力的改善③。在与同伴交往的过程中，幼儿要学会爱自己的同伴，懂得如何与同伴相处，建立良好的同伴关系，使幼儿在幼儿园中健康快乐地成长。

因此“爱幼儿园”主题活动主要分为“我的班”和“我的伴”两个主题活动，通过活动的开展，让幼儿逐渐产生对“集体”的爱。如在小班活动《我爱我的班级》中，幼儿通过观察自己

---

① 李晓迪，范琐哲．儿童早期道德行为养成中实施仁爱教育探究[J]．延边教育学院学报，2018，32(4)：153-155.

② 夏惟．加强学生“自我意识”教育的必要性[J]．中国科教创新导刊，2008(35)：243.

③ 姜勇，李艳菊，黄创．3～6岁幼儿同伴交往能力影响因素模型[J]．学前教育研究，2015(5)：45-54.

班级的种种细节，对班级的一日生活活动更加了解，并且运用有趣的绘画方式将自己所发现的有关幼儿园的事物展示出来，通过分享活动展示并讲解自己的作品，在这个过程中更加了解和喜爱幼儿园。托班活动《找朋友》通过游戏结交朋友，让幼儿在音乐的律动中寻找自己的好朋友，大胆说出自己好朋友的名字，增进幼儿之间的了解与情感的联系，并通过简单游戏的方式，让幼儿进行合作，初步形成团体合作意识。

（三）爱家人

卢梭曾说：“小孩子的第一个情感是爱自己，而从这第一个情感产生出来的第二个情感，就是爱那些同他亲近的人。爱是给予，不是索取，给予同伴相应尊重，给予父母应有的尊敬”。[①] 幼儿大多数时间生活在家庭中，他们最初的生活经验和知识的掌握、智力和语言的发展、品德和行为习惯的形成，都是在家庭生活方式和家庭成员的影响下进行的。父母是孩子的第一任老师，家庭是孩子的第一所学校。爱的情感不是天生的，是需要学习的[②]。

为此，我们抓住幼儿可塑性强的有利时机，结合班级需要和幼儿的年龄特点，精心设计系列有关爱家人的主题教育活动，让幼儿懂得体谅、珍惜和尊重家人给予的爱。其中“我爱我家”活动让幼儿身处爱的环境中，引导他们从细微处做起，推己及人，学会爱他人。将爱的教育结合得浑然天成，发挥得淋漓尽致。在爱家人的主题活动下开展“我的家”和“我爸爸（妈妈）”的活动。通过“我的家”活动的开展，使幼儿对自己的家从“外部到内部”产生初步的认识了解，“外”主要让幼儿认识到家庭的外在环境、布置等，让其对自己的家建立亲切感和熟悉感。“内”主要是幼儿通过活动去了解家庭的结构及其成员，尊重、爱护家庭中的每一位成员。“我爸爸（妈妈）”活动的设计目的是让幼儿体会自身与父母之间的亲密联系，理解爸爸妈妈的辛苦，善于表达自己的爱，增进与父母之间的情感等。比如在大班开展的活动《我爱我家》中，运用到了“娃娃家”的活动组织形式，让幼儿在进行角色扮演的过程中认识家中的物品。在自主操作的过程中与生活实际进行联系，并调动其原有的经验开展活动，在活动中了解自己家庭中的成员，感受家的温暖，爱自己的家。

（四）爱家乡

家乡是幼儿家庭世世代代居住的地方，人们对于自己的家乡有着不同于其他地方的特殊情感，拥有家乡归属感对人的发展成长来说是十分重要的，幼儿对家乡逐渐建立起的舒适感、识别感、交流感、成就感以及安全感，使幼儿真正意义地融入自己的家乡，将家乡看作自身不可分离的一部分，从而逐渐形成良好的家乡归属感。目前幼儿普遍对于自己的家乡缺乏归属感和认同感，很大一部分原因就是幼儿对自己的家乡不够了解，在对幼儿进行教

① 卢梭．爱弥儿（上卷）[M]．北京：商务印书馆，1978：290．

② 郑华峥．在主题活动《我爱我家》中培养幼儿爱家人的情感[J]．考试周刊，2015(27)：183．

育的过程中,也往往忽视了有关“家乡”方面内容的教育。为此,我们需要对幼儿进行有关家乡归属感的教育,使幼儿获得更好的“爱”的教育,运用各种活动的组织形式,对幼儿进行家乡归属感的教育,增加幼儿对于自己家乡的认识,激发幼儿对家乡爱的情感。

在对幼儿进行“爱家乡”的教育中,主要从“家乡景”和“家乡味”两个主题入手,让幼儿感受到自己家乡与其他地方相比的不同特色,建立幼儿对于家乡的初步认识,能更加积极主动地去关注家乡的人和事物,对家乡的一切内容和变化感兴趣,在幼儿的心中播种热爱家乡的种子,对自己的家乡产生亲近感和自豪感。如在小班活动《我爱我的家乡》中,让幼儿通过导游的身份去认识自己的家乡,了解有关家乡的代表性的特产、建筑物、景色等,让其对自己家乡的特色有进一步的认识了解,从而激发幼儿对家乡热爱的情感,为自己的家乡感到骄傲和自豪。

党的十八大以来,党中央高度重视践行社会主义核心价值观,强调核心价值观要从娃娃抓起。3～6岁的幼儿正处于人生的启蒙阶段,是价值观形成的重要时期。我们应根据幼儿这一主体的身心特点和独特的学习方式,培养好幼儿的社会主义核心价值观,为他们扣好人生第一粒扣子[①]。在对幼儿进行社会主义核心价值观教育的过程中,爱的教育是不可或缺的,以上有关“爱”的四个主题活动紧紧围绕如何给予幼儿适宜的爱来进行设计,通过四个主题活动的开展,让幼儿在活动的过程中真正体验爱、形成爱、拥有爱,让幼儿通过爱的教育真正成为一名关爱他人、感恩知善良、乐于交往的有爱的孩子,以促进幼儿的健康成长。

## 第二节　主题活动目标

### 一、“爱自己”“爱幼儿园”主题目标

#### (一)托班

(1)具有健康的体态,在指导下能坐直、站直。

(2)情绪比较稳定,有比较强烈的情绪时,能在成人的安抚下逐渐平静下来。

(3)在成人的帮助下,能基本适应集体生活。

(4)在成人的指导下,能基本养成健康的生活、卫生习惯。

(5)在成人的指导下,具有基本的生活自理能力。

(6)在成人的提醒下,愿意和小朋友一起游戏。

---

① 林碧.培育幼儿社会主义核心价值观“四要素”[J].天津教育,2020(21):105-106.

(7) 能坚持上幼儿园。

（二）小班

(1) 具有健康的体态，在提醒下能坐直、站直。

(2) 情绪比较稳定，很少因一点小事而哭闹。

(3) 在成人的帮助下，能较快适应集体生活。

(4) 在成人的提醒下，具有良好的生活和卫生习惯。

(5) 在成人的提醒下，具有基本的生活自理能力。

(6) 愿意和小朋友一起游戏。

(7) 对幼儿园的生活好奇，喜欢上幼儿园。

（三）中班

(1) 具有健康的体态，在提醒下能保持正确的站、坐和行走的姿势。

(2) 经常保持愉快的情绪，不高兴时能较快缓解。

(3) 能较快适应班级环境的变化和班级内人际关系的变化。

(4) 经常保持良好的生活和卫生习惯。

(5) 具有基本的生活自理能力。

(6) 喜欢和小朋友一起游戏，有经常玩的小伙伴，会关心、尊重他人。

(7) 喜欢参加群体活动。

（四）大班

(1) 具有健康的体态，经常保持正确的站、坐和行走姿势。

(2) 经常保持愉快的情绪，并能努力缓解不快的情绪。

(3) 能较快地融入新的环境和适应班级内人际关系的变化。

(4) 能主动保持良好的生活和卫生习惯。

(5) 具有基本的生活自理能力，并能承担一些小任务。

(6) 有自己的好朋友，愿意结交新朋友，并能与人友好相处。

(7) 在群体活动中积极、快乐。

## 二、“爱家人”“爱家乡”主题目标

（一）托班

(1) 感受家庭的温暖。

(2) 愿意参加家庭活动，体验爱家人的情感。

(3) 知道爸爸妈妈的名字。

(4) 初步了解自己的家乡在哪里。

(二) 小班

(1) 知道自己和家庭成员的关系，体会到自己是家庭的一员。

(2) 喜欢参加家庭活动。

(3) 说出爸爸妈妈和其他家人的名字。

(4) 知道自己的家乡，并能说出自己家所在地的省、市、县(区)名称。

(三) 中班

(1) 知道和自己一起生活的家庭成员及与自己的关系，体会自己是家庭的一员。

(2) 喜欢与自己的家人在一起，积极参加家庭活动。

(3) 知道爸爸妈妈的职业，知道长辈工作的辛苦。

(4) 知道自己家乡的地理位置、风土人情及家乡的美食。

(四) 大班

(1) 愿意为家人做一些力所能及的事情并感到高兴。

(2) 能用不同形式表达出自己对父母及长辈的爱。

(3) 初步了解家乡的历史，能感受到家乡的发展变化并为此感到高兴。

(4) 能自觉喜爱并爱护家乡的风景，能做一些简单的家乡特色食物。

## 第三节　教育建议

将有关爱的内涵与幼儿发展相结合，以培养“会悦纳、懂尊重、能关怀”的有爱幼儿为目的，将课程目标的制定从爱自己、爱幼儿园、爱家人、爱家乡方面入手，以微观延伸到宏观，环环相扣地对幼儿进行全面的“爱”的培养。同时，幼儿园以幼儿的年龄适宜性入手，针对“爱”较为抽象的特点，强调课程目标的具体化与可操作性，旨在根据不同的年龄阶段，将“爱的教育”赋予不同的实际行动，以具象的行为帮助托班与小班幼儿感受爱、中班幼儿理解爱、大班幼儿表达爱，让幼儿逐步学会爱的行为，提升爱的能力。

### 一、“有准备”的爱的环境创设

学前期的幼儿以具体形象思维为主，能够真正看得见、摸得着的实物是幼儿开始感受与体验爱的第一步，物质环境的创设是爱的教育课程顺利实施的基础。在幼儿的眼中，爱其实非常简单，与同伴手拉手的玩耍叫作爱；给同伴一个温暖的拥抱叫作爱；将喜爱的玩具、零食分享给别人叫作爱……幼儿园可以利用走廊空间，为幼儿打造一条“会说话的爱心长廊”。将幼儿可以操作的爱的行动放在幼儿每天路过的走廊上，用这种特别的方式向每一位幼儿、家长诉说爱的真谛，也提醒了园内的教师，爱应该从具体的小事做起。对于室内环境的设计，幼儿园可以将爱的教育目标“会悦纳、懂尊重、能关怀”巧妙地融入各个区域、班级墙面等创设中。利用班级教室的墙面搭建主题活动墙，将幼儿参与制作的图画张贴上墙，图画的内容与爱的目标紧密结合，如“我眼中的幼儿园”“我爱我家”等主题活动，让幼儿每时每刻感受多样的爱。

爱的教育需要幼儿园拥有一个和谐、温馨的有爱氛围，这对爱的教育课程实施起到润物细无声的作用。幼儿园积极构建师幼平等的学习关系，在教学活动、日常生活中充分给予幼儿选择的权利，让幼儿自主探索，去发现教师、同伴之间爱的表现。如教师与幼儿共同搭建游戏赛道，使幼儿体会同伴间团结合作、相互帮助的重要性，更加理解伙伴之间的友爱……这些充满爱的人文环境，会使幼儿更积极地投身到爱的感悟与行动中，也为爱的教育课程提供了更多的契机。同时，在幼儿的日常生活中，常出现一些有爱的行为，教师在帮助幼儿发现、提升他们感悟能力的同时，更应该给予适当的表扬与鼓励，支持幼儿自发爱的行动。比如针对幼儿游戏中材料出现争抢的现象，教师在平时的生活中便进行有关“分享”的渗透，适时鼓励具有分享行为的幼儿。教师也要注重对幼儿爱的行为的记录，通过拍照、录像等形式保留下来，作为幼儿园爱的教育课程的教研材料，从幼儿的具体行动中探索适宜幼儿的教学方法、途径，丰富爱的教育课程内容。

## 二、多种途径传递“爱”的教育

生活、课程、游戏等组成了幼儿的一日活动，可以从这些方面来为幼儿实施“爱”的教育，把幼儿也培养成有“爱”的幼儿。在幼儿的生活中倾注“爱”，比如个别幼儿之间发生争执、打架等情况，教师可以引导全班幼儿表达自己对这件事的看法，请幼儿帮助想办法怎样才能避免争执，强调同伴友爱的好处，帮助幼儿树立正确的交往观；在课程中渗透“爱”，小班可以从教学过程中的一些常规细节入手，比如，在某些教学活动中需要发放玩教具，发放前可以告诉幼儿要按着顺序一个一个领取，不能和其他小朋友争抢，在活动的过程中要爱护玩教具不能损坏等，使爱人、爱物的行为成为小班幼儿的习惯。中大班则可以多开展以“爱”为主题的课程活动，增强活动的实践性，让幼儿身心投入来体会“爱”；在游戏中体验“爱”，幼儿可以获得多种感性经验，利用游戏来帮助幼儿体验“爱”，符合幼儿爱玩的天性。如在娃娃家的角色游戏中，幼儿通过抱娃娃、喂娃娃吃饭、给娃娃穿衣服等活动，真切地体会到当妈妈的辛苦，从而懂得体惜妈妈，关爱妈妈。

### 三、获得"爱"的直接经验

《3～6岁儿童学习与发展指南》提出,"幼儿的学习是以直接经验为基础,在游戏和日常生活中进行的。要最大限度地支持和满足幼儿通过直接感知、实际操作和亲身体验获取经验的需要。"直接经验对幼儿早期认知发展具有不可替代的作用,是幼儿概念形成的基础,幼儿的这些直接经验主要来源于自己的生活环境中,通过在生活环境中的实际操作和亲身体验获得。有必要丰富幼儿的经验,扩大幼儿的交往范围,多带幼儿去接触不同的人群,使幼儿在与周围人的互动中,拓宽爱的对象,感受他人的关爱并学会表达爱。如幼儿园可通过"混龄互动"增进异龄幼儿之间的交往,以"大带小"活动形式,让年龄较大的幼儿学会关爱、照顾弟弟妹妹,年龄较小的幼儿体验来自哥哥姐姐的关爱,在这种相互交往中潜移默化地培养幼儿的爱心,让幼儿不断地体验爱,并学会表达爱。

## 第四节　活动案例

### 一、"爱自己"活动案例

#### (一) 案例1(托班)——小手一起拍拍拍

**【活动目标】**

(1) 初步认识五官的名称和位置。

(2) 能根据歌词内容尝试边唱边指认自己的五官。

(3) 喜欢参加音乐游戏,初步体验与同伴交往的快乐。

**【活动材料】**

歌曲《小手拍拍》、每人一张五官的小贴纸及操作卡片。

**【活动过程】**

1. 导入活动:谈话导入

师:小朋友们,我们的脸上都有什么器官呢?

师:我们的脸上有眼睛、鼻子、嘴巴。还有什么呢?……对的,旁边还有耳朵。这些统称为五官,下面我们一起来听一首好听的歌曲,看看里面是怎么找我们的五官的吧。

2. 呈现环节:歌曲呈现

教师先为小朋友演唱一遍《小手拍拍》,边唱边配合手指动作,分别指出眼睛、鼻子、嘴巴在哪里。让幼儿初步感受歌曲的内容以及手指游戏的相应动作。

3. 自主学习环节：学唱歌曲

(1) 教师将歌词分句，有节奏地朗诵，一句一句地为幼儿演示，同时让幼儿跟着老师一句一句地朗诵，同时配合手指动作指向歌词中相关的器官。

(2) 教师请一位幼儿一起游戏。教师唱前一句“眼睛在哪里?”，并用手指出来。幼儿接后一句“眼睛在这里”，同时用手指出来。唱完一遍后互换角色。

4. 活动展示环节：演唱歌曲

师：今天我们学会了一首非常好听的儿歌，小朋友们还说出了我们身上器官的名字，现在小朋友们和老师一起再边唱边做一遍吧。

5. 结束环节

请小朋友把五官的贴纸贴到操作卡片上对应的位置。

**【活动建议】**

(1) 活动变式：活动结束后，可以让幼儿在科学区玩“表情变变变”的游戏。

(2) 家园共育：请小朋友回家和爸爸妈妈一起演唱歌曲《小手拍拍》。

### (二) 案例 2(托班)——我会自己做

**【活动目标】**

(1) 知道自己的事情自己做。

(2) 学会自己翻袖子和简单整理衣物。

(3) 体会整理的乐趣，愿意整理自己的衣服。

**【活动材料】**

多媒体课件，收纳架子一个，幼儿衣服、鞋子、玩具若干。

**【活动过程】**

1. 导入活动：故事导入

师：兔妈妈今天非常忙碌。因为今天有这么多乱七八糟的衣服需要整理，那么多乱七八糟的鞋子需要收好放到架子上，还有好多玩具也没有放好，可把兔妈妈给忙坏了，所以兔妈妈想要请小兔子们帮忙一起来整理，小兔子们，你们愿意来帮帮兔妈妈吗?

师：请小兔子们选择一件自己会做的事情，来帮助兔妈妈吧！(孩子们在衣服、鞋子、玩具中选择一件进行整理。)

师：完成的小兔子，请你把整理好的衣服放到架子上，然后就可以坐到座位上，等等兔妈妈。(老师在一旁指导不太熟练的孩子。)

2. 呈现环节：画面呈现

多媒体课件播放小朋友们日常生活中自己吃饭、穿鞋子、洗手、穿衣服、拉拉链、卷袖子等图片以及视频。在呈现过程中教师询问幼儿，“图片或视频中的小朋友在做什么呀，你会这样做吗?”

3. 自主学习环节:动手操作

师:兔妈妈现在遇到了一个难题,有一件衣服的袖子反了,兔妈妈不知道怎样才能把它翻出来,有哪只小兔子可以帮帮兔妈妈呢?(幼儿上来将衣服的袖子翻好。)

师:现在袖子怎么样了?

师:袖子翻好了,不过是怎么翻的呢?兔妈妈也跟他学了学(教师示范)把手伸进袖子里,抓住袖口,然后拽出来,这样袖子就翻好了!袖子翻好后,还要将衣服拉平,叠好,然后放到这里的小桌子上,这样就整理好了!

4. 活动展示环节:表达活动

(1) 个别表述:幼儿介绍并展示自己整理好的衣服。

(2) 教师小结:对幼儿的讲述进行点评。

5. 结束环节

师:今天小朋友们表现得都非常棒,我们帮了兔妈妈很大的忙,兔妈妈今天还给小兔子们准备了小星星,请小朋友们排排坐好,我来帮兔妈妈把小星星送给大家。

**【活动建议】**

(1) 活动变式:生活区可以投放小朋友的袜子、裤子等衣服,或在班级中开展“我是叠衣小达人”的比赛,锻炼幼儿自己动手整理衣服的技能。

(2) 家园共育:在家里可以让小朋友自己翻袖子和简单地整理衣物,逐步培养幼儿的生活自理能力。

### (三) 案例3(小班)——夸夸我自己

**【活动目标】**

(1) 了解到每个人都有长处,增进彼此的友谊和感情。

(2) 能发现、欣赏自己的长处,学会夸自己“我真棒”。

**【活动材料】**

一个魔镜。

**【活动过程】**

1. 导入活动:故事导入

师:森林里进行“看谁本领大”的比赛,许多小动物都得了奖。小猴得了爬树奖,小鹿得了跑步奖。可是,小河马在各项比赛中都输了,他伤心地哭了……

小猴看见了说:“别哭别哭,我看你的腿粗壮,和我学爬树吧。”小河马爬呀爬呀,爬不上去,小河马又伤心地哭了。

小鹿跑过来说:“别哭别哭,我看你力气挺大,就跟我学跑步吧。”小河马就跟着小鹿跑步，刚跑了一会儿，就累得直喘气。

小河马无精打采地来到河边，这时一只小松鼠走过来。小松鼠对小河马说，你能帮我过河吗？小河马非常开心，驮着小松鼠过了河，小松鼠对小河马说：“你真棒！”

2. 呈现环节：游戏呈现

师：今天老师带来了一个魔镜，魔镜可以看到每一个小朋友的最棒之处。

教师以游戏的形式引导幼儿用语言和动作大胆夸奖自己，表现自己。

教师先让幼儿拿出镜子照一照自己哪里最漂亮，之后请幼儿自由表达自己值得表扬的事。教师教给幼儿夸奖自己的动作：竖起大拇指夸夸我自己“我真棒”。

3. 自主学习环节：讨论活动

(1) 共同讨论：自己哪里最棒？学会夸奖自己“我真棒”，了解身边好朋友的长处，试着夸奖他人。

(2) 自由结伴讲述：我长大了，学会了什么？我最近会干什么了……我学会了自己穿衣服，我学会了用勺子吃饭……我今天……我真棒！

4. 活动展示环节：游戏活动

请小朋友们围成一个圈，魔镜转到哪个小朋友，哪个小朋友就说出自己最棒之处。

5. 结束环节

教师小结：在以后的每一天里，我们要经常夸夸自己和身边人，并学会夸奖自己“我真棒！”

**【活动建议】**

(1) 活动变式：教师每周五可以在班级中进行“好宝宝评比”的活动，让幼儿了解每个小朋友的优点、缺点，在活动中不断增进彼此的友谊。

(2) 家园共育：幼儿回家后，跟父母一起阅读绘本《最棒的自己》，一起交流分享自己在园的表现。

## 二、“爱幼儿园”活动案例

### (一) 案例1(托班)——找朋友

**【活动目标】**

(1) 初步形成“双”的概念，知道一双有两只。

(2) 能够按着手套、袜子的颜色、样式进行配对。

(3) 通过游戏结交朋友，体验友谊的快乐。

**【活动材料】**

儿歌《找朋友》，颜色不同的手套、袜子若干，一个装着手套和袜子的纸箱。

**【活动过程】**

1. 导入活动：谈话导入

(1) 师：今天，我们班里来了一些有趣的朋友，猜猜它们是谁？一会我们来看看是哪位小朋友猜对了。现在，让我们先来听一首好听的歌曲。

(2) 播放《找朋友》儿歌。

① 教师边唱儿歌边做律动，进行展示。

② 教师带领幼儿，一起边做律动，边唱儿歌。

2. 呈现环节：实物呈现

(1) 出示玩具箱。

师：这些有趣的客人住在一个百宝箱里，请小朋友们把它们请出来吧！

教师指导幼儿依次把物品从箱中一一拿出，边拿边说出物品的名称，不会说的小朋友，可以跟着老师说物品名称，幼儿按要求拿。最后每个小朋友手里都有一个物品。

(2) 初步感知"双"的概念。

师：这些东西小朋友们见过吗？我们有几只小脚呀？有几个小手呀？可是箱子里的东西都只有一个，这可没办法穿呀！它们的朋友都去哪了？请小朋友们帮忙找一找，它们的朋友在哪儿呢？

3. 自主学习环节：动手操作

(1) 演示操作。

教师演示一遍配对过程，并在此过程中，大声重复物体的颜色、样式，说给幼儿听。例如，这是一双红色的、有小兔子图案的袜子。巩固幼儿对"双"概念的认知，知道一双是指两只。

(2) 配对游戏。

游戏规则：请幼儿分成两组进行配对活动。伴随着儿歌，幼儿根据自己拿着的袜子或手套的颜色和样式，从另一组幼儿中找出拿着和自己配套物品的小朋友，组成一队，手牵手站好。

(3) 交流讨论。

师：刚才大家都找到了自己的好伙伴了吗？你想和他做好朋友吗？如果你想和他做好朋友，你应该怎样做？

4. 活动展示环节：作品展示

教师请幼儿和自己的伙伴一起向大家介绍他们配对成功的物品的名称、颜色、样式。然后，把客人们送回玩具箱里。

5. 结束环节

播放儿歌《找朋友》，并让幼儿与同伴之间一起蹦蹦跳跳，互相拥抱。

【活动建议】

(1) 活动变式:益智区投放“纸杯碰碰乐”的游戏,让幼儿根据纸杯的大小、颜色进行配对。

(2) 家园共育:回家后,幼儿帮助妈妈一起收拾鞋柜,尝试找出各自鞋子的好朋友。

### (二) 案例2(小班)——我爱我的班级

【活动目标】

(1) 知道自己是哪个班的小朋友,并喜爱自己的班集体。

(2) 能用简短的语言连贯地说出自己的班级、姓名、性别、年龄。

(3) 通过与其他班的幼儿做游戏,体会交往的乐趣。

【活动材料】

男、女两个布娃娃,其他班的小朋友,歌曲《找朋友》。

【活动过程】

1. 导入活动:实物导入

教师出示男、女两个布娃娃,请幼儿说出娃娃的性别,并说出自己辨别的方法。

2. 呈现环节:表达活动

(1) 个别讲述。

请个别小朋友说说自己的班级、姓名、性别、年龄。

(2) 集体讨论。

请幼儿走到自己的同伴旁边,相互说说自己的班级、姓名、性别和年龄,告诉同伴自己喜欢什么,与班级里的其他幼儿相互认识。

3. 自主学习环节:游戏活动

(1) 邀请几个其他班的小朋友一起来玩找朋友的游戏。

(2) 游戏规则:所有的小朋友围成　个圈。播放歌曲《找朋友》,小朋友就拉着圈圈走。音乐停的时候,小朋友能准确地找到自己班小朋友,并相互拥抱。

4. 活动展示环节:交流讨论

一首歌曲放完,小朋友拉着自己班级的同伴,请老师确认。小朋友们随着歌声回到自己的位置上。教师采访个别小朋友,在刚刚的游戏中,都找到了哪些我们班的小朋友。

5. 结束环节

师:现在小朋友都找到了自己的好朋友,但老师要告诉小朋友们,我们大家互相都是好朋友,你是我的好朋友,其他班的小朋友也是我的好朋友。

【活动建议】

(1) 活动变式:在美工区提供材料,让幼儿绘画自己的好朋友,并鼓励幼儿把自己的作品送给好朋友。

(2) 家园共育：幼儿回家后，可向自己的父母、爷爷奶奶介绍自己。

## 三、“爱家人”活动案例

### (一) 案例1(托班)——我爱我的妈妈

**【活动目标】**

(1) 知道穿衣服的基本步骤。

(2) 能够学会初步感受妈妈的爱。

(3) 知道妈妈的辛苦，学会爱妈妈。

**【活动材料】**

布娃娃及其衣服若干、儿歌《世上只有妈妈好》、绘本《我妈妈》。

**【活动过程】**

1. 导入活动：儿歌导入

播放儿歌《世上只有妈妈好》。

师：这首儿歌说的是谁呀？

2. 呈现环节：画面呈现

教师通过讲述绘本《我妈妈》，询问幼儿自己的妈妈在自己心目中的形象以及每天妈妈为自己做哪些事情，是如何为自己穿衣服的。

3. 自主学习环节：动手操作

(1) 操作活动。

① 教师先展示布娃娃，之后向幼儿分发娃娃，引导幼儿像日常生活中妈妈给自己穿衣服一样，给布娃娃穿衣服。

② 教师在旁引导幼儿，给布娃娃穿衣服。

(2) 给娃娃穿衣服。

幼儿之间互相合作，帮助不会给布娃娃穿衣服的幼儿给娃娃穿衣服。

4. 活动展示环节：作品展示

请幼儿展示自己穿好衣服的布娃娃。教师进行点评，对幼儿进行表扬鼓励。

师：原来我们的小爸爸小妈妈这么厉害，把布娃娃的衣服穿得这么好！你们真棒！

5. 结束环节

师：小朋友们，你们现在是不是觉得妈妈特别爱你们呢？那现在，我们用相机记录下来吧！

教师鼓励幼儿大胆表述出对妈妈的爱，并用照相机记录下来。例如，妈妈我爱你，妈妈,我想你了。

**【活动建议】**

(1) 活动变式:活动结束后,请幼儿到美工区,画一幅画送给妈妈。

(2) 家园共育:请幼儿回家后,给妈妈唱儿歌《世上只有妈妈好》,来表达对妈妈的爱。

(二) 案例2(大班)——我爱我家

**【活动目标】**

(1) 知道自己的家并了解家庭成员。

(2) 进一步感受家的温暖,爱自己的家。

(3) 乐于与同伴大胆地表述自己的想法,说说爱家的理由。

**【活动材料】**

娃娃家、围裙、领带、胡子。

**【活动过程】**

1. 导入活动:问题导入

师:小朋友们,我们每天都要回的是什么地方?

师:大家谁能说一下,自己的家住在哪里,家里都有哪些成员呢?

师:大家说得很清楚,都非常厉害!今天老师也想让大家当一下爸爸妈妈,组成一个自己的小家。

2. 呈现环节:实物呈现

(1) 教师将幼儿分成三到四人一组,请每组分别观察收拾整洁的娃娃家。教师询问幼儿,看到现在的娃娃家的感受。

(2) 教师小结:现在的娃娃家很整齐,希望大家也可以把自己的小家安置照顾好。

(3) 讲解游戏规则。

师:每组的小朋友选择好自己扮演的角色,可以是爸爸、妈妈或宝宝,也可以全部都是爸爸妈妈。但无论角色是什么,都要把自己的小家安置好,准备好的小组,就可以进入娃娃家。

3. 自主学习环节:角色扮演

通过角色扮演游戏,幼儿会自行模拟生活中的场景,投入到游戏中。

幼儿根据自己选择的角色联系实际生活,像小大人一样,在娃娃家进行游戏。例如,妈妈去做饭切水果等,爸爸在努力工作,幼儿在玩游戏等。

4. 活动展示环节:表达活动

教师请幼儿互相串门,参观其他娃娃家,互相对自己的家进行介绍,自己都是怎样照顾这个家的，里边都发生了哪些有趣的故事。

5. 结束环节

教师小结：对幼儿整理的娃娃家给予肯定和赞扬，希望大家都热爱自己的家，爱自己的爸爸妈妈。今天的游戏时间到了，娃娃家要准备休息了，让我们下次再来照顾这个温馨的小家吧。

**【活动建议】**

(1) 活动变式：安排值日生，每日请幼儿来整理娃娃家。

(2) 家园共育：幼儿回家后，亲亲抱抱爸爸妈妈，和他们说：我爱你们，辛苦了！

## 四、"爱家乡"活动案例

### (一) 案例1(托班)——我的家乡在河北

**【活动目标】**

(1) 初步了解和感受家乡——河北省的美丽。

(2) 能独立说出自己家乡——河北省的某些特征。

(3) 产生对家乡的情感——河北省的热爱之情。

**【活动材料】**

歌曲《小放牛》、赵州桥的图片、驴的图片、河北菜的图片(李家狮子头、烹虾段、鸡里蹦)、颜料、蜡笔、画纸等工具和材料。

**【活动过程】**

1. 导入活动：歌曲导入

(1) 播放河北民歌《小放牛》。

(2) 自由讨论。

音乐结束后，教师询问幼儿在这首民歌中听到了哪些内容。

师：小朋友们真棒！这首儿歌讲的是赵州桥！赵州桥是我们河北省的著名的景点，而河北省呢，就是我们的家乡！

2. 呈现环节：画面呈现

师：小朋友们，我们现在已经知道了我们的家乡是河北省，那我们的家乡有哪些有趣的特点吗？

(1) 出示赵州桥图片。

师：小朋友们，你们看一看，这是什么呀？

师：这是河北省的赵州桥！赵州桥特别的平坦，它可以让好多人或者货物通过这条河。

(2) 出示驴的图片。

师:我们来看一看,河北省还有什么呢?

师:小朋友们,这是驴! 刚才的那首民歌里也提到了驴。那么,小朋友们知道驴可以帮助我们干什么呢?

教师总结:驴可以帮我们拉磨、拉车、运东西,等等,是一个能干的小助手!

(3) 出示河北菜图片。

师:那我们来看一看,我们的家乡河北省都有哪些好吃的呢?

3. 自主学习环节:绘画活动

让幼儿根据教师所呈现的内容,画一画自己心里家乡的样子。绘画时,以幼儿自选为主,教师可引导幼儿根据自己能力的强弱来选择活动。能力强的幼儿绘画出家乡的一个特色后,还可继续绘画另一特色。

4. 活动展示环节:作品展示

(1) 幼儿相互欣赏并说说喜欢谁的作品。

(2) 重点引导幼儿观察作品中有哪些家乡的特色。

5. 结束环节

师:小朋友们,今天认识了我们的家乡——河北省,知道了河北省有美丽的赵州桥,还有我们的小帮手——驴,好吃的河北菜。那么,请小朋友们回家后,再问一问爸爸妈妈,河北省还有什么好吃的和好玩的,等下次我们再一起分享。

**【活动建议】**

(1) 活动变式:可将材料投放在美工角中,满足幼儿的创作愿望。在幼儿制作过程中,教师可引导幼儿选择不同材料和方式绘画出自己的家乡。

(2) 家园共育:幼儿与父母一起在家做一下家乡的美食。

### (二) 案例2(小班)——我爱我的家乡

**【活动目标】**

(1) 了解家乡的名胜古迹、土特产等。

(2) 能在集体前用完整的语言大胆介绍家乡的景点。

(3) 能为家乡的特色感到高兴。

**【活动材料】**

图片(名胜古迹、特产)、字卡:石家庄、介绍关于家乡的传说及革命故事的相关视频。

**【活动过程】**

1. 导入活动:演示导入

(1) 出示图片,组织幼儿观察赵州桥的景象。

① 师：老师给小朋友们带来了一张图片，请你们看看这是在哪儿？上面有什么东西？

② 注意引导幼儿观察图片上面有一座高高的桥。

(2) 与幼儿共同小结。

师：这是我们家乡的一个有名的风景——赵州桥，图上有一座高高的桥，上边还有行人、汽车，桥下面还有水。

(3) 出示字卡，并组织幼儿认读。

师：小朋友们，你们知道我们家乡的名字吗？

2. 呈现环节：画面呈现

(1) 回忆家乡有名的景点。

师：我们的家乡是一个风景优美的地方，你到过石家庄的哪些地方呢？那里有什么好玩的？

(2) 播放西柏坡纪念馆的相关视频。

师：我们家乡除了有这么多好玩的地方，还有一些历史文化气息，那小朋友们爱不爱我们的家乡呢？

3. 自主学习环节：讨论活动

(1) 引出话题。

师：刚才，我们欣赏了石家庄的一些有名的风景，其实石家庄还有很多特产，你们知道什么是“特产”吗？

(2) 播放家乡特产视频。

引导幼儿结合自己的经验回答，如因村驴肉、缸炉烧饼、今风扒鸡等。

(3) 集体讨论。

师：你还知道石家庄其他的好吃的吗？让我们一起来分享一下吧。

4. 活动展示环节：表达活动

(1) 个别讲述：幼儿分享“我家乡的特产”，进一步体验与同伴交往的愉快心情。

(2) 教师小结：鼓励、引导幼儿进行大胆地思考，说出自己的想法。

5. 结束环节

教师将家乡特色美食的照片投放到语言区，供幼儿区域游戏时与同伴进行讲述。

**【活动建议】**

(1) 活动变式：在区域活动和日常活动中继续提供有关家乡的特产图片供幼儿进行讲述。

(2) 家园共育：引导幼儿向家长介绍自己家乡的革命故事，为自己的家乡感到自豪。

### (三) 案例3(中班)——家乡的桥

**【活动目标】**

(1) 认识桥的结构造型和各种制作桥的材料。

(2) 观察小球在桥上滚动的特点及路线，体验桥的不同之处。

(3) 知道各种各样家乡的桥给人们生活带来的方便之处，增进对家乡的热爱之情。

**【活动材料】**

各种桥梁的图片和制作的桥的模型、多个纸板和纸板条(或棒)、超轻黏土、小圆球。

**【活动过程】**

1. 导入环节：情景导入

场景介绍，幼儿观察桥梁模型。

师：小朋友们，我们开车去春游好不好呀？那春游的路上你们都看到了什么呀？

师：这边有一条小河，我们要怎么过去呢？那在你们的家乡，你们都见过什么样的桥呀？

2. 呈现环节：画面呈现

(1) 出示桥的图片和模型。

师：这里有一些桥的图片和模型，你们看看有没有在家乡见过的桥呀？

(2) 对幼儿进行提问，激发幼儿的兴趣。

师：那这些桥的名字呢？它们是什么形状的呢？你们知道它们是用什么建成的吗？

师：你们知道这些桥有什么用吗？为什么有的桥只能通过汽车，有的桥只能让人走呢？桥在生活中还有哪些作用、用途呢？

3. 自主学习环节：动手操作

(1) 分组讨论、交流桥的制作程序。

① 与同伴共同商量桥的形状、构造。

② 介绍制作桥所需要的材料和工具。

(2) 分组制作桥，教师巡回指导。

教师可根据幼儿能力的差异，有意识地启发幼儿学会友好协商、合作互助，共同完成桥的制作，体验集体的力量。

(3) 测试桥的性能。

引导幼儿用小球实验一下自己桥的性能等，看看小球是否能在桥上滚动，体验不同桥的构造的特点。

4. 活动展示环节：作品展示

将各组制作的桥模型进行展示、交流，并让他们去分享一下自己小球实验的结果，分享他们观察发现到的问题，幼儿之间相互分享制桥的经验和想法。

5. 结束环节

幼儿回家后，与家长一起讨论在桥上怎么保持平衡性，探索桥的特点和稳固性。

【活动建议】

(1) 活动变式：继续在建构区活动中提供各种材料，让幼儿尝试加固桥的稳定性。

(2) 家园共育：可带幼儿去实地参观一下赵州桥，感受家乡的桥独特的魅力。

(四) 案例4(大班)——我爱家乡河

【活动目标】

(1) 了解家乡河的河道变化，知道家乡河在城市的大概分布位置。

(2) 能用连贯的语言，大胆阐述自己见过的河的特征。

(3) 表达自己对家乡的喜爱之情。

【活动材料】

PPT课件(关于七里河的历史)、绘画工具、统计表、家乡河的图片、自绘城市地图。

【活动过程】

1. 导入环节：猜谜导入

(1) 播放“七里河”的谜语课件。

老师：小朋友们，今天老师给你们带来了一个谜语，水滴越来越多会变成小溪，那么一条又一条的小溪汇合在一起变成了什么？

师：小朋友猜谜语，猜一猜是它是家乡的什么。

(2) 结合幼儿已有的生活经验，闭眼快速画“河”。

2. 呈现环节：画面呈现

(1) 回忆河的景象。

(2) 借助PPT课件，讲述七里河演变故事。

师：相传古时候这里就有一条河，河水永不枯竭地向前流着。有一天，周公化装成一位穷人四处走访，当走到一个小村子时，向村民讨口水喝。可怜、自私的村民拒绝了周公这一小小的要求，使周公愤然发怒道：“明四十，暗四十，河水从这儿绕过去！”于是，这条河自皇台底便探入地下，到李村后才抬起头来向东流去。自私、吝啬的村民得到了报应。但无序的开挖、攫取，使这条河及周围的泉水也逐渐枯干了。原来遍地清泉吐珍珠的邢台，现在倒成了缺水之城了。今天的七里河波澜壮阔，便使广大民众欣喜，养鱼也好，其他什么也好，是自然形成的美丽的风景河。

3. 自主学习环节：讨论活动

(1) 小组讨论。

问题：你知道我们邢台有什么河流？你最熟悉的是哪条河？你家附近有什么河流？

(2) 分小组统计。

各小组统计幼儿最喜欢的家乡河，说一说喜欢的原因。

4. 活动展示环节：表达活动

(1) 幼儿在集体面前讲述自己喜爱的家乡河。

① 讲述家乡河在城市的大概分布位置及特点等。

② 教师和幼儿共同总结，进一步感受家乡河的魅力。

③ 谈谈自己最想去哪一条家乡河。

(2) 选出最佳展示小达人。

5. 结束环节

组织幼儿玩语言游戏“邮递员”，加深对家乡河名称的记忆。

**【活动建议】**

(1) 活动变式：在美术区投放超轻黏土等材料，让幼儿动手做一条河。

(2) 家园共育：回家后，在地图上找一找自己喜爱的家乡河的位置，并分享给自己的爸爸妈妈。

## 趣味阅读：中华传统美德小故事

### 林则徐禁烟

林则徐是清朝后期一位著名的民族英雄。他任湖广总督期间，由于清政府腐败，英国强盗把一种叫鸦片的毒品，源源不断地偷运进中国，毒害中国百姓。

林则徐知道后十分焦急。他多次向皇帝上书，陈述鸦片的危害。道光皇帝理解林则徐的一片苦心后，任命他为钦差大臣，负责禁烟。

1839 年 3 月，林则徐来到广州，开始迅速展开禁烟运动。6 月 3 日，人们把缴获的鸦片全部投进销烟池。顷刻间，鸦片全部销毁。林则徐为国家和民族做了一件大好事。虎门销烟的壮举，给英国侵略者以沉重的打击，揭开了中国人民反帝斗争的第一页。

**启示与点评：**

“天下兴亡，匹夫有责。”这是明清时期爱国学者顾炎武的名言。爱国主义在不同的历史时期会有不同的理解和实践，每个时代都有爱国爱民的志士和民族英雄。我们只有发扬这一优秀的民族传统，团结一致，众志成城，才会使我们的国家更加强盛，在世界民族之林中绽放出更加夺目的光彩。

(资料来源：https://wen.51tietu.net/wenku/398050.html)

### 苏武牧羊

匈奴自从被卫青、霍去病打败以后，平静了好长一段时间。他们口头上表示要跟汉朝和好，实际上还是随时想进犯中原。公元前 100 年，汉武帝想要出兵攻打匈奴，匈奴却派使者来求和，还把汉朝的使者都放回来。汉武帝为了答复匈奴的善意，表示派中郎将苏武拿着旌节，带着副手张胜和随员常惠，出使匈奴。

苏武到了匈奴,送回扣留的使者和礼物。苏武正等单于写回信让他回去,没想到就在这个时候,匈奴发生内乱,苏武一行人也受到了牵连。匈奴的单于扣留了苏武,要他背叛汉朝,苏武不愿,单于便许以高官厚禄。再次被苏武严词拒绝后,单于越发敬重苏武的气节,不愿杀他,但也不愿放他回去,便将他发配到北海牧羊。

苏武到了北海,旁边什么人都没有,唯一和他做伴的是那根代表朝廷的旄节。日子久了,旄节上的穗子也掉完了。一直到公元前85年,匈奴的单于死了,匈奴发生内乱,分成了三个国家。新单于没有力量再跟汉朝打仗,又打发使者来求和。

那时候,汉武帝已死去,他的儿子汉昭帝即位。汉昭帝派使者到匈奴,要单于放回苏武,而单于谎称苏武已经死了。使者信以为真,就没有再提。

第二次,汉使者又到匈奴去,苏武的随从常惠还在匈奴。他买通匈奴人,私下和汉使者见面,把苏武在北海牧羊的情况告诉了使者。使者见了单于,严厉责备他说:"匈奴既然存心同汉朝和好,不应该欺骗汉朝。我们皇上在御花园射下一只大雁,雁脚上拴着一条绸子,上面写着苏武还活着,你怎么说他死了呢?"

单于听了,吓了一大跳。他还以为真的是苏武的忠义感动了飞鸟,连大雁也替他送消息呢。他向使者道歉说:"苏武确实是活着,我们立刻把他放回去。"

苏武出使的时候,才四十岁。在匈奴受了十九年的折磨,胡须、头发全白了。回到长安的那一天,人们都出来迎接他。人们瞧见白胡须、白头发的苏武手里拿着光杆子的旄节,没有一个不受感动的,都说他是个有气节的大丈夫。

**启示与点评:**

有气节的人,不管走到哪里,都会受到人们的尊重。人们对这种人的印象不会因为时间的流逝而消逝,反而会随着时间的打磨越来越清晰。

(资料来源:http://baike.baidu.com/item/%E8%8B%8F%E6%AD%A6%E7%89%A7%E7%BE%8A/5532?fr=aladdin)

## 问题与实践

1. 对学前儿童开展爱的教育的意义与价值是什么?
2. 开展爱的主题教育活动时,需要注意什么问题?
3. 请你设计一个有关爱主题活动的方案。

# 第九章　学前儿童社会教育特色主题“美”活动设计

## 内容导读

美育贯穿个体发展和素质培养的始终，幼儿美育更是基础教育和个体发展的奠基之石，重视美育在幼儿成长发展过程中的积极作用，积极彰显美育在美化情感、涵育个性、提升趣味、激发创造等方面的重要作用。为此，幼儿园通过“以美育人”课程的构建与设计，将教育活动以“自然美、艺术美、生活美、社会美”四个方面展开，旨在采取有效的美育实践策略来优化幼儿心灵、活跃幼儿身心、塑造幼儿性格，提升幼儿的审美素养，达到“以美育人”的境界。

## 第一节　主题设计思路

### 一、“美”的教育价值

幼儿美育是幼儿德智体劳的一个教育分支。根据已有研究文献分析，目前对幼儿美育没有一个确切的内涵界定。陈鹤琴认为：幼儿美育应该以陶冶情操，启迪审美感，发展欣赏力，培养幼儿创造力为根本目的①；楼昔勇认为，幼儿美育就是教育艺术化、生活审美化的手段，来实现幼儿心灵的滋润、性格的美化、审美能力的提高以及身心健康全面发展的教育目的②；张俊春认为，学前儿童的美育是通过各种美的形态如自然美、社会美以及艺术美等为手段，培养学前儿童健康的审美观念、初步的感知欣赏美、创造表现美的能力，并由此促进幼儿美感发展的教育③；陈采煌则认为，幼儿美育是利用美的事物，通过组织符合幼儿身心发展特点与规律的审美活动，培育幼儿审美情趣和审美能力的教育活动④。可以见得，对幼

---

① 北京市教育科学研究所．陈鹤琴全集(第二卷)[M].南京：江苏教育出版社，1990.

② 楼昔勇．幼儿美育[M].上海：华东师范大学出版社，1991.

③ 张俊春．幼儿园美育的方法研究[J].课程教育研究，2017(36)：209-210.

④ 陈采煌．地方传统文化在幼儿美育中的传承与运用探究[J].成才之路，2017(35)：70-71.

儿美育的概念界定是众说纷纭，但无外乎都是在遵循幼儿身心发展规律和美育特点的基础上运用艺术化、生活化的手段来启迪幼儿的心灵美、激发人性美、塑造形象美和创造生活美，重在培养“生活艺术家”。《国家中长期教育改革和发展规划纲要(2010—2020)》中也明确指出，要“促进德育、智育、体育、美育有机融合，提高学生综合素质”。研究幼儿园美育课程的教育价值，发挥其特殊的育人功能，已成为我国新一轮基础教育课程改革的重要契机[①]。同时，美育教育也是促进幼儿全面发展的重要组成部分。因此，必须重视幼儿园教学的美育教育渗透，为幼儿未来的发展打下坚实的基础。

## 二、“美”主题的课程构架

基于以上思考，通过“以美育人”课程的构建与设计，能够更加完整系统地帮助幼儿获得“美”。在进行以美为主题的教育活动的设计过程中，主要依据的是幼儿不同年龄的特点以及对有关美的教育内容进行适当的梳理，教育活动以自然美、艺术美、生活美、社会美四个方面展开，并将有关美的教育内容很好地融入五大领域的课程中，以期通过课程的有效开展，使幼儿获得美的体验，进而形成追求美、接受美的良好素质教育(图 9-1)。

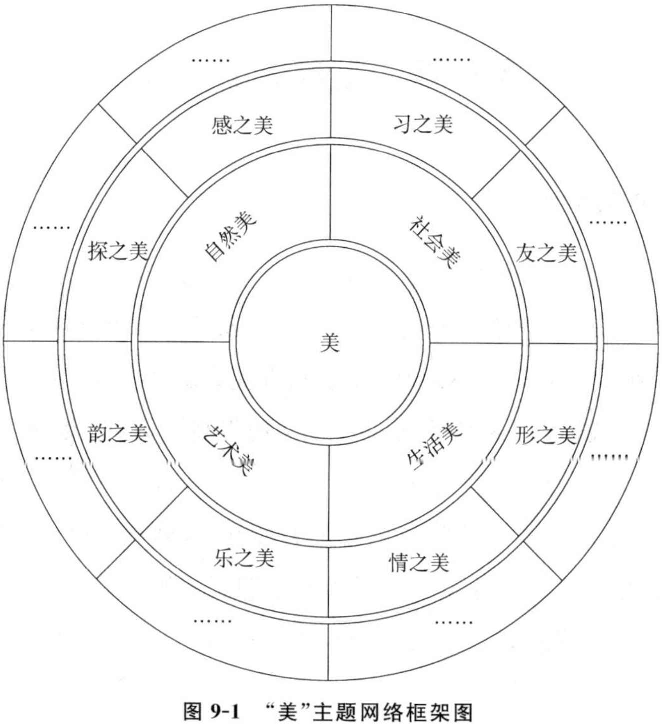


**图 9-1 “美”主题网络框架图**

① 殷洁. 幼儿园美育课程的内涵及其设计[J]. 内蒙古师范大学学报(教育科学版)，2012，25(4)：50-53.

## 三、“美”主题的课程内容

### （一）自然美

大自然是幼儿最为生动形象、可充分感知的生活场所[①]。“大自然是活教材”，这是陈鹤琴先生提出的教育思想，提倡利用各种自然环境、自然资源，以自然为师，注重幼儿的自然环境体验[②]。幼儿园教育教学应重视自然环境的作用，因地制宜，系统整合自然资源，为幼儿提供探索自然、感知自然、亲近自然的机会。

基于此设计了“自然美”的主题教育活动，并分为了“感之美”和“探之美”两个主题活动，让幼儿在体验与感受中，愿意探索自然世界，提高幼儿对自然的兴趣，热爱自然。如在大班《小小观察员》活动中，通过让幼儿接触大自然、倾听大自然的声音引起幼儿对活动的兴趣。在这个活动中，教师还可以从社会、语言、艺术、科学等各个不同领域出发，帮助幼儿积累、延伸、交汇，从这一个活动的“点”，到各个领域的“线”，最后到不同领域的交叉整合的“面”，形成一个有机整体。教师可以引导幼儿进行游戏以锻炼互助、合作、分享的能力，自由讨论和描述动物的外形以发展幼儿的表达能力和倾听能力，在艺术领域用线条、色彩、声音、动作等方式表现动物，在科学领域引导幼儿讨论动物的生活习性，了解动物的种类，使幼儿获得动物的立体的、统一的认识，使幼儿能在充满兴趣的环境中认识美，从而提高幼儿审美水平。

### （二）艺术美

艺术具有自然性、生活性和审美性。艺术虽是人为之物，但艺术的根基还是在自然存在物上[③]。艺术是人类感受美、表现美和创造美的重要形式，也是表达自己对周围世界的认识和情绪态度的独特方式。对幼儿来说，关键在于为他们创造条件和机会，让幼儿在大自然和社会文化生活中萌发对美的感受和体验，丰富其想象力和创造力。幼儿园艺术教育的主旨在于让幼儿在艺术活动中自由地感受、自由地表达。在活动中感受美的事物，获得身心愉悦，并将自己内心的体验表达出来。《幼儿园工作规程》在保育和教育的主要目标中提到“培养幼儿初步的感受美和表现美的情趣和能力。”但是，从感受美到以自己喜欢的方式表达出来需要经历一个复杂过程，是幼儿认知与情感等各种心理因素共同作用的过程。这就涉及幼儿感受美、表现美的过程。

在“艺术美”主题活动中，主要分为“韵之美”和“乐之美”两个主题活动，通过活动的开展，引导幼儿学会用心灵去感受和发现美，用自己的方式去表现和创造美。如在小班活动

---

① 瞿鸿艳．论生态式学前课程的价值取向及实现路径[J].陕西学前师范学院学报，2018，34(12)：59-62，67.

② 陶双骥．生态学视野下幼儿园自然教育活动组织策略[J].陕西学前师范学院学报，2019，35(4)：11-16.

③ 艾佐，沈韫青．基于艺术的特征开展幼儿园艺术教育活动[J].学前教育研究，2017(7)：70-72.

《水杯琴》中，教师不是用真正的琴来演奏歌曲，而是用幼儿日常生活中常见的玻璃杯和水来演奏，幼儿在生活中见到玻璃杯会自发地进行敲敲打打，在这次活动中教师带领幼儿探索不同音调的水杯琴，并最终用自制的琴来演奏歌曲，一方面满足了幼儿的好奇心，发现生活中的乐趣，另一方面让幼儿初步感受韵律美，并愿意在活动结束后用新的演奏方式进行演奏，用自己的方式表现并创造美。

（三）生活美

生活中处处有美的痕迹，教育者需要拥有一双善于发现生活美的眼睛，带领幼儿在日常生活中探寻美的足迹，塑造幼儿的审美观。常鑫认为日常生活是幼儿审美教育的源泉，想要发掘生活中的美，一是通过创造美丽多彩的幼儿园环境和家庭生活，二是让幼儿主动接近自然进行审美教育，三是通过将新时期社会主义的核心价值观渗透到日常生活中①。在生活美的主题活动下，开展的两个活动分别是“情之美”和“形之美”，帮助幼儿更好地进行社会交往，更容易融入同伴中。在《幼儿园教育指导纲要（试行）》中提到，幼儿情绪情感方面的培养内容有：把“在集体生活中情绪安定、愉快”作为幼儿健康教育的首要目标；形成良好的师生、同伴关系，让幼儿在集体生活中感受到温暖、快乐，形成安全感、信任感；幼儿园在各个领域的教育都应促进幼儿情绪情感的发展。《3～6 岁儿童学习与发展指南》中社会子领域人际交往方面的目标 4 提到：2～3 岁幼儿能够同情身边生病的人或不开心的人；4～5 岁幼儿能注意到别人的情绪并表现出关心和体贴；5～6 岁幼儿能注意到他人的情绪和需要，并给予他人适时的帮助。

由此可见，幼儿园应重视幼儿的情绪教育，把促进幼儿情绪调节能力的发展作为幼儿情绪教育的重要组成部分，并反映在幼儿园的教育活动中②。如在中班《我的好情绪》活动中，教师先用两只小兔子（一只大笑、一只哭泣），帮助幼儿建立两种不同的情绪环境，通过谈话认识不同的情绪如伤心、高兴、难过等，再用掷骰子的方式带领幼儿根据掷到的情绪，做相应的表情，让其他幼儿猜一猜，最后把相应的表情画出来。这样有趣的活动过程能让幼儿积极参与到活动中，感受不同情绪带来的变化，并学会如何正确调节害怕、难过等不良情绪。

（四）社会美

人自出生开始，社会化便贯穿于生命的始终。幼儿时期是一个人认识社会、形成正确价值观的关键时期，个体在将来能否更好地适应社会和与人交往，都与幼儿时期的教育密切相关。如果在幼儿阶段仅在智力方面获得发展，没有形成良好的生活和学习习惯，不能

① 常鑫．刍议幼儿美育：寓教于美[J]．基础教育研究，2019(17)：91-92.

② 杨洋．以情绪主题绘本为载体促进大班幼儿情绪调节能力发展的行动研究[D]．西安：陕西师范大学，2017.

正确与人交往，没有掌握良好的社会规范和规则意识，则其发展是不全面的[1]。我国著名儿童教育家、儿童心理学家陈鹤琴继承了古代教育的优良传统，十分重视教育幼儿学会“做人”，他强调要培养幼儿学会合作，并注意培养礼貌、诚实等品质。同时，还要养成乐于欣赏、快乐的积极情绪，帮助儿童克服发脾气、娇气、惧怕等不良性格。在教育上，陈鹤琴非常重视幼儿良好习惯的培养，如穿衣、刷牙、洗脸、吃饭等[2]。

由此看来，社会性的发展对幼儿的成长来说是至关重要的，在对幼儿进行“社会美”的教育中，主要从“友之美”和“习之美”两个主题入手，作为幼儿学习和生活的主要场所，幼儿园应注重引导儿童了解传统习俗和中华优秀传统文化，掌握交往礼仪，在生活中发现美、感悟美，促进其社会性的发展，帮助幼儿更好地融入集体。如在托班《怎样交朋友》的活动中，重点让幼儿感知《小猪交朋友》故事的情节，通过表演故事内容，体验故事的情趣，养成爱洗澡的良好生活卫生习惯能够知道朋友之间要互相帮助，乐于交往，感受与朋友在一起的快乐。

以上“美”系列单元主题教育活动，围绕自然美、艺术美、生活美、社会美四个方面展开，遵循幼儿的认知发展规律和审美心理的差异性，帮助儿童建立起对美的初步认识，开展丰富多彩的美育活动，充分调动幼儿的美育积极性，真正地做到以美育人，培养幼儿的品格美，塑造幼儿的性格美。

# 第二节　主题活动目标

## 一、“自然美”“艺术美”主题目标

### （一）托班

（1）喜欢接触自然，对周围的事物和现象感兴趣。

（2）能够认识常见的动植物，认识天气。

（3）在成人帮助下，能基本适应集体生活。

（4）对颜色感兴趣，并对颜色有一定的认识。

（5）喜欢听儿歌、听故事。

（6）喜欢听音乐，在成人的指导下，喜欢用身体做一些简单的律动。

### （二）小班

（1）喜欢接触自然，对周围的事物和现象感兴趣。

---

① 韩奕．生态学视野下幼儿园社会教育课程研究[D]．济南：山东师范大学，2018.

② 嵇珺．我国幼儿园社会领域教育研究[D]．南京：南京师范大学，2012.

（2）能够认识常见的动植物，认识天气。

（3）喜欢参加集体活动，并感到愉悦。

（4）对颜色感兴趣，并对颜色有一定的认识，在成人的指导下，能运用颜色进行艺术创作。

（5）喜欢听儿歌、听故事。

（6）喜欢听音乐，在成人的指导下，能够用身体做一些简单的律动。

（三）中班

（1）喜欢接触自然，对周围的事物和现象感兴趣，并能对感兴趣的事物进行仔细的观察。

（2）能够认识常见的动植物，认识天气，能够用声音、动作、艺术作品等表现周围的情景和事物。

（3）喜欢参加集体活动，并能在集体活动中表达自己的想法。

（4）对线条感兴趣，并对线条有一定的认识，能够运用多种多样的线条进行艺术创作。

（5）喜欢音乐、舞蹈等艺术作品，在成人的指导下，能够自信地表演。

（四）大班

（1）了解季节的变化，能够感知春天动植物的变化和春天的美，并乐于收集和分享美的事物。

（2）知道春天是播种劳动的季节，能使用简单的劳动工具或用具，尊重劳动成果，珍惜生命，保护环境。

（3）能用儿歌、音乐和简单的律动等来表现自己的情绪或故事情节。

（4）能为表演选择合适的服装和道具，并动手参与制作和布置。

（5）能初步感受文学作品中的美，对古诗感兴趣，并能参与诗歌讨论，在图书馆等公共场所可以保持安静。

## 二、“生活美”“社会美”主题目标

（一）托班

（1）情绪比较稳定，有比较强烈的情绪时，能在成人的安抚下逐渐平静下来。

（2）具有健康的体态，在指导下能坐直、站直。

（3）在成人指导下，愿意和小朋友一起游戏。

（4）在成人提醒下，不经允许不拿别人的东西，爱护玩具、图书和其他物品。

（二）小班

（1）初步了解情绪及不同情绪的表现，能够保持情绪稳定，有较强情绪反应时，可以被安抚。

(2) 了解体态美，在成人的提醒下，可以保持写、画、走、站等姿势正确，可以用身体动作展现和模拟生活情景。

(3) 可以友好地与同伴进行游戏，与同伴产生冲突时，可以听从成人的劝解。

(4) 懂得基本的社交礼仪，不经允许不拿别人的东西，爱护玩具、图书和其他物品。

(三) 中班

(1) 有积极、稳定的情绪，愿意与他人分享自己的情绪，能够通过语气、语调等感受别人的情绪。

(2) 认识体态美，在成人的提醒下，走、站、写、画等姿势正确，能够用身体动作展现节奏，并愿意通过各种活动展现自己的体态美。

(3) 有与同伴交往的正确技巧，愿意接受同伴的意见，在他人的帮助下可以合理解决冲突。

(4) 了解并遵守基本的社交礼仪，可以主动使用礼貌用语。

(四) 大班

(1) 保持愉快的情绪，并懂得自我情绪调节的技巧。表达情绪的方式正确，且可以帮助他人调节情绪。

(2) 认识体态美的重要性，可以经常保持良好的身体形态，可以根据律动、舞蹈等展现自己的身体动作。

(3) 能够吸引同伴一同游戏，可以共同解决游戏过程中的困难问题，能够接受别人不同的意见，并可以通过协商来解决同伴矛盾。

(4) 认识良好的社交习惯及其重要性，并在社会生活中坚持下去。

## 第三节　教育建议

2015 年 9 月教育部文件《关于全面加强和改进学校美育工作的意见》明文要求，幼儿园美育必须通过开展适合于幼儿身心发展的活动培养幼儿美好、善良的心灵，使其拥有珍惜美好事物的意识，使他们能通过自己的方式去表现美、创造美，获得快乐生活、健康成长[①]。这一要求无疑对我国幼儿美育的规范改革与时代发展具有重要的划时代意义。故而，对幼

① 教育部．关于全面加强和改进学校美育工作的意见[EB/OL].(2015-9-15)[2018-10-5]. https://wenku. Baidu. Corn/view/eda94a2ea36925c52cc58bd63186bcebl9e8ed3b. html.

儿进行审美教育是优化幼儿教学改革的必然需要，是幼儿作为独立个体本身特点的本质需要，更是国家发展和社会进步的时代需要。

## 一、拓宽幼儿美育的想象力

《3～6岁儿童学习与发展指南》明确指出，要给幼儿创造接触多种艺术形式和作品的机会，尊重并理解幼儿欣赏作品时的独特感受。因此，在日常美育工作过程中，教师要对幼儿思维发展的特点有深刻的认知，设计有一定思维启发性的教学环节来发挥幼儿的想象力，让想象力成为幼儿畅想美的支撑，让幼儿在想象中开发智力，获得更好的审美素养，让幼儿对美的理解得到质的飞跃。绘画作为重要的艺术表现形式，在幼儿园中深受幼儿的喜爱，也是幼儿美育工作和想象力发展的一项重要内容。例如，进行美育活动“圆形变变变”时，教师要在绘画中充分发挥幼儿的主体作用，把绘画变成幼儿自由想象、大胆创作、体验美的活动。通过让幼儿充分感知生活中随处可见的圆形物品，如西瓜、太阳、苹果、饼干、球等，激发幼儿想象，大胆地创作、大胆地表现。接着，通过小熊吹泡泡的故事配以简笔画的变化形式来启发幼儿想一想、说一说，鼓励幼儿先在小组内交流，说一说吃的、玩的，教室里、马路上见过的圆形东西，并将自己想变的圆圆的东西通过绘画的形式展示出来。为了拓展延伸，教师也可以将画有三角形、方形的作业纸放在美工角，让幼儿自由添画，并把作品陈列在作品角，引导幼儿互相观赏画好的作品。这样的自由想象，能让幼儿获得更好的美学感悟。

## 二、开掘“多维”幼儿美育路径

在幼儿美育启蒙中，教师若要培养幼儿的美育意识，使幼儿发挥自主意识去主动发现美、欣赏美和创造美，则可利用故事情境教学法，对幼儿美育启蒙进行优化。在托班《怎样交朋友》活动中，教师可先给幼儿讲述《小猪交朋友》故事，让幼儿走进故事情境中并思考“为什么其他动物不愿和小猪做朋友？小猪最后怎么交到朋友的呢？”在幼儿对故事的内容展开思考后，教师为了启蒙幼儿的美育意识，可进一步提出新的问题，让幼儿展开思考：“如果小猪讲卫生、爱洗澡，那它一开始还会有这样的烦恼吗？你认为应该怎样交朋友？”在教师的一步步引导下，幼儿养成爱洗澡的良好生活卫生行为，掌握交往礼仪。

在幼儿教育中，图文结合的教育模式符合幼儿的认知特点和兴趣特点，一般适用于绘本教学活动。教师可将这一教育模式与美育启蒙结合起来，增强幼儿的审美能力以及对美的认知能力，提升幼儿的美育素养[①]。在“生活美”主题活动中，教师可引入《世界真好》这一绘本，让幼儿走进绘本，欣赏绘本插图，理解绘本文字，进而展开美育鉴赏活动。幼儿在小老鼠的引领下，就像进入一个无忧无虑的美好世界，感受到这个世界的真、善、美，领悟到大自然的清新，生命的美好，使其在领略美育风采的同时，逐渐培养自己良好的审美情趣与审美能力。

唱歌、跳舞、做游戏等活动对幼儿具有很大的吸引力，这些活动能够充分激发幼儿对学习的积极性。教师在教学时可以选择一些形象生动、符合幼儿心理特征的歌曲、舞蹈，让幼儿学习，帮助幼儿身心发育，提高幼儿的综合素养，引导幼儿认识各种道理、发现美好事物[②]。比较贴合幼儿心理，与幼儿相关的儿歌有很多，如《找朋友》《小星星》《下雨啦》等，这些儿歌具有朗朗上口的特点，在学习儿歌的过程中，幼儿能够感受到各种优美的旋律，联想到大自然中的动物，自然而然地受到美的熏陶。

## 三、日常教学中融入美育

3～6 岁的幼儿正处于个性萌芽和美育工作的关键阶段。为此，教师更要紧扣兴趣这一原则，从愉悦幼儿身心出发，将美变成幼儿的一项最基本、最直接的乐趣价值。首先，教师要了解幼儿的心态，为幼儿揭示自然界中的美，积极开展观赏自然的课程以及活动，让幼儿能够深入了解大自然。如幼儿生活周围的街道、公园、人文景观以及动植物园、博物馆、电影院等这些社会性的美育资源，无疑丰富了幼儿美育内容，拓宽了幼儿审美教育的渠道。因此，教师可通过有组织的集体实践活动或家校联动的方式，带领幼儿到美术馆、博物馆，让幼儿欣赏自然美、感受人情美、领悟人性美。

其次，教师要让幼儿充分欣赏大自然的美，提升幼儿对美的鉴赏和感悟能力，为幼儿成长和学习奠定基础。教师运用适当的艺术语言，为幼儿讲解各种自然现象，确保幼儿能够理解美，激发和培养幼儿对大自然的热爱之情，发挥美育的价值和作用。如玩泥巴是每个幼儿天性的开始，做陶艺其实就是“玩泥巴”，这显示了陶艺的乐趣与人类心灵情操培养的自然关系，它远比绘画中的涂鸦来得早。幼儿尽情感受泥土的柔软，这个过程充满了纯天然的气息和生命力，能让幼儿在亲近、回归自然中，发挥使用原始材料的本能，在陶艺活动中寻找自己、发展自己，塑造一个个全新的幼儿心理世界，助推幼儿美育工作到一个全新的高度。

---

① 涂华红．浅谈如何对幼儿进行美育教育[J]．新课程(综合版)，2018(6)：222．

② 朱瑾．幼儿美育启蒙的实践策略[J]．教育观察，2021，10(32)：118-120．

# 第四节 活动案例

## 一、“自然美”活动案例

### （一）案例1（托班）——我是“涂鸦”小能手

**【活动目标】**

（1）知道自己生活环境周围都有哪些美景。

（2）掌握握笔的正确姿势，会用蜡笔进行涂鸦。

（3）产生对绘画的兴趣及美景的热爱。

**【活动材料】**

家乡美景图片的PPT（小桥、小河、房子、大山）、画纸、油画棒。

**【活动过程】**

1. 导入活动：问题导入

师：小朋友，你们爸爸、妈妈带你们去过哪些地方玩呢？这些地方都有什么好看的美景？

2. 呈现环节：画面呈现

（1）出示家乡美景图片，幼儿观察。

（2）向幼儿介绍绘画工具名称。

师：今天老师带了许多好朋友，你们知道它们叫什么吗？它们叫油画棒。还记得你们在哪里见过它们吗？今天，让我们来跟油画棒一起玩游戏吧！

（3）引导幼儿观察油画棒。

师：看一看，有许多油画棒住在盒子里，它们是什么样的？它们的颜色一样吗？都有哪些颜色？

3. 自主学习环节：操作活动

（1）教师示范正确使用油画棒。

引导幼儿观察拿笔的方法和正确姿势，用完放回原处。

（2）教师取各色油画棒，在大图画纸上简单地画，让幼儿欣赏，如小花、小鸡等，引起幼儿的兴趣。

（3）幼儿绘画，教师交代涂鸦要求，提醒幼儿换不同颜色。

师：小朋友们，我们刚才一起看了好多家乡的美景，想一想它们都是什么颜色的呀？现在我们变身成涂色小能手，给这些小河、大山、小房子涂上颜色吧。

（4）教师巡回指导，纠正幼儿不正确的握笔姿势。

4. 活动展示环节：作品展示

（1）组织幼儿互换作品，相互欣赏、交流讨论。

（2）教师点评，并提示幼儿收放好油画棒。

师：今天油画棒和我们一起变魔术，变出了许多东西，真有趣！现在让我们送它们回家吧！

5. 结束环节

教师将幼儿绘画好的作品布置在班级的主题墙上，供幼儿相互欣赏。

**【活动建议】**

（1）活动变式：在美工区提供油画棒的彩色卡通图片和各色油画棒，让幼儿进一步了解油画棒的形状、颜色，并喜爱油画棒。

（2）家园共育：建议家长在家中为幼儿创造一个宽松的绘画环境。

（二）案例 **2**（大班）——小小观察员

**【活动目标】**

（1）初步建立热爱大自然的情感，具有环保意识。

（2）能运用感官探求自然之谜。

（3）尝试用语言大胆表达自己的感受。

**【活动材料】**

野外生活所需携带的物品、每人一个背包、画纸、绘画工具。

**【活动过程】**

1. 导入活动：游戏活动

（1）游戏“指五官”，引起幼儿兴趣。

师：我们一起来玩“指五官”游戏，听我口令，看看谁指得又快又对！

（2）教师小结。

师：小朋友的反应很快，说明小朋友的耳朵听懂了老师的话。不要以为人才会说话，大自然也有它自己的语言。大自然的话你们能听懂吗？靠什么发现呢？我们一起探索大自然的奥秘！

2. 呈现环节：实物呈现

（1）摸摸大自然，听听大自然的声音。

师：我找了一块安全地带，现在小朋友自由结伴两人一组，一位用布蒙住眼睛，由另一位带他去摸摸大自然里的东西，感觉一下大自然中各种东西是干燥的还是潮湿的，是硬的还是软的？

（2）幼儿自由讨论。

请幼儿分组讨论触摸大自然时体会到什么，鼓励幼儿用语言大胆地表达自己的感受。

3. 自主学习环节：讨论活动

(1) 共同讨论：有没有发现感受到大自然的话。

(2) 自由结伴讲述：分享自己听到的声音和感受，如几种动物的叫声。

4. 活动展示环节：作品展示

(1) 幼儿绘画出大自然的景象，如一些动物的外形特征。

(2) 分组介绍绘画作品，相互欣赏、交流讨论。

5. 结束环节

师：请小朋友们用自己的声音模仿一下你听到的声音，其他小朋友猜一猜是什么动物的声音。

**【活动建议】**

(1) 活动变式：引导到幼儿在建构区，运用围合、架空等方法搭建植物园。

(2) 家园共育：家长和幼儿一同走进大自然，感受大自然的一草一木、昼夜交替、风雨变幻。

## 二、"艺术美"活动案例

### (一) 案例1(小班)——水杯琴

**【活动目标】**

(1) 知道瓶子内放不同量的水，敲击时会发出不同声音。

(2) 探究水杯琴的音调与水量多少的关系。

(3) 感受韵律的美，具有初步的探索欲望。

**【活动材料】**

充足的水、水盆、透明色水杯及小木棍若干。

**【活动过程】**

1. 导入活动：歌曲导入

(1) 教师播放音乐《小星星》，幼儿欣赏。

(2) 出示玻璃杯，幼儿讨论。

师：小朋友看这里有些玻璃杯(事先准备好的装有不同量水的玻璃杯 d、r、m、f、s、l、t)和一根小木棍，你们觉得能敲出来这首歌曲《小星星》吗？

2. 呈现环节：实物呈现

(1) 敲敲听听。

教师演示敲击出《小星星》的旋律。

（2）感知水杯琴的音调与水量多少的关系。

师：你们听（教师依次敲击玻璃杯 d、r、m、f、s、l、t），为什么都是玻璃杯，老师用小木棍敲它时发出的声音却不一样呢？

（3）量量填填。

教师引导幼儿观察分别用多少毫升的水，可以敲出 do、re、mi……这些不同的音呢？幼儿分组进行记录，小组内说一说自己的发现。

（4）教师小结。

师：原来，水越多，空气越少，发出的声音越低。反之，水越少，杯中的空气越多，发出的声音越高。水量越来越少，音越来越高，这些神奇的玻璃杯有一个好听的名字，叫“水杯琴”。

3. 自主学习环节：操作活动

（1）幼儿分组实验。

教师请幼儿往水杯内装水，幼儿可以随意装水，可以多一点也可以少一点，装好后放到桌子上。教师再分发给幼儿小木棍，幼儿排队依次敲击桌面上的水杯，感受装有不同水量的水杯敲击时发出的不同声音。敲击完毕收回小木棍，请幼儿回到座位上。

（2）双人演奏。

请每两名幼儿为一组，上前进行演奏，每组幼儿约 15 秒时间。

师：请相邻座位的两位小朋友为一组，来敲击玻璃杯，只有 15 秒时间，老师喊停的时候，你们就把小木棍放下回到座位上。

4. 活动展示环节：表达活动

个别讲述：请幼儿分享一下敲击玻璃杯的感受。思考一下为什么同样的玻璃杯，同样的小木棍却敲击出不同的声音呢？

5. 结束环节

整理材料，结束活动。

师：请小朋友们帮老师把水杯琴收拾一下，并且将水杯琴内的水倒在盆子里。

**【活动建议】**

（1）活动变式：在科学区投放玻璃水杯及装满水的容器，让幼儿自己进一步探索水杯琴的音调与水量多少的关系。

（2）家园共育：幼儿回家后，与家人一起自制“水杯琴”，演奏出好听的音乐。

### （二）案例 2（中班）——分享真快乐

**【活动目标】**

（1）懂得分享的道理，逐步提高与人友好相处的交往能力。

（2）能与同伴分享玩具、图书，并积极地交流自己的想法。

**【活动材料】**

收集一件幼儿自己喜欢的物品，如一个玩具或者一本图书；布置一个“我喜欢的……”主题墙；《一粒小米种子》教学挂图；幼儿与同伴分享和愉快玩耍的照片；轻柔的背景音乐。

**【活动过程】**

1. 活动导入：谈话活动

(1) 交流分享自己最喜欢的物品。

师：小朋友们，谁想说一说自己最喜欢的东西是什么？为什么喜欢？

(2) 创设问题情境，幼儿讲述有关分享的想法。

师：如果你喜欢的东西，你的同伴也喜欢，你会怎么办呀？

(3) 教师小结，引出主题。

师：有的小朋友说藏起来，有的小朋友说一起玩，有的小朋友说你玩一会我玩一会谦让着玩。小鸡连克也遇到了相同的问题，我们来听故事，看看小鸡连克是怎么做的？

2. 呈现环节：故事呈现

(1) 完整讲述故事，知道分享的意义。

师：小鸡连克在院子里找到一粒小米种子时是怎么想的？怎么做的？他为什么这么做？连克的同伴吃到小米时心情是怎样的？小鸡连克的心情又是怎么样？

(2) 引导幼儿情感迁移。

教师小结：小鸡连克有好东西时总是愿意与同伴分享，分享就是有了好吃的和别人分着吃，有好玩的东西和别人一起玩，有好书能轮流看。分享让同伴快乐，也能让自己很快乐。

3. 自主学习环节：讨论活动

(1) 共同讨论：你和好朋友分享过什么？分享后，好朋友的心情是怎样的？你的心情是怎样的？

(2) 自由结伴讲述：讲述自己的分享经历，感知分享的意义。

4. 活动展示环节：表达活动

(1) 播放音乐，幼儿结伴交换物品。

(2) 观看与同伴分享物品时的情景照片，感受到同伴之间分享时的温馨与美好。

个别讲述：你和谁分享了自己的好东西，交到了新朋友吗？心里有什么感受，有不愉快的事情发生吗？怎样解决的？

5. 结束环节

教师小结，结束活动。

师：分享能帮我们交到更多的好朋友，在分享的时候，我们要有礼貌，爱惜别人的东西，玩完了及时归还。

**【活动建议】**

(1) 活动变式:日常生活中,教师多鼓励幼儿与同伴分享自己的东西。

(2) 家园共育:幼儿回家后,与父母共同阅读《一粒小米种子》,懂得分享的道理。

**附:**

**《一粒小米种子》**

有一天,小鸡连克在院子里找到一粒小米种子。连克平时非常大方,朋友们也很多,从来不一个人吃东西,有东西总是分给朋友们一起吃。他瞧瞧找到的这粒小米种子,不由得犹豫起来:种子这么小,只能一个人吃怎么办?鸡妈妈知道了,就告诉他说,你把这粒小米种子种在地里秋天再来吧。秋天到了连克来到埋下小米种子的地方。只见长长的一株小米成熟了,结的小米谷粒真多啊。他赶快把谷粒收下来。连克把丰收的消息告诉朋友们,请大家到他家里来做客。朋友们看着桌子上摆着金灿灿的谷粒,高高兴兴地吃起来。

## 三、“生活美”活动案例

### (一) 案例1(托班)——世界真好

**【活动目标】**

(1) 感知生活中看到的美的事物。

(2) 能够认真地倾听绘本《世界真好》,理解故事内容。

(3) 愿意主动与同伴分享自己的想法。

**【活动材料】**

绘本《世界真好》。

**【活动过程】**

1. 导入环节:谜语导入

师:小朋友们,今天老师给大家介绍一个新朋友,它的尾巴长长的,会吱吱地叫,它最害怕的呀,就是大花猫,因为大花猫会把它吃掉,小朋友们猜到它是谁了吗?

2. 呈现环节:绘本呈现

(1) 教师声情并茂地讲述绘本故事,幼儿倾听验证自己的猜想。

(2) 教师提问,幼儿深入理解故事内容。

① 小老鼠发现亮亮的东西是什么?

② 小老鼠为什么这么开心?他发现什么美好的事物?

③ 这个世界属于谁的呢?

(3) 教师小结。

师:原来,外面的世界有那么多不可思议的景象和声音,每个生命都可以分享世界。

3. 自主学习环节:讨论活动

(1) 共同讨论:你觉得生活中美好的事物有哪些呢?

(2) 自由结伴讲述:请幼儿分享自己的美好故事。

4. 活动展示环节:表达活动

个别讲述:请幼儿说一说在生活中怎样发现美好的事物。

5. 结束环节

师:今天小朋友表现得都很棒,希望大家以后也要多多参与我们的集体活动哟! 接下来,请小朋友们喝杯水,然后穿马甲,我们一起去户外活动啦!

**【活动建议】**

(1) 活动变式:在图书区投放绘本《世界真好》,供幼儿阅读分享。

(2) 家园共育:幼儿回家后,向父母讲述自己发现的美好事物。

(二) 案例2(中班)——我的好情绪

**【活动目标】**

(1) 了解高兴、伤心的基本情绪。

(2) 学习将坏情绪变好的方法。

(3) 能够为自己关心同伴情绪的行为感到快乐。

**【活动材料】**

两只小兔子(一只大笑、一只哭泣),晴天、雨天的背景图,《你笑起来真好看》音频,蜡笔,画纸。

**【活动过程】**

1. 导入活动:歌曲导入

(1) 播放《你笑起来真好看》歌曲,引发兴趣。

请幼儿拍手圆圈入座,拉进幼儿与同伴彼此的心理距离。

(2) 分享自己的感受。

师:刚刚我们唱歌的心情怎么样? 开不开心? 今天,老师请来了两位小客人,你们猜一猜是谁来了呀?

2. 呈现环节:实物呈现

(1) 介绍两只小兔子,引出主题。

师:小朋友们好,我每天开开心心的,喜欢笑嘻嘻,所以我叫高兴;我总是遇到不开心的事情哭泣,所以我叫伤心。

(2) 出示背景图,幼儿观察。

教师将高兴的小兔子贴到晴天背景图上,哭泣的小兔子贴到雨天背景图上。

师：名叫“高兴”的小兔子周围的环境是什么样子的？“伤心”的小兔子呢？

(3) 教师小结：我们看到开心的小兔子周围都是暖洋洋的，哭泣的小兔子周围都是湿湿的。

师：小朋友们想不想周围都暖暖的，好多美丽的花草都围着你呢？那我们每天一定要像“高兴”小兔子一样开开心心的，大声笑出来，保持一个好心情！

3. 自主学习环节：表达活动

个别讲述：有没有什么办法让“伤心”小兔子高兴起来。

4. 活动展示环节：表演活动

(1) 通过掷骰子的方式，请两位幼儿模仿扮演“高兴”和“伤心”，体验情绪。让其他小朋友猜一猜，最后把相应的表情画出来。

(2) 幼儿分组扮演“高兴”和“伤心”的小兔子，体验帮助别人后的快乐。

5. 结束环节

教师播放《你笑起来真好看》歌曲，并让幼儿与同伴之间一起蹦蹦跳跳，享受音乐。

**【活动建议】**

(1) 活动变式：在美工区投放盒子、蜡笔等材料，引导幼儿制作“情绪垃圾桶”。

(2) 家园共育：幼儿回家后，与家人一起制作“微笑卡”，并将它送给自己的好朋友。

### (三) 案例3(大班)——快乐的小公主

**【活动目标】**

(1) 理解故事内容，知道给予也是一种快乐。

(2) 敢于向同伴表达自己的看法。

(3) 乐于与同伴一起表演，在生活中保持快乐的心情。

**【活动材料】**

《快乐的小公主》故事书、幼儿快乐的照片、歌曲《表情歌》。

**【活动过程】**

1. 导入活动：歌曲导入

(1) 播放《表情歌》，引出主题。

(2) 出示故事书，引发兴趣。

师：这个图片上的是谁啊？她是什么样的，又是什么表情呢？那你们想不想知道发生在她身上的故事吗？

2. 呈现环节：故事呈现

(1) 听故事，理解故事。

教师有感情地给幼儿讲故事《快乐的小公主》，引导幼儿认真聆听故事。

(2) 教师提问，幼儿深入理解故事内容。

① 小公主住在哪里？她为什么会不快乐？

② 谁出现在了小公主的生活里？

③ 小公主后来快乐了吗？她是怎么找到快乐的呢？

(3) 教师小结。

3. 自主学习环节：讨论活动

(1) 共同讨论：想一想有什么办法能使自己快乐起来。

(2) 自由结伴讲述：如果自己不开心了，你会用什么方法让自己快乐呢？请给我们分享你的小办法。

4. 活动展示环节：表达活动

(1) 个别讲述：教师向幼儿发他们的快乐照片，鼓励幼儿与同伴分享自己的快乐经验。请幼儿说说自己为什么这么开心，然后互相模仿同伴照片中开心的表情和样子。

(2) 教师小结：我们知道有很多方法使自己快乐，快乐有利于我们的身体健康，我们要快乐地度过每一天。

5. 结束环节

教师再次播放《表情歌》，带领幼儿用歌声和动作表达自己的快乐之情。鼓励幼儿学会调整自己的情绪，让幼儿保持快乐的心情。

**【活动建议】**

(1) 活动变式：活动延伸至语言区，引导幼儿说说怎样才能让好朋友更加快乐。

(2) 家园共育：请幼儿回家后，与家人共同阅读《快乐小公主》。

## 四、"社会美"活动案例

### (一) 案例1(托班)——怎样交朋友

**【活动目标】**

(1) 理解故事内容，知道朋友之间要互相帮助。

(2) 能与他人进行友好的交流。

(3) 乐于交往，感受与朋友在一起的快乐。

**【活动材料】**

音乐《找朋友》、绘本视频《小猪交朋友》、情景图片(幼儿相互打闹、微笑、分享礼物的图片)。

**【活动过程】**

1. 导入活动：游戏活动

(1) 播放音乐，进行"找朋友"游戏。

教师请幼儿跟着音乐里的“敬个礼，握握手”的指令，跟好朋友做出相应的敬礼握手的动作。

（2）介绍自己的好朋友。

师：小朋友，你的好朋友是谁呢，平时和好朋友做什么呢？请你来向大家介绍一下吧！

2. 呈现环节：画面呈现

（1）引导幼儿观看视频，鼓励幼儿大胆猜想故事内容。

① 播放视频《小猪交朋友》，幼儿观看。

② 教师启发性提问，引导幼儿大胆猜测故事内容。

师：小猪长什么样？它为什么交不到朋友？那小猪最后怎么交到朋友的？

（2）教师完整讲述故事，幼儿深入理解故事内容。

① 教师声情并茂地讲述绘本故事，幼儿倾听并验证自己的猜想。进一步帮助幼儿感知故事前后的逻辑顺序，理解课件内容。

② 教师提问，幼儿深入理解故事内容。

师：今天小猪也想交朋友，可是，发生了一些事情，现在请小朋友们来看一看，到底发生了什么。

（3）教师小结：小猪不爱卫生，所以别的动物不愿和它做朋友，我们小朋友在平时生活中，也要讲卫生，这样小朋友才会喜欢你，和你做朋友。

3. 自主学习环节：讨论活动

出示情境图片（前言二维码），幼儿交流讨论。

（1）共同讨论：请幼儿说一说哪张图片是对的，哪个图片是错的，错在哪里？

图一：幼儿玩玩具时打闹。

图二：幼儿在一起微笑地交流。

图三：幼儿分享自己的小贴画。

（2）自由结伴讲述：你认为应该怎样交朋友？这几张图片里哪些行为是有助于交朋友的，哪些是不利于交朋友的？

4. 活动展示环节：表演活动

（1）幼儿表演故事内容，体验故事的情趣。

（2）教师点评。

5. 结束环节

师：我们都喜欢爱洁净、美丽的小动物，那我们自己也爱清洁，勤洗澡，勤换衣服，做一个爱干净、讲卫生的好宝宝。

**【活动建议】**

(1) 活动变式:老师准备卡片——小花的形状,让幼儿涂色送给自己的好朋友。

(2) 家园共育:在日常生活中,引导幼儿讲卫生、勤洗澡,养成良好的卫生习惯。

### (二) 案例 2(大班)——人类的朋友

**【活动目标】**

(1) 了解人们的生活与自然环境的密切关系。

(2) 通过做实验以及播放自制教学软件《人体上半身内部器官图》,体会吸烟的危害。

(3) 知道保护环境的方法,在生活中逐渐养成保护环境的习惯。

**【活动材料】**

棉花、香烟、打火机、瓶子、有关污染的纪录片、自制教学软件《人体上半身内部器官图》。

**【活动过程】**

1. 导入活动:视频导入

(1) 播放视频,引发兴趣。

师:小朋友们,我们每时每刻都在呼吸着空气,但由于人类的生产生活造成了环境的污染,接下来我们看看有关污染的纪录片。

(2) 交流讨论。

请幼儿说一说:污染空气对人类有什么危害。

2. 呈现环节:演示实验

(1) 教师进行实验,幼儿观察。

教师先在瓶子里放一团雪白的棉花,然后把一支点燃的香烟放进瓶子。在等待实验结果的过程中,播放自制教学软件《人体上半身内部器官图》,重点突出呼吸道,显示空气在体内的循环现象及其过程。

(2) 了解吸烟对身体和环境的危害。

师:如果让烟污染的空气吸进后,我们的身体会变成怎么样?

3. 自主学习环节:操作活动

(1) 教师提出实验操作要求。

教师提醒幼儿在实验过程中,注意保持桌面的整洁,在教师的协助下点燃香烟。

(2) 分组记录。

幼儿两人一组,一人实验、一人记录实验结果。一名幼儿把一团棉花放到瓶子里,并且点燃一根烟放到瓶子里,另一名幼儿在旁记录。

(3) 共同讨论:如果人体吸入,会有什么危害?

(4) 教师小结。

4. 活动展示环节:表达活动

(1) 教师向幼儿展示实验结果:瓶子及一部分棉花被熏黑了,请幼儿闻一闻瓶子里的气味,说说自己的感受。

(2) 个别讲述:请幼儿说一说保护环境的好方法。

5. 结束环节

师:小朋友们,如果我们吸入被污染的空气,就容易得感冒、气管炎、哮喘病,严重的还会导致肺癌,对我们人体危害很大。

**【活动建议】**

(1) 活动变式:活动延伸至语言区,教师向幼儿介绍世界无烟日,引导幼儿去寻找戒烟的方法。

(2) 家园共育:幼儿回家后,与家长一起绘画禁烟的标志,并将作品带到园内,张贴在走廊的墙上进行戒烟的宣传。

## 趣味阅读:中华传统美德小故事

### 屈原投江

屈原(约公元前340—前278年),名平,字原。他出身楚国贵族,年轻时就表现出杰出的才能,做了楚怀王的左徒(官名),协助怀王筹划国家大事,很得怀王信任。但他却招来一些人的妒忌,他的政敌上官大夫在怀王面前造他的谣,说屈原居功自傲,连怀王也不放在眼里,怀王就怒而疏远了屈原。

当时在战国"七雄"中,最强大的是秦、齐、楚三国,"合纵""连横"的斗争非常激烈,最后谁能取胜,就由这三国的内政外交的得失来决定。屈原在楚国内政上主张选贤任能,励精图治,企图建立一个理想的如尧舜禹汤时代的社会;在外交上则主张联齐"合纵",对抗强秦的"连横"。由于怀王疏远了他,屈原这些正确的主张都未能实行。

怀王是个昏庸的君主,在秦惠王的离间和诱惑下,接连上当,断绝了和齐国的联盟关系,结果损兵折将,丢失土地,国势渐渐衰弱下来。秦昭王继位后,提出和楚通婚,约怀王相会,屈原极力劝阻怀王不要再上当。但怀王在其幼子子兰的怂恿下还是去了,结果遭到秦国的武力劫持,死在秦国。怀王的长子顷襄王继位,令尹子兰和上官大夫等人又在顷襄王面前构陷屈原,顷襄王一怒之下把屈原流放到江南。

屈原晚年在沅水、湘水流域长期过着流放生活,眼看祖国日益衰弱,即将被秦灭亡,自己报效君王的抱负不得施展,忧心如焚,写了大量抒发忧愤的诗作,以抒胸臆。

**启示与点评:**

体悟屈原忧国忧民的情怀,是一种精神和文化的传承,透过历史,可以明了屈原等一批批爱国诗人坚贞不屈的精神和一颗为国为民火热的心！屈原的名字将和他的作品一起，千古传颂，成为鼓励一代又一代的中国人执着追求理想的精神食粮！

（资料来源：http://baike.baidu.com/item/%E5%B1%88%E5%8E%9F%E6%B2%89%E6%B1%9F/1379517?fr=aladdin）

**缇萦救父**

汉朝初年，有个很有名的医生叫淳于意。由于他医术高超，收费很低，附近的民众都称他为神医，人们口口相传，因此，很远地方的患者也千里迢迢来求医。可是，淳于意的诊所太小，人手也不够，他从早到晚忙得饭也吃不上，觉也没法睡，还是应付不了络绎不绝的病人。

淳于意的小女儿缇萦，眼看着父亲再忙下去就要病倒了，好心地劝淳于意说："父亲，你出去几天散散心吧，否则真要累垮了。"淳于意也实在吃不消这繁重的工作，于是出门去散心。

没想到就在淳于意外出的时候，有个病人从很远前来治病，没碰到医生，不幸病重死掉了。病人的家属心情恶劣，也很不讲理，硬说是淳于意不肯医治，延误病情，一状告上去，说他"借医欺人，轻视生命"。地方官是一个糊涂的县太爷，也没有问清楚案情，就判他一个"肉刑"。由于淳于意做过县令，依法不能随便判刑，一定要上报皇帝，汉文帝便命令把他押往长安审讯。

淳于意受了不白之冤，心里难过极了。他沉痛地说："这年头，真是好人难做，也怪我倒霉，一连生了五个女儿，没一个儿子，到了紧要关头，拿不出一点儿办法。"他的五个女儿听了非常难过，忍不住泪如雨下，尤其是平时淳于意最疼的小女儿缇萦，更是哭得眼睛都睁不开了。缇萦陪着父亲到了长安，她一路上都在想淳于意这句伤心话，也在想可怕的"肉刑"。

根据汉朝的法律，"肉刑"有三种：第一种叫"黥"——在脸上刺字，让别人一看便知道这是犯人；第二种叫"劓"——就是割掉鼻子；第三种叫"断左右趾"——便是把足趾割去。不论哪一种都相当恐怖。有一天晚上，缇萦梦见父亲被割去了鼻子，哭丧着脸拖着脚步走来，吓得她跳起来大喊救命。

于是缇萦在情急之下，冒着生命的危险上书汉文帝，信上说："我父亲当过县令，国人都称赞他廉洁、公平。现在，因为犯了法，要受到肉刑的处分。我很痛心人死了不能复生，受刑人不能再恢复原来的模样，就是想改过自新，也没有法子。我愿意做你的官婢，使我父亲有改过自新的机会。"汉文帝非常感动，不但免了淳于意的罪，召他到宫中问医道，更从此废去了残酷的肉刑。

**启示与点评：**

一个弱小的女子，手无缚鸡之力，但凭着她的孝心和执着的意志，不仅使他父亲免于残酷的刑罚，保全了一个家庭，更使天下人蒙利，而她的孝心也更因而流传千古。

（资料来源：http://baike.baidu.com/item/%E7%BC%87%E8%90%A6%E6%95%91%E7%88%B6/661135?fr=aladdin）

## 问题与实践

1. 开展学前儿童对美的教育的意义与价值是什么？
2. 开展美的主题教育活动时，需要注意什么问题？
3. 请你设计一个有关美主题活动的方案。

# 第十章　学前儿童社会教育特色主题“敬”活动设计

**内容导读**

> 对幼儿德育的培养，其中主要的是对幼儿进行关心与尊重他人的教育，这是一种以人为本的教育模式，把幼师与幼儿放在教育的重点，培养幼儿关心与尊重他人的意识。在对“敬的教育”发展适宜性园本课程的构建中，从“敬教师、敬团圆、敬祖国、敬长辈”四大主题入手，通过多种途径尝试培养幼儿关心、尊重他人的良好感情，养成幼儿的良好品德，为幼儿今后长远的发展奠定坚实的基础。

## 第一节　主题设计思路

### 一、“敬”的教育价值

“关心与尊重他人”是《3～6岁儿童学习与发展指南》(以下简称《指南》)的社会领域目标之一。《指南》教育建议：成人以身作则，以尊重、关心的态度对待自己的父母、长辈和其他人，理解人们之间是平等的，应该互相尊重，友好相处。幼儿也是整个社会成员的重要组成部分，是成长中的小公民，他们道德素质的发展状况是整个社会道德水平的重要标志。现如今的幼儿从小生长在蜜罐里，接受的完全是父母、长辈、亲朋好友等众多人对他的宠爱。这些在爱河中泡大的幼儿缺少了一份对同伴的关心，对长辈的关爱，对他人的理解与尊重。因此，针对当前幼儿存在的问题及情感教育的缺失，我们开展了一系列幼儿关心与尊重他人良好情感培养的活动，探索幼儿“关心与尊重他人”良好情感形成的心理机制，让幼儿从小懂得尊重他人、关心他人，健康、快乐、和谐发展。

### 二、“敬”主题的课程构架

本章通过对“敬”系列课程的构建与设计，将课程内容设为社会领域人际交往教育，主要是指对幼儿进行尊重、关心方面的教育，共分为敬教师、敬团圆、敬祖国、敬长辈四个方面

(图 10-1)，从而让幼儿学会互相尊重，并懂得尊重父母、长辈、老师以及自己身边的其他人，尊重他人的劳动成果，礼貌地对待他人，培养幼儿的自尊心和自信心，帮助幼儿感知和理解人人平等，面对差异要学会互相尊重，互相学习，友好相处。

图 10-1　“敬”主题网络框架图

## 三、“敬”主题的课程内容

### (一) 敬老师

尊师是中华民族的传统美德，今天我们倡导的“尊”是摒弃了封建主义糟粕之后，与社会主义精神文明和现代道德观念相适应的“尊敬师长”的道德观念，它具有传统美德的健康内核。我们提倡尊敬老师，强调爱老师之情，敬重老师之心，顺承老师之意，侍奉老师之行。这些与我国社会主义精神文明建设的内容是相符的。教师节作为一个特有的节日，发挥它的作用，认识它的意义。

为此，“敬老师”的主题教育活动共分为了“小先生、小老师”和“教师节爱老师”两个主题活动，让幼儿了解教师的职业特点和基本工作，对老师产生尊重和感激的情感。运用这一契机，博其内涵，逐步让教师节成为一种文化，在文化中凸显魅力，在文化中形成共同愿景，在文化中丰富教育理念，在文化中寻求教育的世外桃源。如在中班《难忘的教师节》活动中，通过观看老师每日的工作视频，深入地了解老师每日辛苦，让幼儿全身心投入、体验、学习内涵丰富的教师节，对老师产生尊重和感激的情感。

（二）敬团圆

近年来，国家颁布了一系列法律文件，如《关于实施中华优秀传统文化传承发展工程的意见》提出：深入开展“我们的节日”主题活动，实施中国传统节日振兴工程，丰富春节、元宵、清明、端午、七夕、中秋、重阳等传统节日文化内涵，形成新的节日习俗①。《中小学德育工作指南》提出：开展节日纪念日活动。利用春节、元宵、清明、端午、中秋、重阳等中华传统节日以及二十四节气，开展介绍节日历史渊源、精神内涵、文化习俗等校园文化活动，增强传统节日的体验感和文化感②。旨在振兴传统节日，倡导社会各界同心协力传承民族传统文化。

在对幼儿进行“敬团圆”的教育中，主要从“中秋节吃月饼”和“爱祖国唱国歌”两个主题入手，挖掘中秋文化的内涵，发扬中秋节日中以爱国主义为核心的民族精神，激发炎黄子孙的民族热情和爱国情感。中秋节是个充满浪漫主义色彩的节日，嫦娥、月亮、玉兔等节日符号激发幼儿美的想象，在融合了语言、舞蹈、音乐、美术等多样化表达方式的戏剧中，幼儿的游戏精神也得以发展，给幼儿带来快乐的体验。如在中班《团圆中秋节》活动中，通过观赏月亮、欣赏故事等活动来让幼儿体验节日的快乐，感受中国人的文化习俗。

（三）敬祖国

陈鹤琴先生非常重视对学龄前儿童实施包括爱国主义在内的品德教育，他曾说：“施以良好的教育，则将来成为良好的国民，倘施以恶劣的教育，那么将来成为恶劣的青年了。”③李道佳在《浅谈幼儿的爱国主义教育》一文中说：“对幼儿的爱国主义启蒙教育是未来一代爱国主义教育的基础，是整个幼儿教育不可分割的组成部分。”④2018 年 9 月 10 日，习近平总书记在全国教育大会上强调：“要在厚植爱国主义情怀上下功夫，让爱国主义精神在学生心中牢牢扎根。”⑤2019 年 11 月 12 日，中共中央、国务院印发了《新时代爱国主义教育实施纲要》，提出爱国主义教育要坚持从娃娃抓起，着眼固本培元、凝心铸魂，突出思想内涵，强化思想引领，做到润物无声⑥。黄人颂认为：“我们用什么样的态度对待祖国，就拥有什么样

---

① 国务院.《关于实施中华优秀传统文化传承发展工程的意见》[EB/OL].[2017-01-25]. http://www.gov.cn/zhengce/2017-01/25/content_5163472.htm.

② 教育部.《中小学德育工作指南》[EB/OL].[2017-09-05]. http://www.moe.edu.cn/srcsite/A06/s3325/201709/t20170904_313128.html.

③ 北京市教育科学研究所. 陈鹤琴教育文集(上)[M]. 北京:北京教育出版社,1983.

④ 李道佳. 浅谈幼儿的爱国主义教育[J]. 幼儿教育,1985(8).

⑤ 新华网. 坚持中国特色社会主义教育发展道路培养德智体美劳全面发展的社会主义建设者和接班人[EB/OL].(2018-09-10)[2019-09-08]. http://www.moe.gov.cn/jyb_xwfb/xw_zt/moe_357/jyzt_2018n/2018_zt18/zt1818_bd/201809/20180910_348145.html.

⑥ 新华社. 中共中央 国务院印发《新时代爱国主义教育实施纲要》[EB/OL].(2019-11-12)[2019-09-08]. http://www.gov.cn/zhengce/2019-11/12/content_5451352.htm.

的道德面貌。儿童是社会主义的接班人，是未来祖国建设的骨干力量，从小培养儿童初步关心和热爱祖国的情感，可以为其以后进一步形成爱国主义思想道德打下基础。”[①]由此看来，幼儿的爱国主义教育是非常必要的，虽然由于幼儿自身的特点会给教育带来一定的困难，但是这些困难可以通过教育形式的优化而解决。

为此设计了“敬祖国”的主题教育活动，结合幼儿的年龄的特点、认知规律，分为“国庆节升国旗”和“重阳节敬长辈”两个主题活动，培养幼儿的爱国主义情感和良好的道德品质，奠定幼儿一生的民族信念的基础，传承中华民族民族精神。国庆节临近时，可以组织幼儿参加升国旗、奏国歌等一系列活动。如在大班活动《中华人民共和国国歌》中，引导幼儿认识地图、学唱国歌，了解节日的来历，了解祖国的巨大变化，感受祖国的伟大和作为中国人的自豪。此外，中国是有着悠久文化传统的国家，传统文化节日形式多种多样，并且各个民族都拥有不同的节日文化。因此，教师在借助节日活动强化幼儿爱国主义教育的过程中，应对中国传统节日进行灵活运用。例如，在重阳节，可围绕重阳节的由来，将搜集的历史文化资料展示出来，引导幼儿尊重长辈，并登高远眺、制作重阳糕等，促使幼儿在这一过程中，对重阳节进行全面的认识，并在此基础上逐渐唤醒自身的爱国情感。

（四）敬长辈

孝敬文化是中华优秀传统文化的中轴与核心，时代的发展犹如沧海桑田，中华民族对五千年积淀的传统文化自信心也进一步加强，国家、社会、家庭对中华孝敬文化的重视程度都是前所未有的。肖群忠认为：“传统中国文化在某种意义上，可称为孝的文化；传统中国社会，更是奠基于孝道之上的社会，因而孝道乃是使中华文明区别于古希腊罗马文明和印度文明的重大文化现象之一。”[②]在古代社会中，孝敬文化对封建帝王巩固统治、维持社会稳定、保证家庭和谐等起着重要的作用。如今，中国进入了新时代，孝敬文化也站在了一个新的历史节点上，它不仅是家庭成员之间的行为规范与伦理观念，而且还具有政治、宗教、法律、教育等多种内涵，是中华文化的鲜明特色之一，新时代背景下的中华孝敬文化依然释放出耀眼的价值之光[③]。

基于此设计了“敬长辈”的主题教育活动，并分为“感恩你祖孙情”和“庆丰收识秋天”两个主题活动，对幼儿展开“关心与尊重他人”良好情感的培养。例如，在重阳节“敬长辈”主题活动中，我们邀请幼儿的爷爷奶奶，开展《祖孙乐》亲子活动，幼儿给爷爷奶奶表演舞蹈、歌曲、绕口令等节目，得到了爷爷奶奶的阵阵掌声。节目表演后，每个幼儿带上一份精美的礼物送给老人，送上一句祝福的话并与他们亲密交谈，还给长辈敲敲背、捏捏肩等。在丰收

---

① 黄人颂．学前教育学[M]．北京：人民教育出版社，1989：79.

② 肖群忠．孝与中国文化[M]．北京：人民出版社，2001.

③ 王楠．新时代中华孝敬文化的发展路径研究[D]．哈尔滨：哈尔滨工程大学，2019.

的季节，我们组织幼儿开展《农民伯伯辛苦了》活动，让幼儿尊重农民伯伯的劳动及成果，懂得珍惜粮食，并感受丰收时节农民伯伯的欢乐和喜悦。学会去关心、爱护身边的长辈，用实际行动来证明自己很爱自己的长辈。通过这些节日活动，让幼儿学会“关心与尊重”的表达。

以上有关“敬”的四个主题活动，利用教育教学活动，充分挖掘五大领域学科教材中的“关心与尊重”的素材，通过四个主题活动的开展，把敬的教育渗透于各项教学活动之中，让幼儿从中感受、体验对他人的关心与尊重。

## 第二节　主题活动目标

### 一、“敬老师”“敬团圆”主题目标

（一）托班

（1）知道教师节、中秋节、祖国的含义。

（2）愿意与老师、长辈一起活动。

（3）在成人的指导下，愿意自己做事情。

（4）在成人的引导下，养成良好的作息习惯。

（5）在成人的指导下，能说与教师节、中秋节、祖国有关的儿歌、童谣。

（二）小班

（1）在老师的引导下，了解教师节、中秋节、祖国的含义。

（2）愿意与老师和长辈一起活动，亲近、信赖老师和家中长辈。

（3）喜欢承担一些小任务。

（4）有规律地生活，养成良好的作息、饮食习惯。

（5）能口齿清楚地说与教师节、中秋节、祖国有关的儿歌、童谣。

（三）中班

（1）理解教师节、中秋节、祖国的内涵。

（2）喜欢与老师、长辈交谈，有事愿意告诉老师和长辈。

（3）喜欢和大家一起游戏，能和大家分享喜欢的东西。

（4）敢于尝试一些有难度的活动。

（5）有规律地生活，养成良好的作息、饮食、卫生习惯。

（6）能基本完整地讲述与教师节、中秋节、祖国有关的见闻。

（四）大班

(1) 理解教师节、中秋节、祖国的内涵，并能表达自己的想法。

(2) 有问题愿意向老师、长辈请教。

(3) 愿意和大家分享有趣的、高兴的事。

(4) 能主动发起活动，并在活动中出主意、想办法。

(5) 有规律地生活，养成良好的作息、饮食、卫生习惯。

(6) 能有序、连贯、清楚地讲述与教师节、中秋节、祖国有关的事情。

## 二、“敬祖国”“敬长辈”主题目标

（一）托班

(1) 知道国庆节、重阳节。

(2) 了解秋天，感知秋天。

(3) 愿意与熟悉的长辈一起活动。

(4) 知道自己家所在的小区的名称。

(5) 在成人的提醒下，知道与人打招呼。

（二）小班

(1) 在老师的引导下，了解国庆节、重阳节。

(2) 感知和体验秋天对自己生活和活动的影响。

(3) 愿意与长辈一起活动，亲近、信赖长辈。

(4) 认识国旗、知道国歌。

(5) 对长辈说话有礼貌。

（三）中班

(1) 理解国庆节、重阳节的内涵。

(2) 感知秋天的特点，体验秋天对动植物和人的影响。

(3) 喜欢与长辈交谈，有事愿意告诉长辈。

(4) 知道自己是中国人。

(5) 奏国歌、升国旗时能自动站好。

(6) 会用礼貌的方式向长辈表达自己的要求和想法。

（四）大班

(1) 理解国庆节、重阳节的内涵，并能表达自己的想法。

(2) 感知并了解秋天的变化，探索秋天和人们生活的关系。

(3) 有问题愿意向长辈请教。

(4) 知道自己的民族,知道中国是一个多民族的大家庭。

(5) 知道国家的一些重大成就,爱祖国,为自己是中国人感到自豪。

(6) 接纳、尊重与自己生活方式或习惯不同的人。

## 第三节 教育建议

《3～6岁儿童学习与发展指南》将幼儿园社会领域中人际交往方面的教育目标细致划分为4个中级目标和43个具体小目标,具体目标为,在活动中愿意与人交往,能与同伴友好相处,具有自尊、自信、自主的表现,能够主动关心、尊重他人。在幼儿园的学习教育中,教师作为教育的主导,一定要根据幼儿的实际情况,为幼儿创造一种相互关心与尊重他人的气氛和环境,注重每个幼儿的感情细节,逐渐培养幼儿的良好感情,鼓励幼儿从多种角度分析事例,提高幼儿的思想品德,为今后的成长教育奠定坚实的基础。

### 一、利用环境氛围,奠定"关心与尊重他人"的基础

积极的情感氛围是隐形的教育力量,《幼儿园工作规程》明确指出,"创设与教育相适应的良好环境,促进每个幼儿在不同水平上的发展"。为幼儿创造一个互相尊重的环境,教师要做到尊重每一个幼儿:尊重他们的合理要求;尊重他们的兴趣选择;尊重他们的性格。我们将幼儿园的主题墙、走廊、楼梯间以节日、礼仪、安全类的故事或古诗为内容,根据幼儿的特点采用图文结合的形式,用生动的喷绘工艺制作,让环境"活"起来,让环境与幼儿"对话",让幼儿、教师、家长一进幼儿园的大门,映入眼帘的便是关心、尊重他人的氛围。同时,还要注重启发、引导幼儿逐步养成互相尊重的品德和习惯。运用榜样示范法,教师要注意自己的言行和为人处事的方式方法,尊重家长、关心同事;父母要率先垂范,对自己的长辈和亲人积极施爱,在平时的一言一行中播撒爱的种子,努力为幼儿营造一种爱的氛围,让"关心与尊重"的种子在幼儿的心中生根发芽、开花结果。

### 二、利用一日生活活动,渗透"关心与尊重"的内容

蒙台梭利为儿童设计的课程从儿童的生活世界出发,使儿童身心内在潜能得到充分发展,儿童所学内容由现实的生活世界而来,并运用到生活世界中去[①]。教师在日常工作中,

① 蒙台梭利. 蒙台梭利幼儿教育科学方法[M]. 任代文,译校. 北京:人民教育出版社,2001:794.

对培养幼儿的尊重意识起着举足轻重的作用。要使幼儿形成尊重意识，首先需要榜样的作用，以身作则，尊重幼儿以及他们的优缺点。在他律阶段，幼儿一直服从年长者的权威，所以，教师以己度人、推己及人，才能够使幼儿学会自尊与他尊，形成尊重的意识。其次，幼儿园是幼儿生活的大集体，应注重幼儿日常生活的教育，从幼儿身边的点滴小事做起。善于观察，捕捉幼儿一日生活中有教育意义的生活片段，对幼儿进行随机教育。例如，游戏时教育幼儿团结友爱，互相帮助；当不小心碰到别人时，要主动说声“对不起”；别人有困难时要热情地给予帮助；能耐心地倾听他人讲话等[①]。

### 三、利用节日活动，学会“关心与尊重”的表达

传统节日在礼节与仪式活动中也强调了伦理道德观念和行为，众多节日都宣扬了长幼有序等传统道德观念，特别强调通过行为来表达人的情感和社会的道德与行为规范。传统节日的社会教育功能，一是体现为尊师重教，因为传统节日多重人伦关系，古代教师作为知识和文化的代言人，对教师的尊重也在节日中得到固化和体现。二是宣扬民族精神，传统节日中有众多关于历史英雄人物的印记，他们之所以具有恒久的魅力，也正是因为其凝聚了能触及人心灵的节日精神。在传统节日日复一日的复演中，幼儿就被无形地带入到一个强大的社会化教育场域，他们在潜移默化中习得相应的社会观念、规则和行为方式，表达着他们自己对社会文化和伦理道德的理解[②]。幼儿园的教育活动内容基本以季节和节日为主线进行，因此我们利用一些重大的节日时期，对幼儿展开“关心与尊重他人”良好情感的培养。例如，在中秋节“敬团圆”主题活动中，我们开展了《香喷喷的月饼》活动，利用糯米粉、豆沙、模具等，制作了一个个精美的月饼，并带回家赠送给爷爷奶奶、爸爸妈妈。通过活动，让幼儿感受家人的爱，并让幼儿学会去关心、爱护身边的亲人，用实际行动来证明自己很爱自己的长辈。通过这些节日活动，让幼儿学会“关心与尊重”的表达。

## 第四节　活动案例

### 一、“敬老师”活动案例

#### （一）案例1（小班）——我是小老师

**【活动目标】**

（1）能够运用绘画的形式表现目标人物的基本外部特征。

① 尉婷．浅论幼儿关心与尊重他人良好情感培养的有效途径[J].学周刊，2018(6)：146-147.

② 曾莉，王燕．传统节日文化资源在幼儿园课程中的运用[J].学前教育研究，2018(9)：64-66.

（2）能够仔细观察，尝试用不同的材料（如彩色水笔、蜡笔）来表现人物形象。

（3）体会作画的乐趣，乐于作画。

**【活动材料】**

示范画、画纸（带有男孩或者女孩的轮廓）、彩色水笔、蜡笔、铅笔。

**【活动过程】**

1. 导入活动：图片导入

（1）出示图画，幼儿观察。

师：今天老师带来了一幅画，小朋友们仔细观察，然后猜猜画上的人是谁？

（2）教师提问。

师：画上人的头发是什么样子的？衣服是什么颜色、样式呢？有什么特点？

（3）幼儿自由讨论。

师：这幅画就是老师画的自己。请小朋友们想一想假如你是一名老师，你的头发、衣服会是什么样子的呢？

2. 呈现环节：演示活动

教师引导幼儿观察自己，并示范人物的画法。

（1）教师将幼儿进行分组，带领幼儿讨论老师有什么特点。

（2）教师根据幼儿的回答进行总结，并依次讲解人物的基本特征，并进行绘画示范。

师：我们今天画的作品的名称就叫作《假如我是老师》，请小朋友们记住刚刚心目中想的自己作为小老师的样子。

3. 自主学习环节：操作活动

教师分发画笔和白纸，并巡回指导，引导幼儿进行绘画。

师：下面老师发给你们画纸，画纸上已经有一个轮廓，大家可以按照你们喜欢的样子给她的衣服涂色，也可以发挥想象画一画她（他）的头发。

4. 活动展示环节：表达活动

（1）幼儿介绍自己的作品。

个别讲述：心目中老师的头发是什么样子的？衣服是什么颜色、样式呢？有什么特点？

（2）教师将幼儿绘画好的作品写上名字或学号，放学交给家长看一看。

5. 结束环节

师：今天我们的绘画活动就结束了，小朋友们都非常棒，我想假如以后小朋友们真的成为一名老师的话，一定会是一位非常优秀的老师。

**【活动建议】**

（1）活动变式：可以开展照相馆游戏，为顾客照相（画像）。

（2）家园共育：幼儿回家后，画一画自己的家人。

### （二）案例2（中班）——难忘的教师节

**【活动目标】**

（1）知道9月10日是专属于老师的节日“教师节”。

（2）了解教师的职业特点和基本工作。

（3）对老师产生尊重和感激的情感。

**【活动材料】**

贺卡、录像带、绘画工具、超轻黏土等材料。

**【活动过程】**

1. 导入活动：情境导入

（1）出示贺卡，引发兴趣。

师：快递员叮咚送来了快件，让我们一起拆开看看里边是什么？

（2）阅读贺卡内容。

师：佩奇说，今天是9月10号，是老师的专属节日“教师节”，教师节和我们小朋友过的儿童节一样重要，送来贺卡表示祝福。

2. 呈现环节：画面呈现

（1）播放录像带，幼儿观察。

引导幼儿了解教师的工作特点，幼儿回答发现教师做了什么，并对幼儿的回答表示肯定和鼓励。

（2）幼儿说一说自己喜欢什么样的老师。

（3）教师小结。

师：教师节对于老师和“六一”儿童节对于小朋友们是一样重要的，请小朋友们一起为老师过教师节，感激老师对小朋友们每天的帮助和照顾吧！

3. 自主学习环节：操作活动

让幼儿通过绘画或者超轻黏土等方式，为老师制作教师节礼物。

4. 活动展示环节：表达活动

个别讲述：请幼儿将制作的礼物向大家展示并说一说礼物是什么含义？有什么想对老师说的节日祝福？

5. 结束环节

教师评价幼儿作品，结束活动。

**【活动建议】**

（1）活动变式：延伸至表演区，带领幼儿进行《小熊老师》的表演游戏。

(2) 家园共育:幼儿回家后,学唱一首关于“教师”的儿歌。

## 二、“敬团圆”活动案例

### (一) 案例1(小班)——爷爷为我打月饼

**【活动目标】**

(1) 能够听懂儿歌。

(2) 能够口齿清楚地复述儿歌,愿意表达自己的想法。

(3) 感受中秋节的文化习俗,体验节日的快乐。

**【活动材料】**

儿歌《爷爷为我打月饼》、月饼若干。

**【活动过程】**

1. 导入活动:谈话活动

(1) 谈话引入,交流中秋节习俗。

师:小朋友们,你们知道中秋节吗? 那小朋友们都知道中秋节都有什么习俗吗?

(2) 自由讨论。

2. 呈现活动:儿歌呈现

欣赏儿歌《爷爷为我打月饼》,让幼儿跟着音乐自由舞动,激发学习兴趣。

3. 自主学习环节:学唱歌曲

(1) 轻声演唱,幼儿随音乐哼唱。

师:老师请小朋友玩一个好玩的游戏,我们一起来学唱这首歌,老师唱歌词,小朋友们用“la”音为老师伴唱旋律,好吗?

(2) 划分节奏,带幼儿逐句熟悉歌词。

(3) 以小声带唱的方式,引导幼儿将歌曲完整地唱一遍。

(4) 个别指导。

鼓励幼儿用好听的声音歌唱,并帮助幼儿找出唱得不足的地方,纠正错误,幼儿基本掌握歌曲后,采用分组接唱的游戏方式,巩固歌曲。

4. 活动展示环节:表演活动

(1) 请幼儿按乐句学习舞蹈动作,根据歌词帮助幼儿将动作串联起来。

(2) 幼儿分小组或者单独去练习律动。

(3) 以教师邀请或小组推选的形式请幼儿进行展示。

5. 结束环节

(1) 品尝月饼,感受浓浓的节日氛围。

(2) 教师带领幼儿一起唱《爷爷为我打月饼》并一起做舞蹈动作,结束活动。

**【活动建议】**

(1) 活动变式:在美工区投放材料“超轻黏土”和图片“月饼”,鼓励幼儿参考图片用黏土制作月饼。

(2) 家园共育:幼儿回家后,与家人一起边唱儿歌《爷爷为我打月饼》,边品尝月饼。

### (二) 案例2(中班)——团圆的中秋节

**【活动目标】**

(1) 初步了解中秋节的来历,知道中秋节是我国传统节日。

(2) 通过观赏月亮、欣赏故事等活动来体验节日的快乐,感受中国人的文化习俗。

(3) 愿意与他人交谈,体验中秋节的欢乐。

**【活动材料】**

满月的月亮、月饼及中秋节团圆的图片,八月十五的字卡,嫦娥奔月故事的视频。

**【活动过程】**

1. 导入活动:谜语导入

(1) 幼儿猜谜,引出主题。

师:谜语是“白玉盘,滴溜圆,青色板上滚一晚”,请小朋友们打一物。

(2) 自由讨论。

师:小朋友们,你们知道中国有一个关于月亮的传统节日吗?

2. 呈现环节:画面呈现

(1) 出示满月的图片,幼儿观察。

师:你们看到的月亮是什么样子的?

(2) 播放嫦娥奔月的视频,了解中秋节的由来。

教师小结:嫦娥为了保护后羿才吃了仙丹,结果呀,他们一个在天上,一个在地上,只能远远地互相对望,互相思念。人们呀非常敬重嫦娥,为了纪念她,人们就把月亮又大又圆的那一天定为中秋节。

(3) 知道八月十五是中秋节。

师:你们知道是哪一天吗?对,是农历八月十五(出示字卡),农历八月十五是什么节日?

3. 自主学习环节:讨论活动

(1) 共同讨论:中秋节都有哪些习俗?你们打算怎么庆祝中秋节呢?

(2) 自由结伴讲述:中秋节你和谁一起过的?感觉怎么样?

4. 活动展示环节:表达活动

(1) 个别讲述:幼儿分享打算怎样庆祝中秋节。

(2) 教师小结。

5. 结束环节

给幼儿展示中秋节团圆的图片以及可能出现的场景。

**【活动建议】**

(1) 活动变式:在阅读区投放绘本《嫦娥奔月》,供幼儿自由阅读。

(2) 家园共育:请家长与幼儿一起观察月亮的变化,并做简单的记录。

## 三、"敬祖国"活动案例

### (一) 案例1(中班)——建设祖国的大道

**【活动目标】**

(1) 了解正确的跑的姿势。

(2) 能快速跑并认真将路铺齐,培养认真仔细的态度和健康的体魄。

(3) 乐意参与体育运动,建立初步的爱国情感。

**【活动材料】**

长方形的积木(每人一个)、地面画一条起跑线、小红旗三面(红旗放在起跑线前10米处,每个红旗间隔1米)、一段活泼的音乐、小贴画若干。

**【活动过程】**

1. 导入活动:热身导入

教师带领幼儿随着《身体音阶歌》的律动进行热身导入,使幼儿进入到活动准备状态。

师:踩踩你的小脚,DO-do-do-;扭扭你的膝盖,Re-re-re-;跳跳你的双腿,Mi-mi-mi-;叉叉你的小腰,Fa-fa-fa-;拍拍你的双手,So-so-so-。

2. 呈现环节:游戏活动

(1) 设置情境。

师:小朋友们,今天老师收到了一份祖国母亲的邀请,建设一条整齐的长长的大路可以连接所有的小朋友。一会儿就由老师带领大家完成这个艰巨的任务,为祖国建设长长的大路。

(2) 讲解游戏规则。

教师将幼儿分成人数相等的4个队,分别站在线后,每个幼儿手持一块长方形积木。教师发令后,每一队第一名幼儿手持长方形积木,跑向小旗,按照要求建铁路(摆上长方形的积木),然后跑回本队拍第二人的手,自己站在队尾。如此反复进行,一直到最后一名幼儿。最后看哪一队建路快,铺路整齐的队伍取得胜利。

3. 自主学习环节:动作练习

(1) 幼儿分组,教师示范。

(2) 进行游戏,教师指导。

(3) 交流讨论:怎样可以铺得又快又整齐。

4. 活动展示环节:表达活动

个别讲述:请幼儿分享怎样铺路又快又整齐。

5. 结束环节

(1) 教师小结。

师:小朋友们今天自己动手铺路一定很高兴,那通过这个小游戏一定更加喜欢祖国了,回家后我们也可以和爸爸妈妈分享。

(2) 角色扮演小雪人,放松环节。

**【活动建议】**

(1) 活动变式:请幼儿将所有的长方形积木收集在一起,放置到建构区整理架上。

(2) 家园共育:请幼儿回家把自己所玩的游戏介绍给爸爸妈妈,说一说铺路又快又整齐的方法。

(二) 案例 2(大班)——中华人民共和国国歌

**【活动目标】**

(1) 初步了解国歌,知道尊敬国歌是热爱祖国的表现。

(2) 能够和同伴在游戏中了解国歌的含义,学会尊重各个职业的劳动者。

(3) 体会国歌里蕴含的情感,能为自己是中国人而自豪。

**【活动材料】**

《中华人民共和国国歌》音视频、一张图谱。

**【活动过程】**

1. 导入活动:歌曲导入

(1) 播放《中华人民共和国国歌》音乐,幼儿欣赏。

(2) 引导幼儿边听音乐边熟悉歌词。

2. 呈现环节:画面呈现

(1) 播放《中华人民共和国国歌》视频,幼儿观看。

师:请小朋友们认真观看我们祖国的风景名胜,还有认真工作在各个职场的人们。

(2) 交流讨论。

师:观看完视频后,你的心情是怎么样的?

3. 自主学习环节:学唱歌曲

(1) 教师示范唱歌,幼儿理解歌词。

(2) 幼儿根据图谱,学唱歌曲。

① 幼儿跟教师随音乐节奏念歌词。

② 幼儿跟随教师轻声学唱。

③ 教师启发幼儿分析这首歌曲中所表达的情感，共同讨论怎样唱好这首歌。

④ 集体演唱，再个别练习，请同伴之间相互评价。

4. 活动展示环节：表演活动

（1）幼儿分组，角色扮演。

教师请幼儿自主选择扮演的职业然后进行分组，按照自己选择的职业完成这首国歌。

（2）共同演唱。

（3）交流讨论：幼儿是怎样理解国歌的？怎样尊重各个职业的劳动者？

5. 结束环节

教师小结：国歌是我们国家的象征标志，我们祖国的美丽又伟大，让我们大声喊出我们的心声：我爱祖国！祖国万岁！祖国在我心中！

**【活动建议】**

（1）活动变式：将活动延伸至区角，带领幼儿到音乐表演区进行歌唱游戏。幼儿根据自己的意愿选择不同的角色扮演。

（2）家园共育：幼儿回家后，与家人一起欣赏歌曲《中华人民共和国国歌》。

## 四、"敬长辈"活动案例

### （一）案例1（托班）——送给妈妈的礼物

**【活动目标】**

（1）初步了解感恩的含义，感谢母亲。

（2）能够涂涂画画，粘粘贴贴并乐在其中。

（3）喜欢艺术创造并能大胆表现。

**【活动材料】**

儿歌《我的好妈妈》、超轻黏土、蜡笔、卡纸、水彩笔、贺卡若干。

**【活动过程】**

1. 导入活动：儿歌导入

（1）播放儿歌《我的好妈妈》，幼儿欣赏。

（2）交流讨论，引出主题。

师：小朋友们，妈妈平时都帮我们做什么？我们可以帮助妈妈吗？那我们可以怎么帮助呢？

师：我们的妈妈平时都很辛苦，帮我们做了很多的事情，现在我们长大了，可以帮妈妈做一些简单的事情，今天我们一起做礼物来感谢妈妈吧。

2. 呈现环节：实物呈现

（1）教师带领幼儿欣赏贺卡，引导幼儿说出贺卡制作所需的材料。

（2）教师示范制作贺卡，幼儿初步了解制作贺卡的过程。

① 在贺卡里面，画上你想要表达的祝福，老师画了一个嘴巴，代表着希望妈妈收到开开心心的祝福。

② 在贺卡的封面上，可以用超轻黏土来粘贴动物、人物、植物图形等。

③ 教师提出操作要求：在幼儿进行绘画时，不要画到衣服上，注意保持桌面的卫生。

3. 自主学习环节：操作活动

（1）个别幼儿上来操作，加深幼儿记忆制作贺卡的过程。

（2）幼儿操作，教师巡回指导。

4. 活动展示环节：作品展示

（1）幼儿之间相互欣赏、点评作品。

（2）个别讲述：分享自己的创作经验。

5. 结束环节

播放儿歌《我的好妈妈》，并让幼儿与同伴之间一起蹦蹦跳跳，享受音乐。

**【活动建议】**

（1）活动变式：将制作贺卡的材料投放到美工区，让幼儿继续制作更多漂亮的贺卡。

（2）家园共育：让幼儿将自己制作好的贺卡带回家送给妈妈。

**附：**

**儿歌《我的好妈妈》**

我的好妈妈，下班回到家，工作了一天多么辛苦呀。妈妈妈妈，快坐下，妈妈妈妈，快坐下，请喝一杯茶，让我亲亲你吧，让我亲亲你吧，我的好妈妈。

（二）案例 **2**（小班）——祖孙乐

**【活动目标】**

（1）初步认识、了解重阳节的基本习俗。

（2）运用各种感官，感知重阳糕的特性，提高探究事物的能力。

（3）养成尊敬长辈、关心老人的良好品质。

**【活动材料】**

歌曲《中华孝道》、重阳糕实物以及重阳糕的准备材料。

**【活动过程】**

1. 导入活动：问题导入

（1）出示重阳糕，幼儿观察。

师：小朋友们，你们知道这是什么吗？它是什么样子的？你们吃过这个吗？

(2) 介绍重阳节。

师：今天是九月初九，重阳节。重阳节是我国的一个传统节日。重阳节又被称为老人节，就是爷爷奶奶的节日。我们每个小朋友都要对爷爷奶奶有礼貌。每年的重阳节这一天我们都会做重阳糕，吃重阳糕。小朋友们，今天老师把小朋友们的爷爷奶奶都请到了幼儿园，我们一起做重阳糕给爷爷奶奶们吃。

2. 呈现环节：实物呈现

(1) 准备制作重阳糕的材料。

(2) 组织幼儿洗手，教师讲解注意事项。

(3) 教师示范做重阳糕。

① 将糯米粉、粘米粉、糖粉混合在一起搅拌均匀，注意要边倒水边搅拌。

② 待搅拌成小块后，用手搓成小块面团，过筛出细粉。

③ 将模具的底部铺满(不厚也不薄)，把表面整理平整(模具的底部和内壁最好刷一层油，方便脱模)。

④ 水开后大火蒸 5 分钟，取出后在上面铺一层红豆沙。再过筛一层细粉，整理平整后大火蒸 5 分钟，取出后再铺一层红豆沙。

⑤ 在豆沙上面再过筛一层细粉，铺平后将蔓越莓和葡萄干均匀地撒在上面。水开后放入锅中，大火蒸 20 分钟即可。取出放凉后再切成小块享用。

3. 自主学习环节：操作活动

(1) 播放歌曲《中华孝道》，幼儿制作重阳糕。

长辈和幼儿一起制作重阳糕，教师在旁指导，在制作时引导幼儿练习团、压的技能，在制作过程中不要插手太多，要以幼儿为主。

(2) 等待重阳糕出炉，进行亲子游戏《登高比赛》。

《登高比赛》游戏规则：登高比赛设为爬楼梯比赛，赛程为一个来回。孩子们拉着爷爷奶奶的手一起爬楼梯，爬到指定地点领取礼物并返回，谁先到达起点谁获胜，可赢得奖励。

4. 活动展示环节：表达活动

(1) 个别讲述：请幼儿分享重阳糕是什么味道的。

(2) 教师小结：香香的，甜甜的，软软糯糯的。

5. 结束环节

教师引导幼儿对爷爷奶奶说一句祝贺的话，结束活动。

**【活动建议】**

(1) 活动变式：在美工区放置重阳糕的图片，让幼儿绘画重阳糕。

(2) 家园共育:请家长带幼儿去超市购买重阳糕,在家与幼儿一起品尝重阳糕。

### (三) 案例3(中班)——农民伯伯辛苦了

**【活动目标】**

(1) 理解"丰收"的含义,并大胆地表达自己的想法。

(2) 尊重农民伯伯的劳动及成果,懂得珍惜粮食。

(3) 感受丰收时节农民伯伯的欢乐和喜悦。

**【活动材料】**

歌曲《丰收之歌》,农民插秧、施肥及收割秧苗的图片,丰收时农民喜悦心情的图片。

**【活动过程】**

1. 导入活动:谈话活动

(1) 经验分享,引出主题。

师:小朋友们,你们见过丰收的样子吗?丰收的时候是什么样子的?

(2) 出示丰收的景象的图片,幼儿观察。

2. 呈现环节:画面呈现

(1) 出示农民劳动的图片,感受农民的辛苦。

师:图片中有谁?在什么地方干活?他们是如何劳动的?

(2) 教师分图讲述农民种粮食的过程。

师:开荒—播种—施肥—除草　杀虫—收割。

(3) 体验农民伯伯劳动的辛苦,懂得珍惜粮食。

3. 自主学习环节:讨论活动

教师将4个幼儿分为一组,分别扮演农民,体验农民伯伯插秧的动作,比赛看谁的动作标准。

(1) 共同讨论:我们要怎样爱惜粮食?

(2) 自由结伴讲述:我要怎么感谢农民伯伯?

4. 活动展示环节:表演活动

全体表演歌曲《丰收之歌》,教师音乐伴奏。

师:虽然农民伯伯很辛苦,但是在丰收的季节里,农民伯伯看到自己的劳动都变成了丰硕的果实,他们依然很开心。我们一起为农民伯伯们唱一首歌,来表达对他们的赞美之情吧!

5. 结束环节

教师小结:今天小朋友们说了很多关于珍惜粮食的好办法,也知道了要珍惜粮食、不浪费来尊敬农民伯伯,那我们一起去表演区,再表演一下农民伯伯劳作的情景吧。

【活动建议】

(1) 活动变式:在表演区为幼儿投放草帽、锄头、汗衫等,引导幼儿模仿农民伯伯种稻子、锄草、插秧等表演动作。

(2) 家园共育:请家长利用周末时间,带着幼儿去丰收的田野里看一看。

(四) 案例 4(大班)——家族图谱

【活动目标】

(1) 理解并认识祖辈之间的关系。

(2) 对家族关系图谱感兴趣并进行交流探索。

(3) 萌生对祖辈的尊敬,表达对祖辈的关爱之情。

【活动材料】

关于祖辈关系的图谱、长辈照顾小朋友的图片、幼儿带来自己及家人的照片。

【活动过程】

1. 导入活动:谈话活动

(1) 出示家族关系的图谱,幼儿观察。

(2) 幼儿自由讨论。

师:小朋友们,看这个图谱最下面是谁的照片?

2. 呈现环节:画面呈现

(1) 介绍家族关系图谱。

师:对的,是老师的照片,小朋友们观察得真仔细,那老师接下来介绍一下,这是我爸爸妈妈的照片,他们上面的是爷爷奶奶的照片。

(2) 交流讨论。

幼儿出示自己家族关系照片,与同伴相互介绍家谱。

(3) 在图谱中正确地粘贴自己照片。

3. 自主学习环节,讨论活动

(1) 共同讨论:在今后的日子里怎样做让我们这个大家庭更温暖呢?

(2) 幼儿自由结伴讲述:说一说你对这个大家庭的希望。

4. 活动展示环节:表达活动

个别讲述:幼儿介绍自己的家族图谱,表达对祖辈的关爱之情。

5. 结束环节

师:小朋友们,今天我们收获很多,认识了自己家族图谱的关系,也知道了家人们关心照顾我们很辛苦,我们回家也要照顾自己的家人,让他们开心快乐!

**【活动建议】**

(1) 活动变式：将幼儿的家谱图布置在展览角，供幼儿相互欣赏、交流讨论。

(2) 家园共育：幼儿回家后，向自己的祖辈表达关心，制作贺卡感谢他们。

## 趣味阅读：中华传统美德小故事

### 包拯廉洁奉公

包拯，北宋庐州合肥(今安徽合肥)人，一生为官清正无私。《宋史》记载，京城开封府流传谚语：“关节不到，有阎王老包”。广东端砚为百砚之首，北宋时已成为朝廷贡品，端州地方官每年都要趁机从百姓身上无偿地敛取几十倍于贡品数额的端砚拿到京城去，为升迁拉关系、疏关节、贿赂显贵。百姓们一年的劳动被他们夺去，生活苦不堪言。包拯调任端州知州，很快下了一道布告，命令地方官吏必须按朝廷规定的数额收取端砚贡品，不得多收。任意搜刮百姓端砚的严办。包拯以身作则，在端州为官数载，离任时连一方端砚都没有带走。

包拯到家乡庐州做知州，由于他的堂舅横行乡里，到任后告他堂舅的状子如雪片般之多，而他的堂舅却以为有外甥做靠山，恶行更加有恃无恐。包拯将堂舅抓到府衙，亲自审问，依法处以鞭刑。堂舅疼得熬不过，死在鞭下。在堂外观望的包拯的亲戚心惊胆战，从此再无一人敢依仗包拯的权势胡作非为了。

包拯做京城开封府知府时，为使百姓告状顺畅，大开府衙正门，让告状者可以直进官衙递状诉情，避免了官吏从中作梗索贿。由于包拯为官清正加之性情刚毅，皇亲贵戚、内廷宦官仗势欺人的行为收敛了不少。

包拯到开封上任不久，天降大雨，冲毁房屋上万间，开封城内汪洋一片。水退后，包拯立即带人查看灾情原因。原来贯通开封城的惠民河，由于流经城郊时风景秀丽，被京城的达官显贵围起来盖成一座座典雅的园林别墅，然后在河中修堤，将河水围成私家的花园小湖，供其享乐。惠民河由此被完全堵塞起来。水害原是人害，百姓对此深恶痛绝，可又敢怒而又不敢言。

包拯不畏权势，明知这些园林别墅是朝中显贵所建，仍张贴告示，命令惠民河上的亭台楼榭、围湖堤埂全部拆毁，疏通河道，拖延不办者严惩。权贵们慌乱起来，有的公开对抗，有的坐岸观望，有的挖门子托关系，有的甚至私改地契上的步数，以证明所占河段是他的私产。包拯丝毫不为所动，分别查清了地契的造假者，上奏朝廷，严惩了这些人。包拯对违法官吏严厉的惩处震惊了那些企图顽抗的权贵们，纷纷拆掉了建在河上的亭台楼榭，使惠民河又变成了一条通畅的河流。

包拯一生清正廉洁，虽身居高位，但他的衣服、器用、饮食与没有做官时一样。他在晚年训诫后世子孙：“凡有作富者，如贪赃枉法，不准进包家门，死后也不准葬在包家墓地。如不遵照我的话做，就不是我的子孙。”

**启示与点评：**

包拯为官廉洁奉公、铁面无私，成为我国历史上“清官”的化身，人们编了许多脍炙人口的故事，千百年来为人民所传颂。廉洁、清正、奉公、守法、不徇私情也就成了中华民族为官者应遵循的美德。

（资料来源：http://preview. tiw. cn/down? url=https://wen. 51tietu. net/wenku/398050. html）

## 问题与实践

1. 开展学前儿童对“敬”的教育意义与价值是什么？
2. 开展“敬”的主题教育活动时，需要注意什么问题？
3. 请你设计一个有关“敬”主题活动的方案。

# 第十一章 学前儿童社会教育特色主题“礼”活动设计

## 内容导读

礼仪是德育教育的重要组成部分，是道德修养的外在体现，是一个国家、一个民族文明的标志。中国自古以来就有“礼仪之邦”的美称，“不学礼，无以立”的说法传承至今。3～6岁的幼儿可塑性较强，对事物的认知以及行为模仿较快。为此，幼儿园通过“礼仪教育”课程的构建与设计，在幼儿成长发育以及礼仪养成的关键期，有针对性地对幼儿进行“衣食礼、住行礼、年俗礼、中国礼”四个方面的礼仪教育，帮助幼儿培养良好的礼仪行为习惯，促进其个性、社会性以及道德品质的形成和发展，为幼儿的未来发展打下牢固基础。

## 第一节 主题设计思路

### 一、“礼”的教育价值

我国早期就对礼仪内涵进行过研究，认为“礼仪”是由“礼”和“仪”两个词组成，“礼”主要指礼节、礼貌，“仪”主要指仪容、仪表。在《辞海》中“礼”有四种含义，包括敬意、为表敬意而举行的仪式、封建社会的道德规范和礼节。彭澎主编的《礼仪与文化》把狭义的“礼”认定为人们的行为规范、规矩、礼节。朱燕在《现代礼仪学概论》中指出，礼仪是人们在一些交际场合必须遵循的基本礼仪原则和行为规范[①]。黄志平在《现代礼仪学》中提出，“礼仪是约定俗成的，是引导和调和人际关系的行为方法和活动方式的总和”[②]。不同学者对于礼仪内涵的表述虽然各有不同，但意思是基本一致的，都认为礼仪是人们在社会生活中应当普遍遵守的行为规范。

---

① 朱燕．现代礼仪学概论[M]. 北京：清华大学出版社，2006：1-6.

② 黄志平．现代礼仪学[M]. 武汉：武汉大学出版社，2003：51.

幼儿园礼仪教育有助于幼儿养成良好的礼仪行为习惯，提升综合素质，有助于幼儿更好地适应未来的社会生活。礼仪是一个人的思想道德水平、文化修养、交际能力的外在表现，而学前期正是幼儿了解社会、学习各种行为要求的关键时期，更是礼仪等良好行为习惯养成的最佳时期①。耿向阳指出，礼仪教育有助于促进幼儿社会化的进程，尤其是对其个性、社会性及道德品质的发展具有重要的意义，将直接影响幼儿一生的发展②。嵇珺表示，幼儿园礼仪教育有利于幼儿从小养成良好的习惯，有助于建立和谐的人际关系③。苟新丽还提出让幼儿懂得尊重别人，被别人接纳，有利于培养幼儿健全的人格和与人沟通交往的能力，使幼儿的情商得到发展，有利于幼儿身心和谐健康地发展④。张庆兰指出，幼儿园实施礼仪教育能促进幼儿个人素质的发展，能帮助幼儿更好、更快地适应新环境⑤。宋晓燕指出，幼儿的素质直接关系着国家的发展前途，为了提高社会主义道德建设，必须从幼儿园起就开始进行礼仪教育⑥。

## 二、“礼”主题的课程构架

在幼儿阶段开展礼仪教育是十分必要的，培养幼儿的礼仪不仅是优良传统的传承，也是增强幼儿交际能力，促进幼儿的身心发展的重要因素。本章内容通过对“礼仪教育”进行课程的构建与设计，从幼儿的衣食礼、住行礼、年俗礼、中国礼四个主题出发，融入幼儿园五大领域的课程中，为幼儿提供科学、有效的礼仪教育机会，帮助其树立正确的礼仪行为意识，培养良好的行为习惯，为终身发展打下坚实基础(图 11-1)。

## 三、“礼”主题的课程内容

### (一) 衣食礼

在古代中国，“礼”深入社会的每个层面，因而礼仪的名目极为烦冗，《中庸》有“礼仪三百，威仪三千”之说。在《周礼・春官・大宗伯》中，按照礼仪的不同目的和施行的不同场合，礼仪被分为吉礼、凶礼、军礼、宾利、嘉礼五种类别。每一种传统礼仪又包括必不可少的构成要素：礼法、礼义、礼器、辞令、礼容、等差等。其中，礼容，即行礼者的体态、容貌和衣着。即如《礼记・杂记下》说：“颜色称其情，戚容称其服。”由此可见，作为礼容的重要组成部分，服饰礼仪是中国传统礼仪文化的重要组成部分。基于此，对幼儿进行“衣之礼”主题

① 邢宇．幼儿园生活礼仪教育的问题与对策研究[D]．哈尔滨：哈尔滨师范大学，2016.
② 耿向阳．幼儿礼仪启蒙教育的探索[J]．上海教育科研，2003(1)：72-74.
③ 嵇珺．培养：教孩子优雅地过一生[J]．教育导刊，2006(8)：44.
④ 苟新丽．浅谈幼儿文明礼仪教育的多种途径[J]．科学大众，2012(1)：262-263.
⑤ 张庆兰．对幼儿礼仪教育的探讨[J]．快乐阅读，2012(16)：71.
⑥ 宋晓燕．礼仪教育在幼儿教育教学活动中的实践与意义[J]．课程教育研究，2015(8)：15.

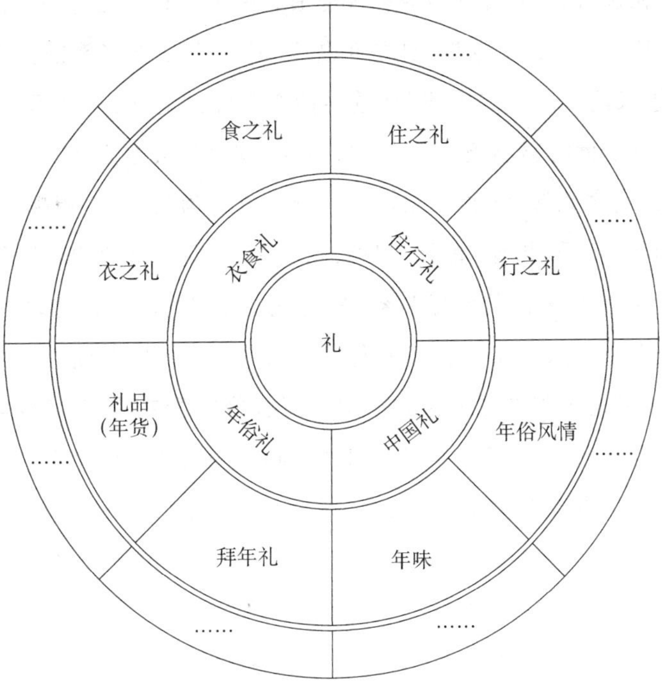


**图 11-1　“礼”主题网络框架图**

活动的教育，如在托班《穿衣礼仪》活动中，幼儿通过学习儿歌《穿衣歌》，进一步认识衣服的各个部分：领子、袖子、拉链，给予幼儿自主练习的机会，初步学会穿衣方法，让幼儿理解着装礼仪、仪容礼仪。

《礼记》中记载：“夫礼之初，始于饮食。”即饮食礼仪是一切礼仪制度的基础，吃饭时的礼貌反映了一个人基本的教养。我国古代就有所谓的站有站相，坐有坐相，吃有吃相，睡有睡相。这里说的进餐礼仪就是指吃相，要使吃相优雅，既符合礼仪的要求，也有利于我国饮食文化的继承和发展。3～6 岁是幼儿行为品格塑造的黄金关键期，通过饮食礼仪教育让幼儿领悟中华民族美德的精髓，形成高品质的饮食礼仪行为是优质学前教育的体现。为此，在对幼儿进行“食之礼”的教育中，引导幼儿懂得良好的饮食礼仪，形成符合礼仪规范的饮食行为，使幼儿成为一个知礼懂礼的人，促进幼儿的终身发展。例如在小班《食物宝宝来做客》活动中，通过让幼儿理解绘本《肚子里的火车站》内容及寓意，与幼儿的生活直接经验相结合，使幼儿学会文明进餐的基本礼仪，吃得优雅得体，懂得感恩自然带给我们食物，感恩为我们制作食物的服务者。

（二）住行礼

基本的礼仪是幼儿必须掌握的关键经验。社交礼仪是人们通过长期的生活和交往而形成的一种约定俗成的与他人交往的行为和语言规范。基于此设计了“住行礼”的主题教育活动，并分为了“住之礼”和“行之礼”两个主题活动，让幼儿知道周围生活中的礼仪，能知道居所礼仪、出行礼仪行为，并逐渐养成礼仪习惯。中国是礼仪之邦，拥有悠久的讲究礼仪规范的历史。《左传》云："亲仁善邻，国之宝也。"[①]这是把处理好邻国关系当作治国宝器。历代统治者与思想家们，对"亲仁善邻"之重要性有着深刻的认识，并引申到普通百姓的教化上，这在当时及对后世的影响极大。《周礼》云：百姓"五家为比，使之相保；五比为闾，使之相受；四闾为族，使之相葬；五族为党，使之相救；五党为州，使之相赒；五州为乡，使之相宾"，疏云"此经相保、相受、相葬、相救、相赒、相宾等，皆是民间之事，故云所以劝民也"，从中可看出百姓之间应有的和睦的邻里关系。[②] 为此，在对幼儿进行"住之礼"教育中，让幼儿逐步理解与邻里居住的礼仪。如在小班《你好，我的邻居》活动中，让幼儿走进娜娜与它的邻居吧唧的故事情境中，并思考邻里之间要注意哪些礼仪，学会原谅、宽容，懂得与邻居和睦相处。

《幼儿园教育指导纲要(试行)》明确提出："教师作为幼儿共同生活与活动的人，应以多种方式帮助幼儿认识、体验并理解基本的社会行为规则，学习自律和尊重他人，幼儿要理解并遵守日常生活中基本的社会行为规则。"[③]基于此，对幼儿进行"行之礼"教育时，让幼儿主动遵守交通规则和秩序以及公共场所的文明准则。如在中班《马路小记者》活动中，让幼儿通过学习常见的交通标志，能够区分出行中文明与不良的行为，并能提醒他人。

(三) 年俗礼

传统节日文化是一个国家或民族长期发展积淀的产物，是民族文化、民族精神的重要集合[④]。而年俗文化来源于传统节日文化，如春节、端午节、中秋节等，都是中华民族传统文化的重要组成部分。以活动为载体的年俗文化蕴含丰富的情感。利用年俗文化开展教育活动，主要从"年俗"和"年画"两个主题入手，帮助幼儿了解社会、民族习俗，促进幼儿社会性发展。如大班《年夜饭》活动中，通过对环境的创设，营造新年的场景，幼儿直观地感受到新年的氛围，在主动包饺子的实践中，对中国吃年夜饭的习俗和年夜饭文化有了进一步的了解，深化了对春节的整体认识。

(四) 中国礼

中华传统文化源远流长、博大精深。党的二十大报告指出："中华优秀传统文化源远流长、博大精深，是中华文明的智慧结晶，其中蕴含的天下为公、民为邦本、为政以德、革故鼎新、任人唯贤、天人合一、自强不息、厚德载物、讲信修睦、亲仁善邻等，是中国人民在长期生产生活中积累的宇宙观、天下观、社会观、道德观的重要体现，同科学社会主义价值观主张具有高度契合性"。春节作为最具有代表性的传统文化节日之一，一直是传统习俗和文化

① 杨伯峻．春秋左传注(修订本)[M]. 北京：中华书局，2017(50).

② 郑玄注，贾公彦疏．周礼注疏卷一〇《地官·大司徒》[M]. 上海：上海古籍出版社，2010：367-368.

③ 教育部．幼儿园教育指导纲要(试行)[Z]. 北京：北京师范大学出版社，2001(5).

④ 吴俊平．基于传统节日文化的幼儿社会性情感教育途径刍探[J]. 成才之路，2019(627)：76-77.

的集中体现点，置办年货、互赠礼品也是数千年来流传下来的习俗，《京都风俗志》云：“十五日以后，市中卖年货者，星罗棋布。”①为此，在“中国礼”主题活动中，主要分为“年味”和“年货”两个主题活动，让幼儿感受过新年的不同景象，寻找周围的年味，了解过春节人们购年货的习俗，并体验购年货的快乐，期盼新年的到来。如在中班《我是小小购物员》活动中，幼儿通过角色扮演，感受春节购买年货的喜庆和热闹氛围，了解家乡年货的大概的种类，体会年货的重要性。

以上“礼”系列单元主题教育活动，围绕衣食礼、住行礼、年俗礼、中国礼四方面展开，以符合幼儿身心发展的风俗、习惯、礼节、礼貌等为教育内容，通过游戏、儿歌、角色扮演等形象、有趣的教育手段，帮助幼儿逐渐树立礼仪观念，养成良好礼仪行为习惯。

## 第二节　主题活动目标

### 一、“衣食礼”“住行礼”主题目标

（一）托班

（1）了解周围生活中基本的礼仪，与同伴友好相处。

（2）在老师的引导下，初步了解着装礼仪、仪容礼仪、饮食礼仪、居所礼仪、出行礼仪等。

（3）在成人的提醒下遵守交通规则和秩序。

（4）了解公共场所的文明准则。

（二）小班

（1）知道周围生活中基本的礼仪，懂得尊重谦让，与同伴友好相处。

（2）在老师的引导下，知道着装礼仪、仪容礼仪、职业礼仪、饮食礼仪、居所礼仪、出行礼仪等。

（3）在老师的带领下，知道各项礼仪行为，并能在成人的提醒下初步养成礼仪习惯。

（4）能够区分生活中文明与不良的行为，在提醒下能遵守交通规则和秩序，遵守公共场所的文明准则等。

（5）初步感受中华民族是礼仪之邦。

（三）中班

（1）知道周围生活中基本的礼仪，知道尊重谦让，与同伴友好相处，并能以艺术化的方

① 徐子惠，王浩丞，王文智冠．年货传统文化简述与未来发展分析[J]．中国民族博览，2020(10)：7-8.

式表达“礼”。

(2) 理解着装礼仪、仪容礼仪、职业礼仪、饮食礼仪、居所礼仪、出行礼仪等礼仪的内涵。

(3) 知道各项礼仪行为,并逐渐养成礼仪习惯。

(4) 能够区分出行中文明与不良的行为,能自觉遵守交通规则以及秩序和公共场所的文明准则等。

(5) 了解中华民族是礼仪之邦。

(四) 大班

(1) 知道周围生活中的礼仪,能够尊重谦让,与同伴友好相处,并能用多种艺术化的方式表达“礼”。

(2) 理解着装礼仪、仪容礼仪、职业礼仪、饮食礼仪、居所礼仪、出行礼仪等礼仪的内涵,并能主动了解生活中其他方面的礼仪。

(3) 知道各项礼仪行为,并自觉养成礼仪习惯。

(4) 能够区分出行中文明与不良的行为,能主动遵守交通规则和秩序以及公共场所的文明准则等,并能提醒他人。

(5) 知道中华民族是礼仪之邦。

## 二、“年俗礼”“中国礼”主题目标

(一) 托班

(1) 了解一些常见的年俗活动,感受节日的喜悦。

(2) 在老师的引导下,发现过年前周围环境的变化,感受过年热闹、喜庆的气氛。

(3) 知道过春节人们有购年货的习俗。

(4) 在老师的带领下,欣赏年画,感受年画的色彩美。

(5) 培养幼儿热爱家乡的情感。

(二) 小班

(1) 知道一些基本的年俗活动,感受节日的喜悦。

(2) 在老师的带领下,欣赏年画的色彩,感受年画所呈现的快乐、喜庆、吉祥的气氛。

(3) 用各种感官感受和体验过年的热闹和喜庆的气氛。

(4) 初步了解年货,体验购年货的快乐。

(5) 培养幼儿热爱家乡的情感。

(三) 中班

(1) 了解年的来历,知道一些基本的年俗活动,了解本民族的文化习俗。

(2) 了解家乡过年的各种习俗活动,懂得一些过年的基本礼仪。

(3) 从画面、人物、造型、构图、色彩等方面,感受中国传统年画的独特风格,尝试创作年画。

(4) 知道年画是我国民间手工艺术,了解年画中蕴含的寓意或故事。

(5) 了解过新年的不同景象,引导幼儿寻找周围的年味。

(6) 了解年货大概的种类,体会年货的重要性。

(7) 培养幼儿热爱民间文化及爱家乡的情感。

### (四) 大班

(1) 知道年的来历,知道各地基本的年俗活动,感受节日的喜悦。

(2) 知道过年的基本礼仪,并能自觉遵守。

(3) 理解年画所表达的含义,能够用多种形式表现具有某种含义或能表现自己美好祝愿的年画。

(4) 培养幼儿的审美情趣和热爱祖国的情感。

(5) 感受春节的热闹气氛,并引导幼儿共同布置幼儿园的环境。

(6) 知道年货都有哪些,在教师的引导下,能够制作、采购、销售年货。

## 第三节　教育建议

幼儿园是基础教育的重要组成部分,幼儿阶段是接受行为习惯养成教育的最佳时期。幼儿园作为专业的教育机构,以生活礼仪为核心,对幼儿进行礼仪教育,使幼儿从小知礼、懂礼、用礼,对于传承中华文明、落实纲要法规、培养幼儿健全人格、促进幼儿身心和谐发展、建设和谐社会具有极其重要的意义。从幼儿抓起,培养良好的礼仪习惯,不仅是对幼儿本身教育的需要,也是整个社会和谐发展的需要。

### 一、优化环境渗透礼仪教育

陈鹤琴先生认为“凡是可以给小孩子刺激的都是他的环境”。整洁、和谐、欢乐的教育环境,是培养幼儿良好礼仪习惯的重要条件。我们注重活动室环境的布置。在幼儿活动区、盥洗室、午睡室里到处都有与礼仪相关的图片和儿歌:“抓领子、盖房子;小老鼠,出洞子;小拉链,插进去;手儿轻轻向上拉。”图片图文并茂、通俗易懂,让幼儿从中得到不少的启迪。还可以在相关活动区域设立和礼仪有关的活动区,如《马路》《公园》《超市》《医院》等,让幼儿在这些区域内无时无刻不接受外来视觉信息的冲击。这对幼儿形成礼仪素质有重要的潜移默化的教育作用。

## 二、教学渗透丰富礼仪认知

我们在教学中开展礼仪教育，使幼儿时时刻刻受到良好行为习惯的熏陶。例如，我们进行了“礼仪教育”课程的构建与设计，并纳入园本课程进行了实施。同时，注重礼仪教育在五大领域的渗透，如在组织语言活动《你好，我的邻居》时，幼儿在理解绘本故事《楼上的邻居》寓意的基础上，让幼儿观察邻里之间相处的图片，说说“哪个对”“哪个错”，然后再请幼儿说说“为什么”“应该怎样做”，通过讨论、争辩，使幼儿懂得了在公共场所应该怎样做，丰富了幼儿对公共场所礼仪的认知。教师要将礼仪内容贯穿于故事情节之中，让故事人物成为礼仪示范。幼儿模仿能力强，只要有示范人物作为榜样，就能够激发幼儿模仿的冲动。教师要精心选编故事，为幼儿创编故事，让故事成为礼仪教育重要素材。幼儿不仅喜欢听故事，还喜欢讲故事，教师要注意发掘幼儿讲故事的潜质，让幼儿在讲故事过程中获得更多心理体验，其教育效果会更显著；教唱歌曲《穿衣歌》时，先请幼儿根据自己的经验说说“自己平时是怎么穿衣服的，顺序是怎样的”，然后通过学习歌曲，使幼儿掌握了穿衣方法，能够学会分清衣服的前后，体会自己的事情自己做的乐趣。可见，有计划地安排科学、合理的教学活动，在活动渗透礼仪教育，能逐步让幼儿培养良好的礼仪行为。

另外，对幼儿进行的礼仪教学活动应多以游戏的组织形式开展，游戏是幼儿生活的重要内容，教师要精心设计游戏内容，让礼仪成为游戏中的因子，幼儿会在不知不觉的玩耍中获得礼仪教育。如《有序过马路》游戏活动，教师让幼儿扮演交警、司机、路人等角色，现场进行表演。幼儿要对角色有正确理解才能定位角色内质。这个游戏不仅能够让幼儿学习到更多交通常识，还能够获得礼仪素质的培养。

## 三、家园互动拓宽礼仪教育的空间

家庭环境是幼儿养成良好心理素质和健康成长的土壤。父母高尚的情操、文明的举止，会深深感染幼儿。父母在家庭生活中的表现一般是最坦率而无掩饰的，幼儿模仿性强，辨别力差，错误的言行对幼儿的发展有很大的消极影响，成人应注重自己言行的榜样作用。要想提高幼儿礼仪教育的质量和效果，必须要有家庭配合才能达到预期目的。一方面，通过校园公众号网站、家教园地专栏的宣传橱窗、家长会等文明礼仪教育实践活动宣传到每一位家长，向家长宣传幼儿礼仪教育的重要性，这种良好的氛围能够促使亲子在日常生活中讲规范、讲礼仪、讲公德、讲文明。同时，开办家长学校也是密切家园联系、培养幼儿良好礼仪的一种有效策略，可以定期举办礼仪方面的知识讲座，统一认识，引起共鸣；另外，还可以邀请个别经验丰富的家长作交流与讨论。另一方面，家庭、幼儿园和社会应共同努力，为幼儿创设温暖、关爱、平等的家庭和集体生活氛围，建立良好的亲子关系、师生关系和同伴关系，让幼儿在积极健康的人际关系中获得安全感和信任感，发展自信和自尊，在良好的社会环境及文化的熏陶中学会遵守规则，形成基本的认同感和归属感。

## 第四节　活动案例

### 一、“衣食礼”活动案例

#### （一）案例1（托班）——穿衣的礼仪

**【活动目标】**

（1）进一步认识衣服的各个部分：领子、袖子、拉链。

（2）初步学会穿衣方法，能够学会分清衣服的前后。

（3）体会自己的事情自己做的乐趣。

**【活动材料】**

儿歌《穿衣歌》、幼儿每人一件带拉链的上衣。

**【活动过程】**

1. 导入活动：谈话活动

（1）播放儿歌《穿衣歌》，激发学习兴趣。

（2）教师提问，引出活动主题。

师：小朋友们，我们每天早上、中午睡觉起来，我们先要做什么事情？

2. 呈现活动：儿歌呈现

（1）介绍衣服，解释儿歌。

① “抓领子，盖房子”是什么意思？衣服的领子在哪里？

② “小老鼠”指的是什么？“洞子”指的是衣服的哪个部位？

③ “吱吱扭扭上房子”是在干什么？

（2）教师示范穿衣。

教师边念儿歌边穿衣服：抓领子、盖房子；小老鼠，出洞子；小拉链，插进去；手儿轻轻向上拉。

师：你们看清楚了吗？我是怎么穿上衣服的呢？在穿的时候我还说了什么？衣服应该怎么摆放呢？小手抓在哪里？

3. 自主学习环节：操作活动

（1）出示衣服和裤子，请幼儿说说应该先穿什么，后穿什么。

教师告诉幼儿穿衣服的顺序，先穿上衣，再穿裤子，最后穿袜子和鞋。

(2) 幼儿尝试穿上衣。

教师带领幼儿再次念儿歌，对幼儿难掌握的穿衣地方给予重点指导，巡回指导个别幼儿，并给予帮助。

(3) 评价幼儿活动。

4. 活动展示：表达活动

(1) 幼儿自由结伴选组。

(2) 各小组比赛穿衣，看谁穿得又快又好。

(3) 交流“穿衣”情况：幼儿围坐在一起，与同伴相互交流、分享穿衣“又快又好”的方法。

5. 结束环节

(1) 师幼共同回忆儿歌。

(2) 教师小结。

师：小朋友们，今天学会了一首穿衣服的儿歌，也学习了怎样正确地穿衣服，那明天早上起来你们也要自己穿衣服，让爸爸妈妈看看你们究竟有多棒！

**【活动建议】**

(1) 活动变式：在生活区投放幼儿一些衣服，如袜子、外套等，让幼儿自己练习穿衣，锻炼幼儿的生活自理能力。

(2) 家园共育：家长鼓励幼儿自己穿衣服、整理衣服，让幼儿体会到自我服务的乐趣。

### (二) 案例 2(小班)——食物宝宝来做客

**【活动目标】**

(1) 学会文明用餐，不偏食、不挑食。

(2) 通过对绘本内容了解，遵守基本的用餐礼仪。

(3) 能够珍惜所食用的食物，感恩为他们做饭的叔叔阿姨。

**【活动材料】**

食堂工人做饭的照片、绘本《肚子有个火车站》、PPT 的绘本图片、卡片（水果、蔬菜）、一个笑脸纸筐、一个哭脸纸筐。

**【活动过程】**

1. 导入活动：图片导入

(1) 展示食堂工人做饭的图片。

师：小朋友们，猜一下这张图片是在哪里拍摄的？图片上的人物是谁？他们在干什么呢？

(2) 教师小结。

师：这张图片是在食堂拍摄的，画面中的人物是食堂里为我们做饭的叔叔和阿姨，他们每天起得非常早，需要干很多的活，非常辛苦。我们应该去珍惜我们能吃到的食物，感谢他们为我们的付出。

2. 呈现环节：讨论活动

(1) 教师迁移引导。

师：食堂里的叔叔阿姨为我们做了很多可口美味的饭菜，但是这些饭菜都到了哪里呢？

(2) 欣赏故事，初步了解故事内容。

教师出示图片，幼儿完整地欣赏故事。

(3) 讨论。

① 茱莉亚狼吞虎咽地去吃面条后会发生什么呢？

② 出示茱莉亚大口吃冰激凌的图片。

师：这位小朋友又吃了很多很多的冰激凌，那么他最后的结果会是怎么样的呢？

③ 展示茱莉亚在床上躺着的图片。

师：茱莉亚这是怎么了呢？

教师通过这个环节来引出文明进餐的基本礼仪，并向幼儿讲述哪些食物我们应该多吃，哪些食物我们应该少吃。

3. 自主学习环节：操作活动

(1) 分发给幼儿事先准备好的卡片和两个纸筐。

(2) 幼儿进行游戏，根据自己的认知，将卡片放到对应的纸筐中。

(3) 展示纸筐中所放入的食物的图片，带领幼儿一起去观察放入的图片是否正确。

(4) 当出现错误的对应图片时，教师为幼儿讲解。让幼儿自己把图片放回到对应的正确纸筐中。

4. 活动展示环节：表达活动

(1) 个别讲述：幼儿能清楚地说出拿在手中的食物图片的名称，是应该多吃还是少吃以及文明进餐时都需要去做些什么。

(2) 教师小结。

5. 结束环节

幼儿与老师一起学习“用餐歌”，回忆文明进餐的礼仪，并且让幼儿去画一画文明进餐的画面。

**【活动建议】**

(1) 活动变式：组织幼儿玩“娃娃家”的游戏，回忆文明进餐的礼仪，区分哪些食物应该多吃，哪些应该少吃或不吃。

（2）家园共育：在家庭中孩子和爸爸妈妈一起去遵守文明用餐的礼仪，如饭前便后洗手，吃饭时细嚼慢咽、不说话等习惯。

## 二、“住行礼”活动案例

### （一）案例1（小班）——你好，我的邻居

**【活动目标】**

（1）愿意在交流、讨论的过程中逐步理解与邻里相处的礼仪。

（2）尝试复述故事，选择喜欢的角色进行表演。

（3）学会原谅、宽容，懂得与邻居和睦相处。

**【活动材料】**

手偶（小兔子、鳄鱼各一个）、绘本故事《楼上的邻居》PPT、图片（与邻居相处活动的图片）。

**【活动过程】**

1. 导入活动：手偶导入

（1）出示小兔子、鳄鱼的手偶。

（2）提问：看一看，是谁来了？小兔娜娜与它的邻居鳄鱼吧唧，遇到了一个问题。

2. 呈现环节：讲述故事

教师生情并茂地讲述故事，幼儿初步理解内容。

（1）教师讲述故事1～2段，适时提问幼儿。

师：小朋友们，娜娜和吧唧分别住在哪里呢？

（2）教师模拟不同角色对话，形象地展示剩余故事。

师：这两位邻居之间都发生了哪些事情？在哪件事中娜娜很生气？水流到吧唧家里时，娜娜通过什么办法使吧唧原谅了自己？

3. 自主学习环节：讨论活动

教师出示教具，帮助幼儿回忆故事情节，幼儿尝试看图复述故事。

（1）教师使用PPT，依图片顺序引导幼儿回忆故事。

师：故事刚开始是什么样子的？之后发生了什么？后来娜娜和吧唧和好了吗？

（2）幼儿借助图片，尝试复述故事。

教师鼓励幼儿尝试复述故事，结合图片内容，复述故事梗概，幼儿复述完成后，教师及时给予评价，让幼儿体验讲述故事的乐趣。

师：小朋友们，自己来说一说吧唧的哪些行为是不对的，是不能向吧唧学习的。

师：那娜娜的行为哪里做得好，是我们要向娜娜学习的。

(3) 教师出示图片，引导幼儿说一说邻里之间要注意哪些礼仪。

师：除了故事中提到的放音乐时不要打扰到邻居；要是自己打扰到邻居时，及时道歉，并且用行动改正错误，你还知道哪些要注意的礼仪呢？

4. 活动展示环节：表演活动

联系实际生活，教师准备关于与邻居间居住过程中发生的故事图片(如遇见邻居、去邻居家做客、邀请邻居来自己家里做客等)，设定放学途中遇见邻居、去邻居家做客这两个情节，分配幼儿扮演邻居和遇见邻居的小朋友角色，引导幼儿一起进行表演，在表演过程中能使用正确的礼仪，与邻居和睦相处。

5. 结束环节

教师小结：小朋友们，邻居是家住得和我们靠近的人，住在我们的楼上楼下或者在旁边。在和邻里相处的过程中我们一定要讲礼貌，使用礼貌语，成为像娜娜和吧唧那样的好邻居。

**【活动建议】**

(1) 活动变式：在美工区，请幼儿来画一画自己的邻居。

(2) 家园共育：回家后，与爸爸妈妈聊一聊在和邻里相处的过程中应注意的礼仪。

**附：**

### 楼上的邻居

兔子娜娜刚搬进了新家，和鳄鱼吧唧成了楼上楼下的邻居。有一天，娜娜正在家里洗菜，忽然从楼下传来刺耳的声音。娜娜有点儿生气了。她就从窗户对着楼下的吧唧说：“你的音乐能不能小一点，打扰到我了！”吧唧不屑一顾地回答道：“我就喜欢声音大，这样才刺激！”吃完晚饭后，娜娜躺在床上，看了一会儿书正准备睡觉呢，结果刺耳的音乐又响了起来。“啊！……”这次娜娜受不了了！娜娜赶紧来到吧唧家，准备跟吧唧说说理，可吧唧很不耐烦地说：“怎么了，我吃完饭听听音乐难道不可以吗？”娜娜气得上了楼。

有一天中午，爱看书的娜娜被一本有趣的故事书吸引了，看得入神，结果忘了把洗菜的水龙头关了。结果水一直在流啊流……娜娜却一点不知道！“哗啦啦，哗啦啦……”当娜娜听到了声音，结果遭了！等娜娜想起水没关的时候，水已经流太多了，从楼上冲到楼下吧唧家了。娜娜关上水，赶紧跑下楼去跟吧唧道歉，而且一边道歉，一边又赶紧帮吧唧把家里收拾好！吧唧看着娜娜忙上忙下的，突然想到之前自己做的事，吧唧有点不好意思地低下了头，对娜娜说：“对不起，娜娜，我之前不该把音乐放那么大声，也不该以那样的态度对你。”

娜娜很开心，微笑着摇了摇头：“没关系，咱们是好邻居。”从这件事后，娜娜和吧唧不管做什么事，都相互替对方着想，他们成了大家羡慕的好邻居！

（二）案例2（中班）——马路小记者

【活动目标】

（1）能认识常见的交通标志，并了解安全通过马路应遵守的交通规则。

（2）学会按照交通标识行动。

（3）具有遵守交通规则的意识。

【活动材料】

各种交通标志图片、书籍若干、公园平面图、行人过马路的视频、自制标志需要的卡纸、铅笔、彩笔等各种材料。

【活动过程】

1. 导入活动：谈话活动

（1）请个别幼儿说一说自己的经历。

师：你们在过马路的时候看到过哪些交通标志呢？你们知道该怎么过马路吗？

（2）播放视频。

师：接下来，我们看一个行人过马路的小视频，仔细观察下行人是怎么遵守交通规则的。

2. 呈现环节：画面呈现

（1）出示标志图片，认识标志。

师：小朋友们，这个上面是什么交通标志呢？

（2）教师介绍交通标志的意义。

（3）教师小结：每一个交通标志都有它的用途，我们要遵守交通规则。

3. 自主学习环节：演示活动

（1）玩《山洞淘宝》的游戏。

教师事先将部分安全标志的卡片放入两个箱里，然后将幼儿分成两组，分别让两组幼儿摸，摸到后说出标志的名称，遇到这种标志应该怎样做。

（2）情景表演《逛公园》。

出示公园的平面图，请幼儿在公园的十字路口贴上相应的标志。

（3）颁发"安全小卫士"奖章。

对以上活动表现突出的幼儿及时表扬鼓励，并颁发"安全小卫士"奖章。

4. 活动展示环节：操作活动

（1）幼儿分组讨论。

讨论幼儿园哪些地方需要标志？需要设计怎样的标志等问题，通过相互交流讨论，为后面的设计做好铺垫。

（2）请幼儿帮助幼儿园设计一些交通标志。

师：今天我们认识了许多标志，知道了这些标志说明什么，见到它们时应该怎么办。下面请小朋友当一回“小小设计师”，帮助幼儿园设计一些标志，贴上去提醒大家注意安全。

5. 结束环节

教师小结：今天我们讲了交通规则，那以后我们过马路时记得要遵守交通规则，做一个遵守交通规则的小朋友哦！

**【活动建议】**

(1) 活动变式：在美工区提供材料，请幼儿制作一个交通标志，将作品张贴到角色扮演区。

(2) 家园共育：请幼儿观察路上的交通标志，在日常生活中做个遵守交通规则的好宝宝。

## 三、“年俗礼”活动案例

### (一) 案例1(小班)——贴窗花

**【活动目标】**

(1) 初步掌握前后、上下、里外的方位词。

(2) 学习剪、贴窗花的方法，并尝试用画笔装饰窗花。

(3) 欣赏窗花的对称美和均衡美。

**【活动材料】**

蜡笔、图画纸、无色打印不同类型的窗花(风景、花鸟、人物)、图片(除夕夜里家人吃团圆饭)。

**【活动过程】**

1. 导入活动：图片导入

(1) 出示图片(除夕夜里家人吃团圆饭)，幼儿观察交流。

师：图片是在什么时间拍摄？地点是哪里？图片上的人物在干什么？

(2) 经验分享，引出主题。

师：小朋友们，这张图片是在除夕过年的时候拍摄的，图片里面的人是在自己的家中吃团圆饭，体现了我们过年的传统习俗。在过年时候，我们还有贴窗花的传统习俗。

2. 呈现环节：实物呈现

(1) 欣赏不同形状和图案的窗花。

师：小朋友们，我们这里有6张图片，大家一起来仔细观察，看一看这些不同类型的窗花里面都是画的什么事物呢？

(2) 认识窗花。

教师为幼儿讲解所展示的窗花类型(花鸟类、山水类、人物类)，并引导幼儿去观察并说出窗花的图案是左右、上下对称的。

（3）涂色装饰窗花。

教师提前准备好打印在纸上的无色窗花、画笔，供幼儿选择自己喜欢的窗花，进行涂色。

（4）互相交流。

幼儿涂完色之后进行交流展示，分享自己的作品。

3．自主学习环节：操作活动

（1）讲解剪纸步骤。

师：请小朋友用剪刀沿着事先画好的正方形边线，把窗花剪下来。

（2）幼儿剪纸，教师指导。

教师提醒幼儿：安全使用剪刀；剪纸时要仔细、有耐心；剪掉的纸要放在指定位置，不乱扔纸屑。

4．活动展示环节：作品展示

（1）幼儿贴窗花。

幼儿分小组去展示自己所贴窗花的位置（如教室的前面还是后面、里面还是外面、墙的上面还是下面）。

（2）集体欣赏、交流剪出窗花的作品。

幼儿去讲述所贴窗花里面的是什么具体的事物，为什么给它涂上这种颜色，这种颜色的名字叫什么。

5．结束环节

（1）教师小结。

引导认识幼儿与他人友好相处、与人为善的合群品质的重要性。

师：小朋友们，你们是自己一个人完成贴窗花的任务，还是与他人一起去完成的，你的感受是什么？

（2）迁移生活经验。

师：我们在教室中贴的窗花都有什么颜色的？它们里面有没有什么我们日常生活中常见的事物？

**【活动建议】**

（1）活动变式：在美工区提供彩纸、剪刀，鼓励幼儿继续尝试运用不同对折方法，剪出不同对称图案的美丽窗花。

（2）家园共育：在家里为幼儿准备一些材料和剪刀供幼儿练习剪窗花，提高幼儿剪纸能力。

（二）案例2（大班）——年夜饭

**【活动目标】**

（1）了解中国吃年夜饭的习俗和年夜饭文化。

（2）学会包饺子、擀皮的基本技能，并能独立包饺子。

（3）感受年夜饭合家团圆、喜庆、热闹的气氛，萌发热爱中国传统文化的情感。

**【活动材料】**

餐具（碗、勺子、盘子、筷子）、儿歌《文明就餐好》PPT、图片（年夜饭、饺子、包饺子）、面粉、饺子馅、照相机。

**【活动过程】**

1. 导入活动：谈话活动

（1）调动幼儿已有经验，引出主题。

师：小朋友们，马上要到春节了。大家还记得去年过年时候吃了哪些好吃的饭吗？

（2）呈现幼儿家长提供的年夜饭照片。

（3）教师小结。

师：看了小朋友们的年夜饭，大家看到年夜饭上最主要的食物是什么吗？对，是饺子。因为饺子的形状和元宝很像，它象征着福运，所以家家户户在年夜饭上都会吃饺子。今天我们一起来包饺子吧。

2. 呈现环节：画面呈现

教师带领幼儿回顾包饺子分步骤的图片，为幼儿包饺子提供丰富的直接经验。

（1）制作饺子皮。

① 将和好的面在案板上平均分成若干份，拿出其中的一份搓成粗细均匀的长条，再切成若干均匀的小块。

② 在案板上撒上干面粉，把切好的面团放在案板上压扁，然后用擀面杖把面皮擀成圆圆的薄片。

（2）取饺子馅。

将擀好的饺子皮平放在左手手心或平放在案板上，用勺子舀适量的饺子馅放在面皮中心。

（3）包饺子。

① 用拇指和食指捏住下面的饺子皮往上对折，然后将饺子皮边缘捏紧。

② 将包好的饺子放在撒上面粉的托盘里。

3. 自主学习环节：操作活动

幼儿操作，教师指导。

（1）教师提醒幼儿在包饺子前洗手并注意包饺子过程中的卫生。

（2）幼儿分组，可根据自己的意愿选择擀皮或包饺子。

(3) 提醒幼儿要左右手积极配合，将饺子的边缘捏紧、不露馅。幼儿擀的面皮形状不做统一的要求，只要能包住馅就行。

4. 活动展示环节：讨论活动

(1) 共同讨论：请每组幼儿分别展示自己的饺子，看看谁的饺子更像元宝，教师对幼儿的成果应多加肯定。

(2) 自由结伴讲述：我是怎么包饺子的？包的饺子是什么样的？

5. 结束环节

(1) 播放儿歌《文明就餐好》PPT，学习就餐礼仪。

师：小朋友们，大家辛苦了。现在我们的小饺子都拿到厨房里去煮了，那小朋友们知不知道在年夜饭的餐桌上有什么礼仪呢？哪位小朋友来告诉大家呢？

师：小朋友们，吃年夜饭的时候，我们都是一家人团团圆圆地坐在一起，一起分享快乐和喜悦，互道祝福语。

(2) 品尝、分享饺子。

教师和幼儿围坐在一起吃饺子，体验文明就餐，并组织幼儿互相分享饺子，互道祝福。

(3) 合影留念。

师：不只是年夜饭要讲究礼仪，我们吃的每顿饭都要讲究礼仪。请你们回到家里，一起和家人学习儿歌《文明就餐好》，互道祝福语吧！

**【活动建议】**

(1) 活动变式：在美工区投放超轻黏土，让幼儿制作不同样式的饺子并展示。

(2) 家园共育：幼儿回家尝试和家人一起包一顿饺子，体会过年的温馨气氛。

**附：**

**儿歌《文明就餐好》**

饭菜已摆上，用餐讲礼貌。
先请长辈坐，自己再坐好。
不要高声语，碗筷别乱敲。
细嚼又慢咽，偏食可不好。
饭菜不浪费，文明就餐好。

## 四、"中国礼"活动案例

### (一) 案例1(小班)——春节包饺子

**【活动目标】**

(1) 了解包饺子的相关知识，掌握包饺子的基本方法。

(2) 体验包饺子的乐趣，感受节日热闹、喜庆的氛围。

**【活动材料】**

服装(中国传统红色旗袍一套)、饺子皮、饺子馅、小勺子。

**【活动过程】**

1. 导入活动：谜语导入

(1) 幼儿猜谜，引出主题。

师：前面来了一群鹅，扑通扑通跳下河，等到潮水涨三次，一股脑儿赶上坡。请小朋友们猜一个食物。

(2) 介绍饺子的来历。

师：小朋友们，饺子起源于东汉时期，为东汉河南南阳人“医圣”张仲景首创。当时饺子作为药用，张仲景用面皮包上一些祛寒的药材(羊肉、胡椒等)用来治病，避免病人耳朵上生冻疮。

2. 呈现环节：演示活动

(1) 交流讨论。

教师身穿传统红色旗袍，带幼儿参观已布置好的园内环境和活动室，让幼儿感受节日的气氛。

师：快过年幼儿园都发生了新的变化，小朋友们在新的一年里有什么打算？过年咱们都吃什么呢？

师：那我们今天就来体验一下包饺子吧！先看老师是怎样包的。

(2) 教师示范包饺子。

① 拿起饺子皮弯成窝形放入适量馅。

② 对折成半圆，捏牢中间。

③ 由两边向中间封口，用双手拇指和食指按住边。

3. 自主学习环节：操作活动

(1) 幼儿自由结组，组员进行任务分工。

(2) 自主尝试包饺子，教师巡回指导要点。

(3) 收集饺子，请食堂阿姨煮饺子。

① 引导幼儿说出在水沸腾时，一个一个下饺子。

提问：饺子什么时候才能下到锅里，要等到锅里的水怎么样？怎样下饺子？

② 引导幼儿说出锅里的水要沸腾三次，饺子在锅里面“跳三次舞”。

提问：那我们怎么样才知道饺子煮熟了？

4. 活动展示环节：表达活动

(1) 幼儿展示包好的饺子。

个别讲述：我在小组的分工是什么？包好饺子的方法是什么？

（2）幼儿品尝饺子。

5. 结束环节

教师请幼儿互相说一句祝福语，感受新年的热闹、喜庆的气氛。

**【活动建议】**

（1）活动变式：在美工区投放超轻黏土和“饺子”图片，鼓励幼儿参考图片用黏土制作饺子。

（2）家园共育：幼儿回家后，与家人分享关于饺子的来历。

### （二）案例2（中班）——我是小小购物员

**【活动目标】**

（1）了解过春节人们购年货的习俗。

（2）尝试选购年货。

（3）体验购年货的快乐，期盼新年的到来。

**【活动材料】**

各种食品包装袋、人手一个购物篮、新年的音乐、有关新年年货的PPT、小型货物架、收银台等。

**【活动过程】**

1. 导入活动：视频导入

（1）播放视频，幼儿观看。

师：小朋友们，你们在视频中看到了什么？

（2）幼儿讨论，引出主题。

师：视频里有各种年画、灯笼、零食大礼包，还有《恭喜发财》这首歌曲。所以，这是春节我们在超市购买年货时的场景。

2. 呈现环节：角色扮演

（1）了解买年货的习俗。

幼儿自由讨论：春节到了，看看我们的爸爸、妈妈们在忙什么呢？

（2）尝试购买年货。

幼儿进行年货的选购，教师放音乐，教师在旁进行个别的指导。

师：今天把我们的活动室变成了超市，那现在请小朋友们化身小小购物员，去选购自己想要的年货吧！

3. 自主学习环节：表达活动

小朋友们依次逐一进行分享，教师可以进行个别指导。

师：现在小小购物员们都选购了自己要的年货，现在我们逐一分享一下你选购这件年货的原因。哪位小朋友想来告诉大家，你选购了什么东西，为什么你要选购这个东西呢？

4. 活动展示环节：讨论活动

（1）自由交流自己所购的年货。

（2）请个别幼儿交流买的年货。

5. 结束环节

教师小结：我们今天化身成了小小购物员，选购了自己喜欢的年货，体验了春节的气氛。同时，我们也知道了新年里需要的东西叫作“年货”，购买年货是我们中国人过春节的习俗！

**【活动建议】**

（1）活动变式：在角色扮演区投放“年货”，让幼儿体验过年购买年货的热闹情景。

（2）家园共育：幼儿回家后，与家人一起去超市购买“年货”。

## 趣味阅读：中华传统美德小故事

### 张老员外匡扶百姓

明末，桐城有一个张老员外，心存善念，喜欢施舍。有一年，遇到荒收，米价上涨，一些狡猾奸诈的商人看到这个情形，反而把米粮囤积起来不肯出售，于是百姓们没米吃，就引起了大恐慌。政府官员向朝廷报告了这个灾情，却一直没有得到朝廷的回复和拨粮。

张老员外见到这个情形很是忧急。于是，他就把家里的存米半价出售，为的是让百姓们有米吃。大家听了这个消息，当然是高兴得不得了。但是，张老员外又想到一般贫苦的人，没有钱买米，仍然在挨饿。所以，他又办了一个施粥厂，受施的人隔天可领一张餐券，每日统计人数，煮粥按照餐券发送，一日三餐，每餐白粥一大碗，咸菜一小碟，许多人空着肚子来，吃得饱饱地回去，大家都称赞张老员外是个“活菩萨”。而张老员外却很谦虚地说：“荒年米价比较贵，半价出售是为了怕奸商趁机赚钱，害得大家没有米吃，至于施粥的费用也不多，只要大家都有饭吃，我就觉得很安慰了。”

张老员外不断地将米半价出售，又持续地施粥给穷人，家里的钱也渐渐用完了，但是，荒收的现象不可能马上平复，因此做善事当然不能半途中止，张老员外心里十分焦急，他想：“我这时候如果把救济的事业停止了，一般贫民就会有饿死的可能，那我当初的救济不就等于白费了吗？救人必须救到底，现在我还有一部分家产，我应该把这些产业变卖了，继续救济乡里才是！”想定了主意，张老员外就去和夫人商量，他的夫人听了他的话非常赞成，并且说：“积存产业给子孙，如果不是积德，万一子孙不成才、没出息，就算是金山银山也会用尽。如果积德给子孙，虽然没有留家产给他们，但是将来如果子孙好，还是会富裕起来的。田地房屋，就由你做主变卖，我也有许多珠宝首饰也一起卖了吧！”员外听了，一直称赞夫人。于是两人卖了值钱的东西，继续做善事，直到荒收的现象消除了，他们才停止。

**启示与点评：**

张老员外在荒收年能够做到低价卖粮和无偿舍粥，体现了他悲天悯人的热心肠，他的做法不仅解了当时老百姓们没有饭吃的燃眉之急，还维持了当地社会的稳定，为国家也做出了很大的贡献。

（资料来源：http://www.360doc.com/content/21/0602/07/18903586_980061616.shtml）

**千里送鹅毛**

唐朝时，云南一少数民族的首领为表示对唐王朝的拥戴，派特使缅伯高向唐太宗贡献天鹅。路过沔阳河时，好心的缅伯高把天鹅从笼子里放出来想给它洗个澡。不料，天鹅展翅飞向高空。缅伯高忙伸手去捉，只扯得几根鹅毛。缅伯高急得顿足捶胸，号啕大哭。随从们劝他说："已经飞走了，哭也没有用，还是想想补救的方法吧。"缅伯高一想，也只能如此了。

到了长安，缅伯高拜见唐太宗，并献上礼物。唐太宗见是一个精致的绸缎小包，便令人打开，一看是几根鹅毛和一首小诗。诗曰："天鹅贡唐朝，山高路途遥。沔阳河失宝，倒地哭号啕。上复圣天子，可饶缅伯高。礼轻情意重，千里送鹅毛。"唐太宗莫名其妙，缅伯高随即讲出事情原委。唐太宗连声说："难能可贵！难能可贵！千里送鹅毛，礼轻情意重！"

**启示与点评：**

今天，人们用"千里送鹅毛"比喻送出的礼物虽单薄，但情意却异常浓厚，体现了送礼之人诚信的可贵美德。我们在日常的交友过程中，应向其学习诚以待人的品格。

（资料来源：https://baike.baidu.com/item/%E5%8D%83%E9%87%8C%E9%80%81%E9%B9%85%E6%AF%9B/70624?fr=aladdin）

## 问题与实践

1. 开展学前儿童对礼的教育的意义与价值是什么？
2. 开展礼的主题教育活动时，需要注意什么问题？
3. 请你设计一个有关礼节、礼仪的活动的方案。

# 第十二章　学前儿童社会教育特色活动的区域活动设计

## 内容导读

学前儿童社会教育领域的学习具有不同于其他领域学习的特点，社会教育领域的学习更注重幼儿的生活经验和情绪情感的学习与发展。区域活动的开展，能够把课内、课外的行为、技能、情感有机联系起来，是促进幼儿社会性发展的重要形式之一。本章围绕社会教育区域活动设计的依据、开展的资源以及活动实践三方面展开讨论，以帮助学习者懂得如何根据学前儿童社会教育的要求、资源选择合适的社会教育区域活动内容，促进幼儿的社会性发展。

## 第一节　学前儿童社会教育特色活动的区域活动概述

### 一、区域活动对幼儿社会学习的影响

对于社会教育而言，区域活动自身的特点与社会教育目标是高度契合的。区域活动所提供的宽松环境，能让幼儿自主选择、自由探索、自我发现、自主交往，不但有助于幼儿社会经验的获得，而且能锻炼和发展他们的社会情感、自我控制、大胆表达、共同合作等优秀的个性品质。区域活动是幼儿自由、自主和个性化的活动。在教师的专业引导下，真正的区域活动可以较好地尊重幼儿的个体差异、提升社会性技能及解决问题的能力，包括初步的创造意识和创造能力的展示与发展，能最大限度地引发其社会教育价值[①]。区域活动对幼儿社会性发展的作用如下。

（一）区域活动能增强幼儿的自主性

区域活动不同于教师组织的集体活动，区域活动的计划、执行、完成都是幼儿自主决定

---

① 甘剑梅．学前儿童社会教育[M]．北京：高等教育出版社，2021．

和承担的[1]。自主性是个体对自身行为的意识与调控能力，即个体知道自己要做什么，能积极主动去做自己认为该做的事情或正确的事情，且通过自身的活动获得发展。幼儿在区域活动中享有充分的自由，可自主选择活动内容，自己掌握活动进度，选择活动方法。只有当幼儿可以根据自己的愿望与想法来使用游戏材料，才能有活动的方式方法的多样性与灵活性，才可能使幼儿真正产生兴趣和自主体验感。同时，区域活动中不断出现的困境与新问题，如材料的不足、场地的局限、合作的分工等，也使幼儿要不断地面对问题，积极地寻找解决问题的办法。

（二）区域活动能增进幼儿的人际交往能力

区域活动为幼儿提供了一个开放支持的环境，同时也提供了与同伴、教师和许多不同材料相互作用的机会，他们想交流的愿望会自然地增长，幼儿会希望表达出与他们的活动有关的需要、情感和思想。在这个过程中，幼儿能渐渐掌握人与人之间的交往规则和交往技能。此外，幼儿常常会因为区域内材料的分配与使用等问题出现矛盾，为确保区域活动正常进行，幼儿必须学会谦让、分享、合作等亲社会行为，避免攻击行为。而这些良好的交往品行一旦形成，会使交往更加顺利，最终使幼儿乐于交往、善于交往。区域活动中幼儿与环境的相互作用，包括与同伴、教师的相互交流、合作以及材料的运用等，是其对自己的社会认知系统不断同化、顺应，达到平衡的过程，能最大限度地促进幼儿的个性发展。其中，幼儿人格结构中的自信心、自尊心、责任心、同情心、自控、合作、分享、乐于交往等特质均能通过区域活动的展开而得到和谐发展。

（三）区域活动能培养幼儿的责任感

幼儿的责任感是从对具体的人和事产生喜爱开始的，再逐渐发展为对自己说过的话、应该完成的任务负责，最后发展到对集体、对社会负责等。如在角色游戏区，幼儿所扮演的角色大都是他们自己所喜爱的，而且要求他们必须遵守角色内在的社会要求，这是幼儿责任心的最初养成。同时，不同的角色所特有的角色特点还能使儿童抑制一些个人愿望，抵抗其他的诱惑，完成自己所担负的工作，如扮演医生的女孩子虽然看到"超市"的服装柜台挂了很多漂亮的衣服，可是要控制自己的行为，不能擅离职守，必须专心为"病人"服务。

（四）区域活动有助于社会规则的认知

在区域活动中存在着各种各样的规则，既包括道德规则，即权利、信任、公平分配资源等；也包括习俗规则，即言谈举止、性别角色、表达等；还包括谨慎规则，即舒适、安全等行为。幼儿必须接受并适应各种规则，同时也必须学会掌控自己的行为，使其符合规则的要

---

① 田景正．幼儿园区域活动中教师指导行为的研究[D]．桂林：广西师范大学，2003.

求。区域活动中环境的精心创设、材料的悉心投放，都有利于提升幼儿的规则意识，并能自觉遵守规则。

## 二、区域活动中社会学习的指导策略

区域活动中的教师指导是非常必要的，其发生更是依赖于特定的区域环境和条件。区域活动是幼儿园课程的另一个重要组成部分，教师通过区域创设、材料投放和合理安排活动时间，并在活动过程中进行观察、等待和干预，以此来帮助幼儿成长。此外，区域活动中的参与也是尤为重要的，教师作为区域游戏活动的组织者、参与者、支持者，他们秉持什么样的教育理念，致力于建立什么样的师幼关系，是影响教师指导的重要因素。因此，区域活动中社会教育功能的发挥有赖于教师较高的专业素养和相关专业知识、技能的准备。想要更好地发挥区域活动对于幼儿社会性发展的正面影响，教师必须要关注以下几点。

### （一）精心设计区域活动的环境

精心设计的环境可以起到暗示的作用，起到引发幼儿积极行为的作用。由于环境的作用是潜移默化的，是不断重复的，创设物质环境本身就能为幼儿的社会性发展提供支持，因此，教师在创设区域时就要考虑到，区域环境是否能够引发幼儿产生良好行为，同时避免幼儿出现不良行为。

### （二）通过合理的空间安排来促进幼儿的积极互动

在具体的空间布置和安排上，井井有条的物品安排更容易培养儿童的秩序感，家具、材料的放置位置要安全、合理、方便；家具的大小、高矮要适合幼儿使用；材料摆放在经常使用的地方，使儿童容易拿到。同时，应注意区域的功能分区与设置便利。可以用小的组合柜、椅子、地面上的各种物体做分隔物，隔出不同的活动区，这样可以减少相互干扰；适当的空间密度能够避免过分拥挤而造成的幼儿攻击性行为增多，或者空间过大而造成的消极社会性行为。教师要时刻关注区域内幼儿发展情况，如果发现幼儿的争执总是在同一地点出现，教师就要考虑现有区域布置是否不够合理，是否应当重新规划空间以减少问题行为的出现。总的来说就是各类型区域要根据各自的活动方向被布置得各具特色，充分发挥其作用，让幼儿的好奇心、探究欲和学习能力能够得到一个很好的发展。

### （三）通过适宜的材料投放来促进幼儿的积极互动

适宜的材料投放能促进幼儿的积极互动，在材料投放时要注意以下几点：首先，区域活动材料要体现多样性。内容、性质、类型丰富的材料更能引起幼儿的兴趣。例如，在小班幼儿操作区，为了提高幼儿的动手操作能力，教师可为幼儿投放多种区域活动材料，包括小拼图、纽扣、绳结、小积木、无纺布粘贴扣等，不同颜色、不同材质、不同花纹的材料，在特定的区域中，结合区域的特点和主题，可以充分吸引幼儿的注意力，锻炼幼儿的手指灵活性。

然后，根据幼儿的年龄特点提供适宜的材料。例如，针对小班幼儿分离焦虑情况，教师可以为幼儿设计生活角，准备高矮适宜的桌椅板凳，摆放上电话和手机模型，设计角色区"我给家人打电话"活动，结合区域可容纳幼儿数量，投放相应数量的电话机，加上温馨的环境创设，可以很好地抓住幼儿年龄的特点与需要，让幼儿拿着电话模仿给自己的家人打电话，既可以减轻幼儿的分离焦虑，又能够发展幼儿口语表达能力，区域活动结束后幼儿整理起来也很方便①。

## 第二节　学前儿童特色社会教育区域活动设计依据

社会教育的重点是在尊重儿童生活、遵循儿童社会性发展规律与特点的基础上，由教育者通过多种途径，创设有教育意义的环境和活动，陶冶幼儿的心灵，把幼儿培养成一个有着良好社会理解力、社会情感、品德与行动能力完整、健康的儿童。由于幼儿的认知水平有限，灌输式的教育方式并不能被幼儿所接受，因此，要让幼儿在动手操作和体验中获得良好的社会性发展，将社会教育的教育理念深入幼儿的内心，区域活动是最适合幼儿获得社会性发展的活动方式。在区域活动中，幼儿通过动手操作、摆弄等方式进行体验和探索，能够真正实现"玩中学，做中学"。

在全球快速发展的今天，智力的发展不能决定一个人的能力发展，社会性和个性的发展也逐渐凸显出它的重要作用。2012 年教育部针对当前学前教育领域存在的问题和困惑，颁发了《3～6 岁儿童学习与发展指南》(以下简称《指南》)，其中明确指出了社会领域的教育活动中幼儿园、教师的职责以及幼儿在各年龄阶段所应达到的能力水平。因此，教师在设计区域活动时，应在符合国家教育政策要求和教育目标、满足幼儿游戏需要的同时，把特色社会教育活动渗透其中，促进幼儿的社会性发展。

### 一、以国家的相关政策和教育方针为依据

社会教育活动的设计和实施要以一定的目标为依据，而目标的制定则以国家的相关政策和教育方针为依托。《幼儿园工作规程》(以下简称《规程》)和《幼儿园教育指导纲要(试

---

① 刘玲玲．幼儿园区域活动现状分析及其对策研究——以莱山区为例[D]．烟台：鲁东大学，2015．

行)》(以下简称《纲要》)等文件均指出,幼儿园的教育要贯彻国家的教育方针,坚持保育与教育相结合的原则,对幼儿实施德、智、体、美诸方面全面发展的教育。幼儿园诸多法规、文件的制定和颁布,遵循了我国宪法和教育法的基本精神,是开展幼儿园教育工作的统领性文件,是新世纪我国幼教发展的指导性文件。

《纲要》中指出幼儿教育是基础教育的组成部分,是学校教育和终身教育的起始阶段,幼儿教育应为幼儿的近期和终身发展奠定良好的基础素质。《纲要》把幼儿情感——社会性教育作为我国幼儿园全面发展教育的目标和核心内容,把社会领域课程作为我国幼儿园教育的重要组成部分,将社会教育作为幼儿园五大领域教育活动之一,体现了我国幼儿园教育的根本任务是"为幼儿一生的发展打好基础"。因此,我们在规划、组织幼儿园社会教育活动时,应时刻以《规程》和《纲要》为指导思想,制定符合国家教育政策的教育活动。

## 二、以学前儿童社会教育目标为依据

目标既是行动的出发点和导向,也是评价行为的标准。以科学、合理的目标为指引,能够进一步明确前进的方向,减少行动的盲目性和偶然性。学前儿童社会教育目标的确立,是学前儿童社会教育开展的起点和归宿,也是社会教育课程设计的首要环节。

《纲要》中指出,幼儿社会领域的总目标如下。

(1) 能主动地参与各项活动,有自信心。

(2) 乐意与人交往,学习互助、合作和分享,有同情心。

(3) 理解并遵守日常生活中基本的社会行为规则。

(4) 能努力做好力所能及的事,不怕困难,有初步的责任感。

(5) 爱父母长辈、老师和同伴,爱集体、爱家乡、爱祖国[①]。

通过分析《纲要》中关于社会领域的总目标可以看出,社会领域的目标从两个维度出发:社会关系维度和心理结构维度。社会关系维度又包括幼儿与自身的关系,幼儿与他人的关系,幼儿与集体或群体的关系和幼儿与社会的关系;心理结构维度包括社会认知、社会情感态度、社会行为技能。由此可以看出,学前儿童社会领域的教育,旨在促进儿童的社会化,使儿童从出生时的自然人,成长为逐渐适应社会的社会人,并在教育过程中发展其社会性。总目标是学前儿童社会教育的最终目的。因此,我们在制定社会领域教育活动时,也要以总目标为导向和依托,围绕目标要求设计社会教育区域活动。

---

① 教育部.幼儿园教育指导纲要(试行).北京:北京师范大学出版社,2001.

## 三、以社会需要为依据

一个国家的政治、社会、经济、文化发展到什么水平，决定了这个国家需要什么样的人才，从而对社会的教育提出要求，需要在各级各类教育领域内贯彻实行。幼儿园教育的目的是为国家、为祖国的明天培养人才，未来的一代应塑造成什么样的人，幼儿园社会教育担负着重大责任。因此，幼儿园社会教育就需要关注社会的发展，关注社会的未来乃至全世界的未来，其社会教育区域活动的设计要能反映社会的要求和愿望。

在我国现阶段，随着社会经济的发展，改革的深化，人们的很多观念发生了变化，很多不利于我们身心健康发展的思潮为社会发展带来有害的影响。因此，我们应该有针对性地采取一系列措施，调整社会教育目标的优良品质，将社会的要求融入社会教育中，帮助幼儿了解社会现实，明白某些不当行为的严重后果，从而逐渐塑造自己的行为，满足社会提出的要求。

## 四、以幼儿发展水平为依据

幼儿的发展是幼儿教育的前提和基础，幼儿社会性教育也必须注重幼儿的发展。现代幼教改革，一直都强调“以幼儿为本”的基本教育思想。而真正将“以幼儿为本”的教育理念落到实处，便是将幼儿的社会性发展作为制订社会教育活动的主要依据。如果我们在制定社会教育区域活动时“心中无幼儿”，那么制定的社会教育区域活动的目标可能会过高或过低，幼儿难以达到这一发展水平，无法实现促进幼儿社会化发展水平的目标，还会阻碍幼儿的社会性发展，降低社会教育的质量①。因此，我们在制定社会教育区域活动时，要以幼儿的发展水平为依据，掌握幼儿社会性发展的特点和需求，根据他们的发展进程来组织教育活动。

除此之外，我们还要以幼儿已有的经验为设计社会教育区域活动的依据。儿童的发展，既依赖于先天遗传因素，又依赖于主动性经验，还依赖于幼儿现有的社会经验。幼儿已有的生活经验、学习能力均制约着幼儿园社会教育区域活动开展的广度和深度。幼儿阶段，儿童所拥有的生活经验还相当有限，主要涉及家庭、幼儿园及常见的社会机构的生活经验，其学习能力处于发展过程中，具体形象性是其思维特点，抽象逻辑思维还没有得到完善和发展。因此，我们在设计幼儿园社会教育区域活动时，要建立在幼儿已有经验的基础上，充分考虑幼儿自身的发展水平，设计出符合幼儿已有经验，符合幼儿发展特点的社会教育区域活动。

---

① 李如樟，韩爱晶．学前儿童社会教育[M]．长春：吉林大学出版社，2014.

# 第三节 学前儿童特色社会教育区域活动资源

幼儿的社会性发展，离不开一定的社会生活现实，幼儿是通过与周围环境的相互作用来增进社会认知、发展社会情感、完善社会行为、提高社会适应能力，进而形成良好的道德品质。在我们的生活中，有许多可利用的社会活动资源，帮助幼儿了解、体验社会生活，提高其社会性发展水平。

## 一、幼儿自身资源

在社会领域总目标中，社会关系维度包含幼儿与自身的关系，即自我意识的发展。幼儿自身的成长和发展，对其认识自我、了解自我提供了很好的素材来源。首先是认识自我，幼儿通过认识自己的身体部位，辨别自己的性别，知道身体各部位的作用等，对自己的认知更加深刻。例如，在益智区活动中，小班幼儿可以通过粘贴脸部器官，认识自己的身体。其次是了解自我。随着幼儿年龄的增长，其自我意识也不断得到发展，尤其是幼儿对自身的探索热情也更加浓厚，我们要抓住机会，让幼儿更好地认识自己、了解自己。例如，串珠游戏、拉拉链活动，既锻炼了幼儿的小肌肉，又使其认识到了手的作用，提高幼儿的自信心。最后是情绪情感的发展。幼儿的自我认识不仅包括生理上的认识，心理上的发展也在极大的程度上影响着幼儿的健康成长。通过感受自身情绪的变化，帮助幼儿找到正确表达情绪的方法，促进幼儿的社会性发展。例如，小班幼儿在益智区组织情绪娃娃变脸的活动；带领幼儿到图书区阅读关于情绪的绘本故事等。

## 二、社会环境资源

我们生活的社会是一个整体，每天都会与周围的环境产生互动。幼儿出生后的第一个生活环境就是家庭，随着年龄的增长，幼儿的生活环境逐渐扩大到社区、幼儿园、城市乃至国家。每一个生活环境都是幼儿认识社会的开始，提供了不可或缺的社会资源，对幼儿的社会性发展产生深远的影响。

### （一）自然资源

社会中的自然资源可经常为我们所利用，如采摘春天的桑叶喂食自然区域的蚕宝宝，培养幼儿爱护小动物的情感；捡拾秋天的落叶，制作精美的树叶画，装饰教室，培养幼儿爱自然、爱家、爱幼儿园的情感。自然界中的一切事物都可作为社会教育的资源，帮助幼儿在认识自然中萌生热爱自然、热爱生命的情感。

（二）家庭资源

家庭是幼儿出生后接触到的第一个环境，家庭中的物质资源和精神资源潜移默化地影响着幼儿的生活。首先是物质资源，父母的一举一动都会对幼儿的生活产生深远影响，甚至会成为幼儿模仿的对象。因此，教师可利用这一点，在娃娃家中开展过家家的游戏，也可以根据绘本故事开展故事表演，如故事《小蝌蚪找妈妈》中，小朋友可以模仿妈妈和宝宝的语气，进行演绎，培养幼儿爱妈妈的感情。除此之外，家庭中的房间结构、家具的摆放、物品的收整等都能够成为幼儿在班级内进行的活动，如玩具柜的收整，小椅子的摆放，餐具的清洗，这些都能够作为幼儿园生活区域的活动。

（三）社会资源

社会是幼儿从家庭迈向社会的第一步。在社会中，幼儿通过与其他人的沟通、玩耍，增强其社会性发展，学习与他人交往的方法和技巧。社会资源又分为物质环境和社会文化环境两方面。

1. 物质环境

第一，社区资源的利用。社区中的各种职业也可作为培养幼儿社会性发展的资源，如警察、清洁工、医生、消防员、军人等。这些职业可以出现在角色扮演区，在游戏中了解他们的主要工作，与人们生活的关系等，能够帮助幼儿树立正确的人生观和价值观。

第二，社会规范也能够出现在区域活动中，成为社会教育的资源。幼儿在区域活动中的游戏行为是幼儿生活经验的体现，我们可以把社会规范引入到区域活动中，帮助幼儿适应社会，促进其社会性发展。例如，马路规则可运用到建构区；观影规范可运用到表演区；读书规范可运用到图书区等。这些规则和规范都在潜移默化地对幼儿产生影响。

2. 社会文化环境

社会文化环境包括社区人文景观、民间节日、民间艺术、文化精品、英雄人物和世界文化等方面。我们可把这些社会文化资源渗透到区域活动中，成为特色社会教育区域活动的重要内容。

首先是社区人文景观方面。幼儿在生活中见到的桥梁、马路、房屋等建筑物，均可成为建构区的搭建资源，在帮助幼儿了解建筑物搭建特点的基础上，掌握搭建技巧，提高搭建能力。例如，节假日期间，我们可通过网上查阅资料或亲身观看，把我国各地有特色的桥梁记录下来，在建构区活动时，根据桥梁模型或桥梁照片进行模仿搭建。

其次是民间节日和民间艺术方面。我国有着五千年悠久的历史文化底蕴，在岁月长河中也积淀了很多文化瑰宝，民间节日和民间艺术是最能反映我国古代劳动人民智慧的。在节日期间，通过开展一系列民间文化的区域活动，能够加深幼儿对我国历史文化的了解，培养其民族自豪感。例如，节气和食谱相结合，在立春时节，和幼儿制作春饼，加深对立春节气的了解；春节是我国最大的节日之一，在春节期间，也有很多的文化习俗，包括衣食住行各个方面，美工区制作的美食饺子、手工艺品窗花，建构区搭建的庙会等，既体现了节日的氛围，又培养了幼儿热爱中华传统文化的情感。

最后是文化精品、英雄人物和世界文化方面。随着经济的发展，人们生活水平不断提高，很多新思想、新事物不断涌现。幼儿年龄较小，尚未对事物的好坏具有良好的分辨能力。因此，我们可以把我国的语言、戏曲等文化瑰宝作为幼儿认识国家、认识民族的开始。在美工区对脸谱进行涂色，在涂色过程中了解脸谱的对称美，感受我国传统文化的魅力。英雄人物是幼儿追崇的偶像，在社会主义新时期，我们应该把真正的英雄概念植入孩子们的内心，对幼儿进行爱国主义教育。我们可以在雷锋纪念日、清明节等重要节日时，通过区域活动对幼儿进行社会教育。世界文化中也有可取之处，如世界大师的画作、国际化节日等，都能够对幼儿认识世界产生深远影响，有利于促进幼儿的社会性发展。

## 第四节　学前儿童特色社会教育区域活动实践

在设计特色社会区域活动时，我们不仅要关注主题设定的目标和幼儿的年龄特点，在主题的指导下，明确教育目的，组织教育内容，还要将主题的设定与我们的生活、时间、季节、节气、节日等进行充分结合，把教育点放在幼儿看得见、摸得着、感受得到的事物上，让幼儿能够有充分的参与感。

### 一、社会主义核心价值观教育“爱”主题区域活动

#### （一）区域活动主题

“爱”是一种发自于内心的情感，它是人对人或人对事物的真挚感情。在汉语中，爱是一个多义词，它包含了很多种含义。3 岁后，幼儿逐渐开始对自己进行简单的评价，自我意识等各方面得到发展。在认识自我的这一关键期，“爱自己”是培养幼儿自信的重要内容；由“爱自己”的情感延展到“爱自己身边的人和事物”，是完善幼儿的社会性，并奠定其健全人格的基础，也是社会主义核心价值观教育理念的体现。由此，在社会主义核心价值观教育理念的背景下，我们将“爱”主题分为四个单元，每个单元由两个小主题组成，具体内容如表 12-1 所示。

表 12-1 “爱”系列单元主题

| 单元主题 | 分主题名称 |
|---|---|
| 爱自己 | 我健康 |
| | 我真棒 |
| 爱幼儿园 | 我的班 |
| | 我的伴 |
| 爱家人 | 我的家 |
| | 我的爸爸(妈妈) |
| 爱家乡 | 家乡景 |
| | 家乡味 |

（二）区域活动目标

区域活动是幼儿通过自身的实践活动，与周围的物质环境产生互动，从而获得情感、经验和各方面能力发展的一种活动方式。在“爱”系列的主题活动下，各年龄阶段的区域活动均应围绕“爱”这一主题来设计和组织。

1.“爱自己”区域活动目标

(1) 通过绘画、粘贴、团圆、压扁等美工制作方式，对自身有初步的认识和了解。

(2) 通过体验生活中常做的事情，如清洗、烹饪、穿脱衣服等，了解健康在生活中的重要性。

(3) 运用平铺、围合、垒高等搭建方法进行自由搭建，体验动手和成功的快乐。

(4) 通过律动、儿歌表演、绘本讲述、故事表演等表演方式，深入认识自己，萌生爱自己的情感。

2.“爱幼儿园”区域活动目标

(1) 通过涂色、编织、裁剪等方式进行手工制作，用来装饰班级环境，表达对班级的热爱。

(2) 通过清扫班级卫生，观察、照料班级植物等方式，学会爱护班级环境。

(3) 综合运用平铺、围合、垒高、拼接等多种搭建方法，搭建幼儿心中的幼儿园，表达对幼儿园的喜爱。

(4) 和同伴合作表演绘本剧，了解绘本的内容，学会和同伴友好相处的方法。

3.“爱家人”区域活动目标

(1) 通过绘画、涂色的方式，能够展示出自己的家以及家人的形象特点，从而进一步了解自己的家和家人。

(2) 通过帮助教师整理区域内材料，学会分类摆放、自主收整的方法，为收整自己的房间奠定基础。

(3) 通过表演、朗诵、故事表演有关“家”的儿歌、绘本故事、情景剧，深入了解“家”和“家人”代表的含义，萌发爱家人的情感。

4. “爱家乡”区域活动目标

(1) 利用涂色、绘画、粘贴、轻黏土制作等方式，制作出有家乡味道的食物、有家乡特点的物品等，通过手工制作的方式深入了解自己的家乡。

(2) 通过搭建、角色扮演、表演等方式，表现出家乡的景色和家乡的民俗特点，表达对家乡的热爱。

### （三）区域活动内容

区域活动内容是根据主题活动目标和幼儿的年龄特点、兴趣爱好等方面综合设计的，教师在组织区域活动内容时，要注意材料的安全性、可操作性，注意活动内容的适宜性。根据区域活动目标拟开展的活动内容如表 12-2 所示。

**表 12-2 “爱”系列区域活动内容**

| 主题名称 | 区域名称 | 年龄组 | | |
|---|---|---|---|---|
| | | 小班组 | 中班组 | 大班组 |
| 爱自己 | 美工区 | 粘贴：认识我自己（将脸上各部分器官粘贴到适当的位置） | 粘贴：认识我自己（将图画中人物身体各部分器官归位）<br>轻黏土制作：我是美丽的太阳花 | 手工：纸盒人 |
| | 生活区 | 讲卫生的好孩子—学习清洗脏手绢 | 生活烹饪：不一样的味道<br>看谁穿得快（穿衣服比赛） | 精细动作：串个手串送自己；看谁夹得多（用筷子夹小纸团） |
| | 建构区 | 任意搭建（体验成功的快感） | 任意搭建或拼插（体验成功的快感） | 任意搭建或拼插（体验成功的快感） |
| | 表演区 | 小律动：洗手歌<br>绘本表演：《我不怕打针》 | 儿歌朗诵：《争做健康小天使》<br>绘本故事欣赏并表演：《我好快乐》 | 绘本故事表演：*Bye-Bye，Mom and Dad* |
| 爱幼儿园 | 美工区 | 编织：编个手绢送给你 | 自主设计：漂亮的手绢送给谁 | 卷纸画：我心中的幼儿园<br>剪纸：我的伙伴真多呀 |
| | 生活区 | 清扫：爱护我的幼儿园 | 生活照料：帮助同伴系鞋带、拉拉链；为植物浇水 | 装扮我的班（清扫），到幼儿食堂帮厨 |

续表

| 主题名称 | 区域名称 | 年龄组 | | |
|---|---|---|---|---|
| | | 小班组 | 中班组 | 大班组 |
| 爱幼儿园 | 建构区 | 主题搭建：我最爱的班（主要技巧：平铺、围合） | 主题搭建：我最爱的班（主要技巧：平铺、围合、垒高） | 主题搭建：我最爱的班（综合运用多种技巧：平铺、围合、垒高、拼接等） |
| | 表演区 | 歌曲表演：我爱我的幼儿园 | 音乐故事：《幼儿园的一天》 | 歌伴舞表演：友谊地久天长 |
| 爱家人 | 美工区 | 绘画：我的家（能用简单的大线条展示出自己的家）；我的家人（能够用简单的大线条展示父母的形象特点） | 绘画：画出自己的家；我的职业服 | 轻黏土制作：美丽的花朵（装饰我的家）<br>自主创作：我的家 |
| | 生活区 | 精细动作：学习拉拉链、按扣子的生活技能 | 整理房间：将娃娃家的东西分类摆放，学习自主收整 | 练习用筷子夹物品；<br>制作发夹（送给妈妈的礼物） |
| | 建构区 | 搭建：小动物的家 | 主题搭建：我的房间 | 主题搭建：宠物之家；舒适的床 |
| | 表演区 | 娃娃家：幸福一家人 | 故事表演：我爱我家 | 角色扮演：小鬼当家 |
| 爱家乡 | 美工区 | 绘画：自己最喜欢吃的食物 | 绘画：最美一景<br>手工：制作松树<br>手工：食物制作与食盘装饰 | 手工：神奇有趣的沙画；最喜爱吃的水果（用超轻黏土制作） |
| | 生活区 | 榨蔬果汁 | 保护环境（废旧物品的再利用） | 折纸：制作垃圾桶<br>生活烹饪：西红柿炒鸡蛋 |
| | 建构区 | 主题搭建：欢乐城堡 | 主题搭建：美丽的公园 | 搭建：各种各样的房子 |
| | 表演区 | 角色扮演：小食街 | 学习音乐歌舞：友谊舞 | 角色扮演：我是小小售货员 |

## 二、社会主义核心价值观教育“美”主题区域活动

### （一）区域活动主题

美好的事物往往给人愉快的感觉，“美”既代表具体事物的美好，也用来表示抽象意义。《指南》中强调要充分创造条件和机会，在大自然和社会文化生活中萌发幼儿对美的感受和体验，引导幼儿学会用心灵去感受和发现美。在我们的生活中，美的事物有很多，

神奇的自然现象、动听的歌声、高尚的品德、和谐的社会氛围等都会带给我们视、听、感觉上的享受。鉴于幼儿年龄小，还处于具体形象思维阶段，我们把关注点放在幼儿每天都能接触到的事物中，将“美”这一主题分为自然、艺术、生活和社会，而每一个单元主题分设了两个分主题，以此让幼儿更好地体验和感受生活中的美，具体内容如表 12-3 所示。

**表 12-3　“美”系列单元主题**

| 单元主题 | 分主题名称 |
|---|---|
| 自然美 | 感之美 |
| | 探之美 |
| 艺术美 | 韵之美 |
| | 乐之美 |
| 生活美 | 情之美 |
| | 形之美 |
| 社会美 | 友之美 |
| | 习之美 |

（二）区域活动目标

在“美”系列主题活动下，区域活动的目标也将围绕各主题来设定。明确活动目标时，主要以幼儿的体验为主，从生活中最常见、最熟悉的事物入手，在体验活动的过程中，感知、感受生活中的美。各主题区域活动目标大致如下。

1. “自然美”区域活动目标

(1) 通过手工制作、涂色绘画等艺术表现方式，描绘出自然界中的神奇景象，感受自然的魅力。

(2) 通过动手操作科学小实验，了解科学原理，在探索中感受自然的神奇。

(3) 通过养殖动植物的活动，观察它们的生长过程，掌握照料它们的方法，感受生命的力量。

2. “艺术美”区域活动目标

(1) 通过欣赏、学习童谣、诗歌、故事、儿歌等语言类作品的活动，感受文字的美感和语言的魅力。

(2) 通过歌舞、乐器演奏等活动方式，体验动听的声音，感受音乐美。

(3) 通过绘画、剪纸、手工制作等形式，欣赏美好事物，感受艺术美。

3. “生活美”区域活动目标

(1) 通过涂色、手工制作、串珠、编织等方式，展现生活中常见的事物，表达对生活的热爱，感受生活中的美。

(2) 对生活中常见的事物，运用科学技术进行展现，在动手操作的过程中了解科学知识，感受生活的美好。

4. “社会美”区域活动目标

(1) 通过同伴合作的方式进行绘画和制作，在感受艺术魅力的同时，也学会如何与同伴交往。

(2) 通过角色扮演的方式，让幼儿学会如何照顾他人，同时也提高幼儿自我服务意识和水平，养成良好习惯。

(3) 通过搭建活动，让幼儿了解我们生活的城市和城市中的常见事物，感受设计美。

### (三) 区域活动内容

在“美”系列主题活动中，活动内容的设计应切实贴合幼儿的生活，要保证活动方式的可行性和安全性，操作材料也应是幼儿常见的，便于操作的，让幼儿在该系列主题活动中能够真正地动起来，真正地感受到生活的美。活动内容应根据本班幼儿的兴趣点和材料投放的适宜性进行组织实施，具体内容拟设计如表 12-4 所示。

**表 12-4 “美”系列区域活动内容**

| 主题名称 | 区域名称 | 年龄组 | | |
|---|---|---|---|---|
| | | 小班组 | 中班组 | 大班组 |
| 自然美 | 美工区 | 涂色：为春天添色彩<br>手工：树叶贴画 | 手工：自然物制作图画 | 绘画：七彩春天（白纸/刮画纸） |
| | 生活区 | 精细动作：美丽的花园（粘小花） | 手工：制作标本 | 手工：自然物制作图画 |
| | 建构区 | 摆放：动物世界 | 围垒：小动物的家 | （根据幼儿情况确定） |
| | 表演区 | 表演：小蝌蚪找妈妈 | 诗朗诵：太阳和月亮 | （根据幼儿情况确定） |
| | 科学区 | 科学小实验：有趣的空气(认识空气)<br>动物养殖：蚕宝宝 | 种植观察：蒜苗的生长<br>科学实验：制造彩虹 | 操作探究：四季拼图<br>种植观察：豆芽宝宝变形记 |
| 艺术美 | 美工区 | 绘画：滚珠画<br>手工：剪纸 | 绘画：对印画 | 绘画：为古诗添“彩” |
| | 生活区 | 精细动作：夹发夹<br>串珠训练：穿手链 | 手工：泥做的世界 | 绘画/手工：加工风筝/伞 |
| | 建构区 | 拼插：好玩的积塑片 | 拼插花环 | （根据幼儿情况确定） |
| | 表演区 | 故事表演：儿歌朗诵<br>音乐歌舞：我为妈妈唱首歌 | 音乐歌舞：歌舞春天 | （根据幼儿情况确定） |
| | 科学区 | 科学小实验：传声筒 | 操作探究：水之协奏曲 | 科学实验：变色的花瓣 |

续表

| 主题名称 | 区域名称 | 年龄组 | | |
|---|---|---|---|---|
| | | 小班组 | 中班组 | 大班组 |
| 生活美 | 美工区 | 涂色：漂亮的服装<br>手工：拼贴贺卡 | 绘画/手工：漂亮的服装 | 手工：自制旗袍 |
| | 生活区 | 自我照料：我能自己穿脱衣 | 生活烹饪：多彩果汁 | 手工：编织扇子 |
| | 建构区 | 搭建：我的家 | 搭建：幼儿园的滑梯 | 搭建：美丽小学 |
| | 表演区 | 娃娃家：今天我当家 | 角色表演：做客 | （根据幼儿情况确定） |
| | 科学区 | 科学小实验：摩擦起电 | 认知观察：指纹档案 | 认知观察：开花有先后 |
| 社会美 | 美工区 | 手工：折纸合作画<br>绘画：合作画 | 折纸：垃圾要回家（垃圾盒） | 绘画/泥塑：设计安全标识 |
| | 生活区 | 精细动作：刷刷牙<br>精细动作：喂小动物“吃饭” | 自我照料：我为娃娃搭服装<br>自我服务：我会整理（收整区域） | 修补图书 |
| | 建构区 | 搭建：我们的城市 | 手工制作：排队标志牌 | 搭建：城市的立交桥 |
| | 表演区 | 情景表演：蚂蚁搬西瓜 | 音乐歌舞：友谊舞 | （根据幼儿情况确定） |
| | 科学区 | 科学观察：漱口水变脏了 | 认知观察：小动物找妈妈 | （根据幼儿情况确定） |

## 三、社会主义核心价值观教育“敬”主题区域活动

### （一）区域活动主题

“敬”有尊敬、尊重的含义，在社会主义核心价值观教育中，更多地侧重于心里的感受，对民族、对国家、对社会、对家人的爱和关怀。《指南》中强调，应让幼儿在良好的社会环境及文化的熏陶中学会遵守规则，形成基本的认同感和归属感。为了让幼儿更好地理解“敬”这一主题的含义，我们可以将这一部分内容与教师节、国庆节、中秋节和重阳节相结合，根据这些节日的意义来诠释“敬”这一主题。让幼儿在浓厚的节日氛围中，产生敬老师、爱祖国、尊敬长辈的感情。因此，“敬”系列主题活动有表 12-5 所示的内容。

**表 12-5　“敬”系列单元主题**

| 单元主题 | 分主题名称 |
|---|---|
| 敬老师 | 小老师 |
| | 教师节（爱老师） |

续表

| 单元主题 | 分主题名称 |
| --- | --- |
| 敬团圆 | 中秋节(敬团圆) |
| | 吃月饼(庆团圆) |
| 敬祖国 | 国庆节(唱国歌) |
| | 敬祖国(爱祖国) |
| 敬长辈 | 重阳节(敬长辈) |
| | 感恩您(祖孙情) |

（二）区域活动目标

1.“敬老师·敬团圆”区域活动目标

(1) 幼儿通过自己动手画画,制作手工的形式,向老师表达节日的祝福,培养幼儿爱老师的情感。

(2) 情景表演,幼儿通过扮演小老师,感受老师教育的辛苦。

(3) 通过欣赏与月亮有关的音乐、歌曲、诗歌,丰富幼儿对于月亮文化的体验与感受。

(4) 通过观察和记录环境的变化,感受自然的神奇。

(5) 通过自主选择和阅读故事、诗歌等不同体裁的儿童文学作品,理解故事的含义,了解中秋节的来历和习俗。

(6) 通过制作月饼的活动,使幼儿在制作过程中通过观察、触摸、感受不同食材的颜色、软硬、粗细等特质,学习和运用相应的词语进行描述说明。

2.“敬祖国·敬长辈”区域活动目标

(1) 通过绘画、手工、编织、粘贴等方式,向祖国表达节日的祝福,感受节日的浓厚氛围,培养爱祖国的情感。

(2) 通过绘本故事、歌舞表演、儿歌诵读等形式,了解中国,激发幼儿作为中国人的自豪感,热爱自己的国家。

(3) 通过绘画、阅读绘本故事、歌舞表演等方式,了解重阳节的来历,学会感恩长辈,尊敬老人。

(4) 通过制作简单的艺术作品表达对父母的感恩之情。

（三）区域活动内容

在“敬”系列主题活动中,其内容的组织和实施主要侧重于节日和节气。在感受节日的气氛时,也应让幼儿体会到“敬”的意义。所以在组织此系列的活动时,要注意将无形的

“敬”转化为有形，让幼儿能够真正认识和感受到“敬”的力量，感受到对教师、对祖国、对长辈的敬意。“敬”系列区域活动内容拟设定如表 12-6 所示。

**表 12-6　“敬”系列区域活动内容**

| 主题名称 | 区域名称 | 年龄组 | | |
|---|---|---|---|---|
| | | 小班组 | 中班组 | 大班组 |
| 敬教师 | 美工区 | 手工（拼贴）：我为老师穿花衣 | 绘画：我的老师妈妈<br>手工（折纸）：送给老师的花 | 手工：送给老师的礼物（立体贺卡） |
| | 生活区 | 串珠游戏：教师节的礼物 | 精细动作：我来教你编头发 | （根据幼儿情况确定） |
| | 科学区 | 科学现象：变大变小（影子） | 科学实验：我给老师打电话（杯子传声筒） | （根据幼儿情况确定） |
| | 表演区 | 角色扮演：今天我来做老师 | 关于感恩老师的诗朗诵 | 关于感恩老师的歌舞 |
| 敬团圆 | 美工区 | 手工（拼贴＋泥塑）：创意月饼 | 手工：月饼盒灯笼<br>绘画：中秋团圆饭 | 绘画：热闹的中秋节<br>手工：漂亮的灯笼 |
| | 生活区 | 生活烹饪：切火腿肠<br>生活烹饪：拌黄瓜 | 手工制作：月饼 | 手工制作：月饼 |
| | 科学区 | 观察：中秋的月亮（月亮的变化） | 科学实验：会变色的月饼（三原色） | 操作探究：称重<br>观察记录＋科学实验：月亮的变化 |
| | 表演区 | 角色扮演：我来做团圆饭 | 角色扮演：中秋超市 | 故事表演：嫦娥奔月 |
| 敬祖国 | 美工区 | 绘画：我爱北京天安门 | 手工：漂亮的礼花（火柴粘贴）<br>绘画：美丽的祖国（祖国山水图） | 绘画（对印画）：京剧脸谱<br>手工（编织）：中国结 |
| | 生活区 | 精细动作：五星红旗（粘贴） | （根据幼儿情况确定） | （根据幼儿情况确定） |
| | 科学区 | 科学认知：五十六个民族 | 操作探究：中国地图拼图 | 科学实验：火箭飞得高 |
| | 表演区 | 有关爱祖国的歌曲表演 | 表演：中国功夫<br>音乐演奏：《大中国》 | 戏剧表演：京剧 |

续表

| 主题名称 | 区域名称 | 年龄组 | | |
|---|---|---|---|---|
| | | 小班组 | 中班组 | 大班组 |
| 敬长辈 | 美工区 | 绘画＋手工（拼贴）：我和奶奶去散步 | 手工：包饺子<br>绘画：肚子里的家（怀孕的妈妈） | 手工（剪纸）：美丽的花儿送给最美的人 |
| | 生活区 | 自我照料：不用大人帮 | 自我照料：我能帮你扫地 | 服务他人：我来帮你捶捶背（学习按摩方法） |
| | 科学区 | 认知：我的家人 | 认知观察：带着家人走迷宫 | 认知：人体的变化 |
| | 表演区 | 故事表演《猜猜我有多爱你》 | 有关感恩的律动、儿歌 | 有关感恩的歌舞 |

## 四、社会主义核心价值观教育"礼"主题区域活动

### （一）区域活动主题

在社会主义核心价值观教育中，礼仪是比较重要的一部分内容，知礼、懂礼、有礼是需要幼儿了解、掌握并内化于心的，它既是一种美德，也是一种能力。在我们的生活中，礼仪无处不在，而我们的礼仪教育也应贯穿于幼儿的生活中。除日常礼仪之外，春节作为我国最重要的传统节日，蕴含了浓厚的中国味道，能充分展现我国的礼仪文化。在"礼"这一主题中，我们将其分为日常生活礼仪和传统文化礼仪，即衣食礼·住行礼、年节礼·中国礼，每一主题下又分有四个小主题，如表12-7所示。

**表12-7 "礼"系列单元主题**

| 单元主题 | 分主题名称 |
|---|---|
| 衣食礼·住行礼 | 衣之礼 |
| | 食之礼 |
| | 住之礼 |
| | 行之礼 |
| 年节礼·中国礼 | 年俗 |
| | 年画 |
| | 年味·过大年 |
| | 年货·拜年 |

（二）区域活动目标

1.“衣食礼·住行礼”区域活动目标

（1）用手工、绘画等方式让幼儿设计衣服，并展示给大家，在动手操作的过程中，了解周围生活中基本的着装、穿衣礼仪。

（2）通过讲故事、儿歌表演等形式，帮助幼儿养成良好的饮食习惯，培养文明进餐的习惯和进餐姿势。

（3）通过角色扮演游戏引导幼儿使用礼貌用语，感受社会中基本的居所、居住礼仪，如邻里友爱、互帮互助、不制造噪音、不乱丢垃圾、爱护环境等。

（4）通过绘画、搭建等方式表现古代和现代的建筑，了解不同地区的建筑特色以及不同房屋的功能。

（5）通过情景剧表演、儿歌、绘本故事等方式，知道出行基本安全及礼仪。

2.“年节礼·中国礼”区域活动目标

（1）通过故事欣赏、情景表演、古诗诵读等方式，了解“年”的来历和年俗，学会如何使用过年的吉祥话向长辈表示问候。

（2）通过绘画、创编年娃娃故事、儿歌等方式，体会年画所要表现的含义，表达对年画的喜爱之情。

（3）通过编织中国结、剪纸窗花、泥塑等方式，了解传统民间艺术，体会过年的喜庆氛围，培养幼儿审美情趣。

（4）通过手工包饺子、欣赏关于年味的绘本故事，知道我国过年的“味道”，如传统美食、小吃，体会“年味”的深层含义。

（5）通过表演游戏“买卖年货”，知道购置年货是过年的重要活动，了解常见的年货，体会过年的快乐。

（6）通过动手制作中国结、小灯笼、春联、福字、挂饰等物品，激发幼儿对民间传统文化的认同感和归属感。

（三）区域活动内容

在社会主义核心价值观教育中，礼仪教育不仅是简单的说教，更要体现在一日生活中和民俗文化的体验中，如见面要问好，会排队，饭前便后要洗手等日常礼仪和清明节的祭奠礼仪，国庆节的升旗礼仪，谷雨、芒种、春节的节日节庆节气礼仪等。将这些生活中的礼仪巧妙地转化为课堂教育，让幼儿在游戏中学到礼仪，并内化于心。根据“礼”系列主题目标的要求，拟设定组织内容如表 12-8 所示。

**表 12-8 “礼”系列区域活动内容**

| 主题名称 | 区域名称 | 年龄组 | | |
| --- | --- | --- | --- | --- |
| | | 小班组 | 中班组 | 大班组 |
| 衣食礼 | 美工区 | 手工:巧手设计师<br>魔法变变变:给水果图片上色 | 小模特:自己尝试动手设计、制作衣服;<br>黏土美食:用黏土制作当地特色美食 | 手工:小小设计师<br>绘画:青花瓷的秘密 |
| | 生活区 | 自我服务:尝试自己拉拉链,自主摆放整齐物品<br>小小科学家:认识生活中常吃的水果和蔬菜 | 火眼金睛:辨别不同职业<br>文明用餐:正确使用餐具 | 了解戏剧的角色:生旦净丑的争锋<br>美食制作:中华小厨师 |
| | 建构区 | (根据幼儿情况确定) | (根据幼儿情况确定) | 搭建不同功能的建筑 |
| | 表演区 | 娃娃家:认识职业<br>娃娃家:我们的餐桌 | 娃娃家:我的职业<br>角色扮演:文明小顾客 | 角色表演:参加舞会 |
| 住行礼 | 美工区 | 绘画:我家有几个屋子<br>手工制作:交通标志(红绿灯) | 绘画:我家的屋子<br>手工:交通标志(斑马线、红绿灯、向左/右转) | 手工:我的房子<br>制作不同的交通工具及各式各样交通标识 |
| | 生活区 | 认识日常交通工具<br>模拟开车、乘车 | 清洁:爱护周围环境<br>制作:马路上的标志 | 展示照片,讲解居住、出游注意事项 |
| | 建构区 | 认识交通工具卡片<br>用泡沫组成公交车的模型 | 搭建风格多样的房子 | 尝试进行拼图,并在地图中找出自己的家乡的大致位置 |
| | 表演区 | 儿歌:尊敬父母/老师<br>表演交通安全儿歌 | 关于文明出行、爱护环境的诗歌朗诵 | 角色扮演:文明出行<br>关于交通安全故事演讲 |
| 年节礼 | 美工区 | 粘贴画:做件花衣裳<br>绘画:年画娃娃 | 剪纸:窗花<br>撕纸成画:逛庙会 | 绘画:美丽的过年服饰<br>自主绘画:年娃娃 |
| | 生活区 | 手工制作:装扮教室 | 清洁:打扫教室<br>自主绘画:年娃娃 | 过年习俗:擦洗家具 |
| | 建构区 | 装饰:房子也要过年了 | 积塑:好看的灯笼 | 合作搭建:庙会 |
| | 表演区 | 律动:过新年 | 关于新年的诗朗诵 | 角色表演:年兽来了 |
| 中国礼 | 美工区 | 手工:制作灯笼 | 手工:制作红灯笼<br>手工:做新年贺卡 | 手工:欢乐饺子宴<br>手工:编织中国结 |
| | 生活区 | 手工:欢乐饺子宴 | 手工:欢乐饺子宴 | 生活烹饪:包饺子、蒸年糕 |

续表

| 主题名称 | 区域名称 | 年龄组 | | |
|---|---|---|---|---|
| | | 小班组 | 中班组 | 大班组 |
| 中国礼 | 建构区 | 装饰:房子也要过年啦 | 搭建:搭个小餐桌 | 合作搭建:庙会 |
| | 表演区 | 我是小小演说家:介绍关于年的知识 | 关于新年的歌舞、律动 | 情景表演:买卖年货 |

## 趣味阅读:中华传统美德小故事

### 晏殊品德高尚

古往今来,凡是品德高尚的人,都是诚实守信的。

北宋时期的文学家和政治家晏殊,14岁被地方官作为“神童”推荐给朝廷。他本来可以不参加科举考试便能得到官职,但他没有这样做,而是毅然参加了考试。凑巧的是,那次的考试题目是他曾经做过的,而且得到过好几位前辈的指点。这样,他不费力气地就从千多名考生中脱颖而出,并得到了皇帝的赞赏。但晏殊并没有因此而洋洋自得,相反,他在接受皇帝的复试时,把情况如实地告诉了皇帝,并要求另出题目,当堂考他。皇帝与大臣们商议后出了一道难度更大的题目,让晏殊当堂作文。结果,他的文章再次得到了皇帝的夸奖。

晏殊当官后,每日办完公事,总是回到家里闭门读书。后来皇帝了解到这个情况十分高兴,就点名让他做了太子手下的官员。当晏殊去向皇帝谢恩时,皇帝又称赞他能够闭门苦读。晏殊却说:“我不是不想去宴饮游乐,只是因为家贫无钱,才不去参加。我是有愧于皇上的夸奖的。”皇帝又称赞他既有真实才学,又质朴诚实,是个难得的人才,过了几年便提拔他成为宰相。

**启示与点评:**

晏殊受到皇帝的赏识和重用的故事说明,一个人为人诚实,表里如一,不弄虚作假,对于取得别人的信任非常重要。这样做不仅他自己德行高尚,也能为子孙立下榜样,营造良好的家风。

(资料来源:http://wenku.baidu.com/view/cb6aa3966adc5022aaea998fcc22bcd126ff42e7.html?_wkts_=1678069598529&bdQuery)

## 问题与实践

1. 简述制定学前儿童社会教育区域活动的依据。
2. 简述学前儿童特色社会教育区域活动有哪些方面的资源。
3. 根据所学知识,谈谈如何开展好社会教育区域活动。

# 参 考 文 献

[1] 杨丽珠,吴文菊．幼儿社会性发展与教育[M]. 大连:辽宁师范大学出版社,2000:13.

[2] 教育部基础教育司．幼儿园工作规程[M]. 北京:首都师范大学出版社,2016.

[3] 教育部基础教育司．3～6岁儿童学习与发展指南[M]. 北京:首都师范大学出版社,2016.

[4] 丁海东．论学前教育的规律[J]. 学前教育研究,2009(7):29-31.

[5] 虞永平．社会领域与课程渗透[J]. 幼儿教育,2005(11).

[6] 嵇珺．我国幼儿园社会领域教育研究[D]. 南京:南京师范大学,2012.

[7] 但菲．幼儿社会性发展与教育活动设计[M]. 北京:高等教育出版社,2008.

[8] 张明红．学前儿童社会教育与活动指导[M]. 上海:华东师范大学出版社．

[9] 甘剑梅．学前儿童社会教育[M]. 北京:高等教育出版社,2021.

[10] 朱旭东,李秀云．幼儿五大领域发展与幼儿全面发展之辩——兼论幼儿全面发展本体论意义上的概念建构[J]. 教育发展研究,2021(15):1-8.

[11] 刘丙元．英国青少年公民道德教育的发展趋势及其启示[J]. 当代教育科学,2020(3):65-65,66-71.

[12] 彭凤．"立德树人"教育思想指导下的幼儿园德育[J]. 学前教育研究,2020(7):89-92.

[13] 陈颖娇,刘晶波．中英早期儿童社会性学习与发展标准的比较——基于中国的《指南》和英国的《法定框架》文本相关内容分析[J]. 陕西学前师范学院学报,2020,36(5):109-115.

[14] 曾莉,王燕．传统节日文化资源在幼儿园课程中的运用[J]. 学前教育研究,2018(9):64-66.

[15] 核心素养研究课题组．中国学生发展核心素养[J]. 中国教育学刊,2016(10):1-3.

[16] 钟琼．谈社会主义核心价值观融入幼儿教育的实践策略[J]. 教育观察,2021,10(4):42-43,46.

[17] 陈帼眉．学前心理学[M]. 北京:北京人民教育出版社,2006:286-289.

[18] 黄人颂．学前教育学[M]. 北京:人民教育出版社,2003:385.

[19] 吴坷．情感教育[M]. 北京:中国社会科学出版社,2012.

[20] 茹荣芳．幼儿园民间文化活动实践研究[M]. 北京:清华大学出版社,2017.

[21] 姜勇,李艳菊,黄创．3～6岁幼儿同伴交往能力影响因素模型[J]. 学前教育研究,2015(5):45-54.

[22] 谢亚慧．夏丏尊"爱的教育"思想的形成与实践[J]. 教育科学论坛,2021(18):75-77.

[23] 张俊春．幼儿园美育的方法研究[J]. 课程教育研究,2017(36):209-210.

[24] 殷洁．幼儿园美育课程的内涵及其设计[J]. 内蒙古师范大学学报(教育科学版),2012,25(4):50-53.

[25] 甘剑梅．学前儿童社会教育[M]. 北京:高等教育出版社,2021.

[26] 陶双骥．生态学视野下幼儿园自然教育活动组织策略[J].陕西学前师范学院学报，2019，35(4)：11-16.

[27] 艾佐，沈韫青．基于艺术的特征开展幼儿园艺术教育活动[J].学前教育研究，2017(7)：70-72.

[28] 李如樟，韩爱晶．学前儿童社会教育[M].长春：吉林大学出版社，2014.

[29] 曾莉，王燕．传统节日文化资源在幼儿园课程中的运用[J].学前教育研究，2018(9)：64-66.